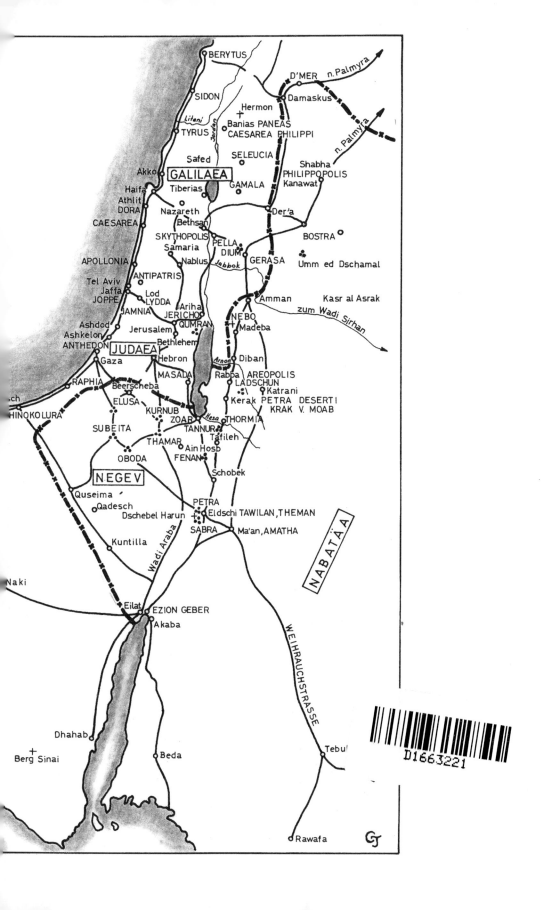

Udi Levy

Die Nabatäer

UDI LEVY

DIE NABATÄER

*Versunkene Kultur
am Rande des Heiligen Landes*

VERLAG URACHHAUS

Für Orna

Die Deutsche Bibliothek – CIP-Einheitsaufnahme

Levy, Udi: Die Nabatäer: versunkene Kultur
am Rande des Heiligen Landes / Udi Levy. – Stuttgart: Urachhaus, 1996

ISBN 3-8251-7068-3

© 1996 Verlag Urachhaus GmbH, Stuttgart
Druck: Offizin Chr. Scheufele, Stuttgart

INHALT

Vorwort 9

1. Annäherung an eine vergessene Kultur 11

    Die Wüste als Lebensraum 16
    Die Rätsel der nabatäischen Kultur 20
    Die Wiederentdeckung der Nabatäer 24
    Die Grenzen herkömmlicher Forschung 26

2. Hirten, Könige und Kreuz – Stationen der Entwicklung eines Volkes 31

    Alttestamentliche Zeugnisse 32
    Das Königreich von Saba – Urheimat der Nabatäer? 34
    Die Besiedlung des Negev durch sabäische Stämme 39
    Die Nabatäer im Spiegel der antiken Geschichtsschreibung 40
    Das Königreich der Nabatäer und seine Besonderheiten 47
    Die christliche Ära 53

3. Die nabatäische Religion und ihre Wandlungen 57

    Die Situation vor der Zeitenwende 58
    Gnosis und frühes Christentum 59
    Nachklänge sabäischer Mysterienweisheit 61
    Die Religion unter dem Einfluß des Hellenismus 63
    Schwierigkeiten bei der Identifizierung nabatäischer Gottesdarstellungen 70
    Das nabatäische Pantheon und seine Götter 70
    Nabatäische Sakralbauten 76
    Formen des Synkretismus in der Baukunst 77
    Grabmonumente und Totenkult 79
    Der Anbruch der christlichen Ära 87
    Das paulinische Christentum 90
    Die Könige aus dem Morgenland 92
    Wesenszüge des frühen Christentums im Negev 93
    Frühchristentum und Manichäismus 98

4. Die Sprache der nabatäischen Kunst   102

Die frühe Kunst der Nomadenzeit   102
Die Entwicklung der Tempelarchitektur   103
Die Totenmonumente Petras   105
Der Beginn einer neuen Zeit   107
Das Entstehen einer Wohn- und Zweckarchitektur   107
Keramik und andere Gebrauchsgegenstände   113
Die christliche Basilika   115
Die Ornamentik   116
Die Sprache der Ornamentalkunst an nabatäischen Kirchen   118

5. Vom Nomadenstamm zum Bauernvolk   122

Die Wüste als Lebensraum   122
Weihrauch, Myrrhe, Asphalt – die Quellen des nabatäischen Reichtums   123
Der Karawanenhandel und seine Organisation   125
Abwendung vom Nomadentum und beginnende Seßhaftigkeit   126
Das Christentum und seine Bedeutung für die wirtschaftliche Entwicklung   127
Das Aufkeimen der Landwirtschaft und die Kunst der Bewässerung   129
Landwirtschaftliche Erzeugnisse und Anbaumethoden   136
Der Weinbau als Hauptertragsquelle   137
Das Ende der nabatäischen Kultur   138

6. Nabatäer und Judäer – Die gegensätzlichen Nachbarn   141

Schrifttum und Traditionspflege   141
Bodenständigkeit und Nomadentum   145
Salomo und die Königin von Saba   148
Kulthandlung und Opferdienst   149
Erinnern und Vergessen   150
Isolation und Vermischung   151
Begrenzung und Öffnung   153
Krieg und Frieden   154
Die Beziehungen zwischen beiden Völkern   155
Judäer und Nabatäer unter dem Einfluß des Hellenismus   157
Konflikt oder Konkurrenz?   158
Unterschiedliche Herrschaftsformen   160
Christentum und religiöses Bewußtsein   161

7. Petra – Die Stadt der Priester und Könige   166

Der Mythos des Ortes   170
Petra als religiöses Zentrum   174
Scheinarchitektur als Ausdruck des Auferstehungsgedankens   175

8. Shivta – Die Stadt der Kirchen und Zisternen   178
  Die Wiederentdeckung Shivtas   179
  Profanbauwerke   183
  Die Südkirche   186
  Das Haus des Statthalters und die benachbarte Mittelkirche   194
  Die Nordkirche   197
  Stadtbild und Wohnhausarchitektur   201
  Die Umgebung Shivtas   203
  Eine Begegnung mit der Vergangenheit   206

9. Der Negev – Besonderheiten einer Wüstenlandschaft   207

10. Praktische Hinweise für Besucher des Negev   211

Namen der nabatäischen Siedlungen im Negev   214

Zeittafel   214

Anmerkungen   215

Literaturverzeichnis   223

Register   225

VORWORT

Als im Frühjahr 1981 unter meiner Mitwirkung nahe Beer Sheva die sozialtherapeutische Lebensgemeinschaft Kfar Rafael gegründet wurde, sollte dies der Versuch sein, inmitten einer kargen Landschaft für viele Menschen ein neues Stück Heimat zu schaffen und die therapeutische Wirkung eines sozialen Organismus zur Entfaltung kommen zu lassen. Mit der Zeit erweckte dies bei mir die Frage, ob es in dieser Wüstenregion nicht schon in älteren Zeiten Gemeinschaftsformen gab, die ihr Leben nicht ausschließlich nach materiellen Gesichtspunkten zu gestalten versuchten.

Archäologische Ausgrabungen im gesamten Negev haben Überreste der bislang vergessenen Kultur der Nabatäer wieder ans Tageslicht gebracht. Mit den Entdeckungen in Elusa, Mampsis und Avdat wurde ein faszinierendes Kapitel der Archäologie aufgeschlagen, doch auch die Vielzahl der Funde konnte nur wenig Licht in das Dunkel der nabatäischen Geschichte bringen. Aus der Betrachtung von Einzelphänomenen, wie sie die Archäologie, die Geschichts- und Religionswissenschaft vermitteln, konnte bisher kein wirklichkeitsgetreues Abbild vom einstigen Leben dieses Volkes gewonnen werden. Um dies zu erreichen, wird es nötig sein, sich von den Einzelerkenntnissen zu lösen und einen höheren Standpunkt aufzusuchen, von wo aus sämtliche Einzelheiten zu einem Gesamtbild verschmelzen.

Mit der hier vorliegenden Betrachtung soll ein solcher Versuch gewagt werden, ein Wesensbild einer der rätselhaftesten Kulturen der antiken Welt zu entwerfen, in dem die Ergebnisse aller relevanten wissenschaftlichen Fachdisziplinen berücksichtigt werden. Dieser Vorsatz, auf der festen Grundlage bestehender Forschungsresultate zu einer Gesamtschau zu gelangen, erfordert eine permanente Gratwanderung zwischen einem »wie es wirklich war« und dem »wie es hätte sein können«. Vorbild dafür ist die

Betrachtungsweise, wie sie Rudolf Steiner in seinen geschichtlichen Abhandlungen pflegte. Manches, was zur Entstehung eines Wesensbildes gehört, soll dabei bewußt als Hypothese oder Frage verstanden werden.

Die Versuchung zu einer detaillierten Schilderung, die auf möglichst viele Einzelheiten eingeht, ist groß; die Möglichkeit, solch eine umfassende Darstellung zu realisieren, nur gering. Es mußte daher bei den herangezogenen Phänomenen eine strikte Auswahl getroffen werden. Auf eine ausführliche Beschreibung aller zugänglichen Stätten der Nabatäer wurde mit Ausnahme von Petra und Shivta verzichtet. Statt dessen wurden bewußt Aspekte hervorgehoben, die in der übrigen Literatur überhaupt nicht oder nur beiläufig gestreift werden. Doch auch in anderer Hinsicht muß auf die Grenzen einer solchen Darstellung hingewiesen werden. Keine Schilderung kann den Eindruck eines sommerlichen Sonnenuntergangs über den Ruinen von Shivta, die absolute Stille und Menschenleere, die Vorstellung, daß hier Tausende von Menschen gelebt haben, oder die Majestät der Monumente Petras wiedergeben.

Ich möchte meiner Frau Orna und unseren Kindern Juwal, Elijah, Dania und Noam für ihre Geduld und Unterstützung bei der Entstehung dieses Buches innigst danken. Es sei auch Herrn Winfried Altmann gedankt, der den entscheidenden Anstoß zu diesem Buch gegeben hat, meiner Kollegin Christine Talker-Jordanis für ihre Illustrationen und Manfred Christ für die Überarbeitung des Manuskriptes. Mein ganz besonderer Dank gilt auch Herrn Professor Avraham Negev, der jederzeit zur Beantwortung meiner Fragen bereit war.

Abschließend sei noch eine persönliche Bemerkung angefügt: Als ich mit der Niederschrift dieses Buches begann, war es noch undenkbar, daß einem israelischen Staatsbürger der Besuch in Petra jemals möglich sein würde. Im Herbst 1994 konnte ich mir diesen Traum endlich erfüllen, nachdem der Friede zwischen Jordanien und Israel geschlossen war. Vielleicht ging es mir ähnlich wie einem Ostberliner Bürger, der nach dem Fall der Mauer zum ersten Mal das Brandenburger Tor vom Westen her erblickte. Seit dem siebten Jahrhundert, als die islamische Invasion erfolgte, ist nun das gesamte Gebiet des ehemaligen nabatäischen Reiches erstmals seit dreizehnhundert Jahren wieder ohne Hindernisse und gefahrlos für jedermann begehbar.

1.
ANNÄHERUNG AN EINE VERGESSENE KULTUR

Israel in seinen heutigen Staatsgrenzen besteht aus einem schmalen Landesstreifen, der sich von den Quellen des Jordan bis zum Roten Meer, von der Küste des Mittelmeers bis hin zum Toten Meer erstreckt. Doch eine Vielzahl stummer Ruinen, über das ganze Heilige Land verstreut, sind Zeugen überaus bewegter Ereignisse, die nicht selten den Verlauf der Menschheitsgeschichte entscheidend mitbestimmt haben.

Galiläa, der nördliche Teil, ist ein fruchtbares, liebliches Hügelland. Je weiter wir uns aber südwärts in Richtung Jerusalem begeben, desto rauher wird die Landschaft, desto strenger der Eindruck, den sie vermittelt. Jerusalem liegt auf einer Erhebung des judäischen Berglandes, genau auf der Linie, die eine Wasserscheide bildet. Die westlichen Hänge sind von Nadelwäldern bedeckt, die östlichen kahl, steinig und arm an Niederschlägen. Sie fallen treppenartig zum Toten Meer ab, das in eine vollkommene Wüstenlandschaft eingebettet ist. Neunzehnmal wurde Jerusalem zerstört und ebenso oft wieder aufgebaut. Diese Stadt war wie kaum eine andere Schauplatz zentraler Ereignisse, von denen manche bis in unsere Tage nachwirken.

Versetzen wir uns zurück in biblische Zeiten, so begegnen wir dort Melchisedek, dem ersten in der Bibel erwähnten Priesterkönig, wie er Abraham, dem Stammvater der Juden, Brot und Wein entgegenträgt und ihn segnet (1Mo 14,18). Jahrhunderte später waren es wiederum Brot und Wein, die am selben Ort für die gesamte Christenheit zu kultisch-sakramentaler Bedeutung erhoben werden sollten. Jerusalem – es ist die Stätte, wo nach den Worten des hier lebenden englischen Dichters Dennis Silk »zu viel Zeit auf zu wenig Raum ausgeschüttet ist«.

▶ Abb. 1. Wadi Arava, im Hintergrund das Edomgebirge. Hier, an der sogenannten »Skorpionsteige«, führte in der Antike die Weihrauchstraße vorbei.

Weiter unserem Weg nach Süden folgend, verlassen wir bald das judäische Bergland und durchqueren eine großartige Wüstenlandschaft, den Negev, der sich bis hin zum Golf von Aqaba erstreckt. Er beginnt etwa auf der Höhe jener Ost-Westlinie, die das südliche Ende des Toten Meeres berührt und den breitesten Teil des Landes durchmißt. Seine Fläche umfaßt zwei Drittel des israelischen Staates. Wer den Negev bereist, um seine Landschaft und seine Natur in ihrer Vielfalt zu bewundern, weiß nur selten, daß die Besiedelung dieses Wüstengebiets nicht erst in der jüngeren Vergangenheit erfolgte. Spuren menschlicher Tätigkeit weisen auch hier in älteste Zeiten zurück. Doch während die Geschichte der nördlichen Provinzen, besonders die Jerusalems, einen sehr wechselhaften und oft auch dramatischen Verlauf nahm, sind die Glieder jener Kette von historischen Ereignissen in diesem Gebiet südlich des Heiligen Landes weit weniger eng miteinander verschlungen. Auch sind die Ruinenstätten hier bei weitem nicht so zahlreich wie im Norden, ihre Geheimnisse aber um so tiefer.

Die folgende Betrachtung möchte sich dem Negev und seinen Bewohnern, den Nabatäern, während der Jahrhunderte um die Zeitenwende zuwenden. Die ältesten Hinweise auf das Volk der Nabatäer stammen aus dem sechsten Jahrhundert v. Chr. Doch etwa tausend Jahre später verschwindet es auf ebenso rätselhafte Weise wieder von der Bühne der Weltgeschichte, wie es diese betreten hatte. Seiner Nachwelt hinterließ es nur wenige Zeugnisse einer geheimnisvollen Kultur, die für den heutigen Betrachter mehr Fragen stellt, als sie Antworten zu geben vermag.

Die Wüste als Lebensraum

In unserer Zeit bewegt man sich auf gut ausgebauten Straßen durch das Heilige Land, besucht seine historischen Stätten und verweilt an Orten, die dem Judentum, dem Christentum und dem Islam heilig sind. Sie alle befinden sich im nördlichen Teil des heutigen Israel. Die Strecke von rund 240 km zwischen Beer Sheva am nördlichen Rand des Negev und Eilat am Roten Meer wird meist ohne Aufenthalt zurückgelegt. Nur wenige bemerken den Reiz dieser Landschaft, die sich dem flüchtigen Blick als so karg und lebensfeindlich präsentiert, die Fülle an Naturphänomenen, denen man hier auf Schritt und Tritt begegnet. Doch wer die Geheimnisse der Wüste für sich

◂ Abb. 2. Negevlandschaft bei Avdat.

entdecken will, muß zu einer »Sinnesänderung« bereit sein. Ihre Lebensrhythmen entsprechen nicht dem Tempo des heutigen Massentourismus. Nur wer sich über längere Zeit hinweg mit dieser Gegend vertraut macht, wird ihre verschiedenen Gesichter kennenlernen, ihre Vielfalt an Farben, deren Spektrum sich im Wandel der Tageszeiten und mit wechselnder Beleuchtung unaufhörlich verändert. Die blendende Sonne während des langen Sommers, die kurzen Schatten, das Überwiegen heller Erdfarben: all dies ruft bei vielen Fremden ein Gefühl der Eintönigkeit hervor und erschwert dem ungeübten Auge die Erfassung von Einzelheiten in der Landschaft. Dabei werden auch die noch immer vorhandenen Spuren der einst in dieser Wüste bestehenden Kultur gerne übersehen.

In dieses Gebiet, den Negev, zogen vermutlich im sechsten und fünften vorchristlichen Jahrhundert die ersten nabatäischen Stämme ein. Es waren Nomaden, deren genaue geographische Herkunft bis heute nicht mit Sicherheit bestimmt werden konnte. Damit nahm eine Volks- und Kulturgeschichte ihren Anfang, die eine Sonderstellung in der antiken Welt innehatte. Während eines Jahrtausends und mehr, bis ins siebente oder achte Jahrhundert n. Chr., besiedelten die Nabatäer den Negev. Das allein macht die herausragende Stellung ihrer Kultur deutlich: Es ist ein einmaliges Beispiel für die Kultivierung der Wüste über einen derart langen Zeitraum hinweg. Zwar gab es auch in anderen Trockengebieten des Ostens immer wieder Zivilisationen, die in der Wüste ihren Lebensraum fanden, doch wurden ihre Siedlungen, wenn sie über kein fruchtbares Ackerland verfügten, nach kurzer Zeit wieder aufgegeben, und nie konnte sich dabei eine solche kulturelle Blüte entfalten, wie es bei den Nabatäern geschah. Kein anderes Volk verstand es, die wenigen lebensspendenden Güter, die die Wüste nur zögernd preisgibt, besser zu nutzen, als es die Nabatäer vermochten.

In der Vergangenheit diente die Wüste dem Menschen meist als Zufluchtsort in Zeiten der Verfolgung, oder sie wurde als Stätte der inneren Einkehr und religiösen Besinnung aufgesucht. Vielen der großen Heiligen und Propheten aller Religionen war die Einsamkeit der Wüste eine Quelle ihrer Offenbarungen. Der Mensch ist in dieser Umgebung ganz auf sich selbst gestellt. Er empfindet sich dort nicht mehr als in eine ihn umsorgende Natur eingebettet, sondern erlebt in gesteigertem Maß sein eigenes menschliches Wesen, mit dem er sich über die Natur zu erheben vermag. Es

▸ Abb. 3. Das Gebirgsdorf Sela nahe Petra. Hier könnte sich der von Diodor erwähnte Zufluchtsort der Nabatäer befunden haben.

scheint, als hätten bei den Nabatäern beide Motive eine Rolle gespielt, doch kamen mit Sicherheit noch andere Faktoren hinzu, die sie zur Besiedelung des Negev veranlaßten.

Die Vorfahren der Nabatäer waren nomadisierende Hirten. Sie kannten jene Stellen in der Wüste, wo es genügend Wasser gab, damit Mensch und Tier auch während der heißen und trockenen Sommermonate überleben konnten. Aus Berichten griechischer Geschichtsschreiber geht hervor, daß die Nabatäer Meister des Zisternenbaus und der Bewässerungskunst waren. Sie legten unterirdische Sammelbecken an und hielten darin einen Teil der gewaltigen Wassermassen zurück, die bei den winterlichen Regenfällen alljährlich niedergingen. Solche Wasserreservoirs dienten aber nicht nur den alltäglichen Lebensbedürfnissen in Zeiten des Friedens. Das Wissen um ihre Existenz verschaffte ihnen bei kriegerischen Auseinandersetzungen einen entscheidenden strategischen Vorteil. Bei drohender Gefahr zog man sich in die Wüste zurück, während es dem Feind an den zur Verfolgung notwendigen Wasservorräten mangelte. Ferner wird berichtet, daß die Nabatäer keine Häuser bauten, keinen Wein tranken und keine Bäume pflanzten. All dies sind Tätigkeiten, wie sie das Nomadentum nicht zuläßt und die es erfordern, immer wieder an einen bestimmten *Ort* zurückzukehren, um den Acker zu bestellen und die Früchte des Feldes zu ernten. Der Nomade verbindet sich nie mit einem Ort, sondern stets mit dem *Weg*.

Die Rätsel der nabatäischen Kultur

Sonne und Wasser standen bei den Nabatäern im Mittelpunkt ihres Glaubens. Viele Merkmale ihrer Religion lassen persische Einflüsse erkennen, doch zeigt sie im Unterschied dazu eine weitgehend nonfigurative Tendenz. In der frühen Phase nabatäischer Kulturentwicklung – während der Besiedlung des Negev – verzichtete man sogar völlig auf figürliche Darstellungen. Es wurden keinerlei Götterbildnisse geschaffen. Darin besteht eine Verwandtschaft zum Jahwe-Kult Judäas. Ein eigener Baustil wurde erst um die Mitte des zweiten vorchristlichen Jahrhunderts ausgebildet. Der Übergang zur Seßhaftigkeit wird bei Nomadenvölkern gewöhnlich durch die Errichtung fester Behausungen geprägt, wobei örtliche Baugewohnheiten nachgeahmt werden. Nicht jedoch bei den Nabatäern: bei ihnen steht der Sakralbau am Anfang. Dieser zeichnet sich, ebenso wie der erst später auftretende Zweckbau, das Wohngebäude, durch einen eigenen, hochentwickelten Stil aus.

Abb. 4. Wadi bei Beer Sheva.

Mit der Zeit wurden aus den einstigen Hirten Karawanenhändler. Im Römischen Reich wuchs der Bedarf an Weihrauch und Myrrhe sowohl für kultische wie auch für kosmetische Zwecke stark an. Daraus entstand ein reger Handelsverkehr, bei dem diese kostbaren und begehrten Güter vom südlichen Arabien auf dem Rücken von Kamelen zu den Küsten des Mittelmeers transportiert wurden. Die meisten der nabatäischen Städtegründungen erfolgten entlang dieser Handelsrouten. Hier entwickelte man eine meisterhafte Kunstfertigkeit beim Herstellen keramischer Erzeugnisse, deren Qualität die Produkte benachbarter Kulturen weit übertraf. Auch diese Keramik ging eindeutig aus einem kultisch-religiösen Bedürfnis hervor. Erst zu einem späteren Zeitpunkt wurden auch Gebrauchsgegenstände für profane Zwecke verfertigt. Nach etwa einhundert Jahren kam die Produktion aus noch völlig ungeklärten Gründen ebenso abrupt zum Erliegen, wie sie einst begonnen hatte.

Um die Zeitenwende entstand – wiederum ohne merklichen Übergang – eine florierende Landwirtschaft, und dies in einem Gebiet, in dem die jährliche Niederschlagsmenge 100 mm kaum übersteigt (zum Vergleich: der Jahresdurchschnitt von Zürich liegt bei 2500 mm). Regen fällt nur in den Wintermonaten zwischen Oktober und März. Für kurze Zeit verwandelt sich die Wüste dann in eine blühende Landschaft, bevor die sommerliche Trockenperiode, in der die Tagestemperaturen bei durchschnittlich 35 Grad Celsius liegen, alles wieder verdorren läßt. Ohne künstliche Bewässerung können während dieser Zeit keine Pflanzen gedeihen. Der Negev ist kein Land, wo die Gaben der Natur im Überfluß vorhanden sind, in dem »Milch und Honig fließt« (2Mo 3,8), wie es der Gott Jahwe dem jüdischen Volk verhieß. Alles, was die Wüste preisgibt, muß ihr mühsam abgerungen werden. In mehreren Städten der Nabatäer sind noch heute die Ruinen von Weinpressen zu sehen, deren Ausmaß Rückschlüsse auf eine Größe der Weingärten von mehreren hundert Hektar erlauben. Dabei wird verständlich, weshalb dieses Land später, als der Negev römische und schließlich byzantinische Provinz war, den Namen *Palästina salutaris* trug – das gesegnete Palästina.

Der meisterhafte Umgang mit dem so spärlich vorhandenen Element des Wassers ist eine Kunst, die nicht nur von hochentwickelten landwirtschaftlichen Fähigkeiten zeugt. Es ist auch eine soziale Kunst, die ein sehr hohes Maß an gesellschaftlicher Disziplin verlangt. Während Judäa nach der römischen Machtübernahme nach langem, blutigem Widerstand zu veröden drohte, erlebte der Negev sowohl in landwirtschaftlicher als auch in gesellschaftlicher Hinsicht eine Blütezeit. Gewiß leistete auch die Verbreitung des Christentums einen weiteren Beitrag, der dieser Region zum Beinamen *salutaris* verhalf. Der Einzug der Römer, der das Heilige Land in seinen nördlichen Teilen mit Blut tränkte, verlief, sofern er die Nabatäer betraf, vollkommen friedlich. Im Jahre 106 n. Chr. verzichtete das nabatäische Königreich ohne erkennbaren Widerstand auf seine staatliche Souveränität und wurde zur römischen Provinz. Es mußte damals im gesamten Volk, von den Machthabern bis in die einfache Bevölkerung hinein, ein Bewußtsein dafür vorhanden gewesen sein, daß aus einem Aufbegehren gegen Rom kein Vorteil hervorgehen konnte, sondern daß damit – wie es das Beispiel Judäas lehrte – die eigene Existenz aufs Spiel gesetzt würde. Zwar wurde das einst so große und mächtige Nabatäa nun in mehrere Provinzen gespalten,

Abb. 5. Avdat, nabatäische Akropolis mit den Ruinen aus byzantinischer Zeit.

doch zugleich erlebte es einen gewaltigen kulturellen und wirtschaftlichen Aufschwung. Der Verzicht auf staatliche und territoriale Selbständigkeit war gleichbedeutend mit einer Entscheidung zugunsten der eigenen kulturellen Entwicklung, die durch den römischen Einfluß und die damit verbundene Öffnung nach außen neue Impulse erhielt.

Die Wiederentdeckung der Nabatäer

Seit dem sechzehnten Jahrhundert gehörte Palästina ebenso wie der Negev und das südjordanische Wüstenland dem Osmanischen Reich an. Dies änderte sich erst im Jahre 1917, als englische Truppen der türkischen Herrschaft ein Ende setzten. Während der vorangegangenen Jahrhunderte hatte sich die gesamte Region zu einer Art Niemandsland entwickelt. Besonders die dünnbesiedelte Wüstengegend des Negev am äußersten Rand ihrer Herrschaftssphäre war für die türkischen Machthaber nur von geringer Bedeutung. Bei einer Bevölkerung, die nur aus wenigen Beduinen bestand, waren keine nennenswerten Steuereinnahmen zu erwarten. Zudem lebten hier überwiegend kriegerisch gesinnte Stämme, die sich jedem Versuch der meist korrupten und bequem gewordenen türkischen Provinzialbeamten, ihre Macht auszuüben, widersetzten.

Erst im Europa des beginnenden neunzehnten Jahrhunderts erwachte in einer Welle romantischer Begeisterung für ferne Länder und insbesondere für die heiligen Stätten der Christenheit erstmals seit Ende der Kreuzzüge ein neues Interesse für diese Region. Unbeeindruckt von den Gefahren, die mit einer solchen Reise damals noch verbunden waren, machten sich europäische Forscher, aber auch viele Neugierige und Abenteurer, etwa sechshundert Jahre nach der Zerschlagung des von den Kreuzrittern im elften Jahrhundert gegründeten Königreichs von Jerusalem auf den Weg, um das Heilige Land diesmal nicht mit dem Schwert, sondern mit den Mitteln des modernen wissenschaftlichen Bewußtseins für das Abendland zurückzuerobern. Es war ein neuer Bewußtseinsimpuls, der diese Menschen dazu bewegte, auf der Suche nach dem Ursprung ihrer eigenen Kultur und Religion die Spuren der Vergangenheit freizulegen. Ihnen sind die ersten modernen Beschreibungen der Gegend, der Natur und der dort einheimischen Völker zu verdanken.

Unter ihnen befanden sich jedoch nur wenige, die sich bis in den Negev vorwagten. Seine Bewohner verhielten sich gegenüber Reisenden ebenso ungastlich wie gegenüber den türkischen Machthabern. Einer der ersten, die das Wagnis einer solchen Expedition unternahmen, war der 1767 in Deutschland geborene *Ulrich Jasper Seetzen*. Er hatte in Göttingen Naturgeschichte und Medizin studiert und betrieb später eine eigene Tuchmanufaktur, bevor er sich auf Entdeckungsreisen in den Orient und nach Afrika begab. 1802, im Alter von fünfunddreißig Jahren, zog er über Konstantinopel nach Syrien und Palästina, erwarb die nötigen Sprachkenntnisse und trat zum Islam über. Damit hoffte er, für ein weiteres Vordringen in die von europäischer Zivilisation noch unberührten Gebiete gerüstet zu sein. 1805 erreichte er als »Musa al-Hakîm« (Moses, der Arzt) in arabischer Kleidung das Gebiet östlich des Jordans. Im Frühjahr 1806 besuchte er den Negev. Er war einer der ersten Europäer, die Mampsis, Avdat und Beer Sheva beschrieben haben. Später reiste er an der Spitze einer mit archäologischen Funden schwer beladenen Karawane nach Mekka. Ob es die Habgier der Beduinen war, die ihn 1811 im Jemen das Leben kostete, oder der Versuch Einheimischer, die Schätze ihrer Vergangenheit vor westlicher Neugier zu schützen, ist nicht bekannt. Seine Schriften wurden erst vierzig Jahre nach seinem Tode veröffentlicht. Daher wurde ihm nie der Ruhm zuteil, den er als erster Europäer der Neuzeit, dem es in diese Gebiete vorzudringen gelang, eigentlich verdient hätte.

Die Wiederentdeckung Petras, der einstigen nabatäischen Hauptstadt, war das Verdienst von *Johann Ludwig Burckhardt* (1784 – 1817) aus Basel. Nach seinem Studium in England bot er der »African Association«, deren Ziel die Erforschung noch unbekannter Gebiete des afrikanischen Kontinents war, seine Dienste an. Auch er wählte das Inkognito eines Einheimischen, um den wissenschaftlichen Zweck seiner Reisen geheimzuhalten. Von Syrien aus, wo er sich seine arabischen Sprachkenntnisse angeeignet hatte, zog er im Jahre 1812, verkleidet als armer Pilger, der sich »Scheich Ibrahim« nannte, südwärts in Richtung Afrika. Noch bevor Burckhardt sein eigentliches Reiseziel, das Innere Afrikas, erreichen konnte, starb er in Kairo.

Alois Musil, 1868 in Böhmen geboren, bereiste um die Jahrhundertwende den Sinai, den Süden Jordaniens und den Negev. Auch er beherrschte die arabische Sprache fließend und wurde in seiner arabischen Kleidung für einen Arzt und Kamelhändler gehalten. Seine Begegnungen mit den Beduinen der Region führten ihn mehrfach in lebensbedrohliche Situationen. Als Musil in kriegerische Handlungen zwischen befeindeten Beduinenstämmen hineingeriet, wurde er gefangengenommen und erlangte nur durch den Einsatz seiner arabischen Begleiter die Freiheit zurück. Vier Bände seiner Reiseberichte sind später unter dem Titel *Arabia Petraea* (Steinernes Arabien) erschienen. Der zweite Band, *Edom*,[1] enthält ausführliche Beschreibungen von Nessana, Kurnub (Mampsis) und Shivta. 1920 übernahm er einen Lehrstuhl der Orientalistik an der Prager Universität.

In dieser nur unvollständigen Aufzählung derer, die es während der letzten zweihundert Jahre unternommen haben, das Geheimnis um die einstige Wüstenbevölkerung des Negevs zu entschlüsseln, soll auch ein Wissenschaftler erwähnt werden, dessen Wirken in dieser Region zu jenem legendären Ruf führte, der mit dem Namen *Lawrence von Arabien* noch heute verbunden ist. Als kurz vor dem ersten Weltkrieg zwei junge Archäologen, T.E. Lawrence und C.L. Woolley, vom P.E.F., dem britischen Fonds zur Erforschung Palästinas, beauftragt wurden, den Negev und seine archäologischen Stätten kartographisch zu erfassen, hatte dies für Großbritannien mehr als nur wissenschaftliche Bedeutung. Die Landkarten, die bei diesen Expeditionen entstanden, waren später bei der Eroberung des Landes durch den für die Türken unerwarteten Angriff vom Süden her ein unentbehrliches Hilfsmittel. Lawrence spielte bei jenem Feldzug eine herausragende Rolle, indem er die Unterstützung der einheimischen arabischen Stämme gewann und mit ihrer Hilfe den Überraschungsangriff der Briten auf Aqaba zum militärischen Erfolg führte. Aus Sicht der Wissenschaft besteht das größere Verdienst von Lawrence aber in der Identifizierung der byzantinisch-nabatäischen Ruinenstätten des Negev. Gemeinsam mit Woolley dokumentierte und photographierte er einige davon und fertigte auch den ersten Stadtplan von Shivta an.

Die Grenzen herkömmlicher Forschung

Obwohl seit 1948, dem Jahr der Staatsgründung Israels, die archäologische Forschung einen gewaltigen Aufschwung nahm, richtet sich die Aufmerksamkeit der Forscher bevorzugt dem Norden des Landes zu, dessen Geschichte weiter in die Vergangenheit zurückreicht. Die Ruinenstätten, die die Forscher und Reisende seit Beginn des neunzehnten Jahrhunderts auf ihren Erkundungen des Negev – dem ehemaligen Reich der Nabatäer – antrafen, stammen dagegen aus einer relativ späten Epoche. Für manchen Altertumsforscher, dessen Vorliebe alttestamentlichen Zeiten gilt, endet das Interesse an der Vergangenheit oft bereits mit der Zeitenwende. Die Ruinen christlicher Kirchen, denen man in den nabatäischen Siedlungen des Negev begegnet, wurden aber erst im vierten, fünften und sechsten Jahrhundert n. Chr. errichtet; ihre Erforschung erscheint daher von nachrangiger Bedeutung. Sofern man sich bisher überhaupt um die Nabatäer gekümmert hatte, kamen dabei nur wenige und oft widersprüchliche Ergebnisse an den Tag. Das gegenwärtige Wissen über die Nabatäer erscheint oft so zusammenhanglos und lückenhaft, daß sich noch immer kein in sich geschlossenes Bild ihrer Kultur ergibt.

Es ist ganz besonders das Verdienst von *Avraham Negev*, daß im heutigen Israel ein – wenn auch noch immer viel zu geringes – Bewußtsein von der Existenz und der Bedeutung der nabatäischen Kultur vorhanden ist. Ihm ist die gründlichste Forschungs- und Lehrtätigkeit während der letzten Jahrzehnte auf diesem Feld zu verdanken. Seine jungen Jahre verbrachte er als Pionier in einer 1943 gegründeten landwirtschaftlichen Siedlung, wenige Kilometer von den Ruinen der nabatäischen Stadt Elusa entfernt. Später, nach einer schweren Kriegsverletzung, studierte er Archäologie. 1979 fanden unter seiner Leitung Ausgrabungen in Elusa (hebr. Khaluza) statt, bei denen die größte Kirche des gesamten Gebietes sowie ein nabatäisches Theater freigelegt wurde. Mampsis und Oboda wurden ebenfalls von ihm ausgegraben.

Auch Geologen, Geographen, Botaniker, Zoologen sowie Siedler, die sich in der Negevwüste niederließen, um sie fruchtbar zu machen und zu bewirtschaften, stießen bei ihrer Arbeit immer wieder auf die Spuren vergangener Zeiten. Doch die archäologische Forschung in einem Wüstengebiet, die Logistik einer Expedition, bereitet auch angesichts modernster Technik noch immer erhebliche Probleme. Schwierigkeiten bei der Wasserversorgung, das Fehlen gut befahrbarer Straßen und die Witterungsverhältnisse erschweren ein solches Unternehmen außerordentlich. Ausgrabungen können nur während kurzer Perioden des Jahres vorgenommen werden, wenn die sommerliche Hitze und die Gefahr der unberechenbaren Fluten und Überschwemmungen des Winters die Ausgrabungsarbeiten nicht gefährden. Hinzu kommt, daß das einstige Reich der Nabatäer heute durch die Staatsgrenze zwischen Jordanien und Israel geteilt wird. Petra, die ehemalige Hauptstadt und Hochburg nabatäischer Kunst, die auf jordanischer Seite liegt, war für israelische Staatsbürger bis vor kurzem nicht zugänglich. Dies verhinderte jahrzehntelang eine Begegnung zwischen den Forschern auf beiden Seiten der Grenze. Selbst Avraham Negev, der sich die Erforschung der Nabatäer zu seinem Lebenswerk gemacht hat und bereits auf eine vierzigjährige wissenschaftliche Tätigkeit auf diesem Gebiet zurückblickt, konnte Petra erstmals 1995 nach dem Friedensabkommen besuchen.

Die Geschichte der Nabatäer verlief äußerst wechselhaft. Ihre aufeinanderfolgenden Phasen unterscheiden sich so stark voneinander, daß manche Forscher sogar bezweifeln, ob es sich während dieses ganzen Zeitraums vom fünften Jahrhundert v. Chr. bis zur islamischen Invasion im Jahre 638 überhaupt um ein und dasselbe Volk gehandelt habe, das diese Region besiedelte. Ein weiteres Phänomen, das die Forscher immer wieder zur Verzweiflung trieb oder auch zum Staunen veranlaßte, ist das Fehlen von Übergangsphasen beim Erreichen einer neuen Kulturstufe. Die Entwicklung der nabatäischen Kultur gleicht weniger einem kontinuierlichen Prozeß als einem sprunghaften Wechsel ohne erkennbare Übergänge. Die Merkmale einer jeden Phase scheinen sich von Beginn an auf ihrer höchsten Entwicklungsstufe zu entfalten. Architektur, Kunst und Religion können zwar allesamt eine gewisse Verwandtschaft mit den Kulturen benachbarter Völker nicht verbergen, doch stets weisen sie einen eigenen und charakteristisch nabatäischen Stil auf. Oft finden sich bei den Nabatäern sogar Elemente weit entfernter Kulturen wieder, deren Vorhandensein sich auch unter Hinweis auf den Synkretismus, der aus dem regen kulturellen Austausch zwischen den Völkern hervorging, nicht befriedigend erklären läßt.

Avraham Negev spricht in diesem Zusammenhang von den »nabatäischen Anomalien«,[2] von der Fähigkeit, neue Kulturimpulse aufzunehmen und diese ohne lange Vorbereitungszeit zu verwirklichen. Die Nabatäer sind in dieser Hinsicht eine einmalige Erscheinung. Viele Versuche wurden unternommen, um diese merkwürdigen Phänomene der nabatäischen Geschichte zu enträtseln. Während in Judäa, dem Land der Schriftgelehrten, zeitgenössische Dokumente das historische Geschehen beleuchten, ist dies in Nabatäa nicht der Fall. Es wurden bis heute keine Funde gemacht, die den eindeutigen Nachweis einer eigenen nabatäischen Geschichtsschreibung erbringen könnten. Die wenigen schriftlichen Erwähnungen der Nabatäer sind mit Ausnahme der Papyri von Nessana, die aber erst aus dem siebten und achten Jahrhundert n. Chr. stammen, in fremden, meist griechischen Quellen zu finden. Dennoch darf angenommen werden, daß die Nabatäer einen höheren Bildungsstand als andere Völker der Region hatten. Inschriften mit alltäglichen Mitteilungen, die auf Felsen in der Wüste gefunden wurden, könnten diese Annahme erhärten. Diese Inschriften stammen von schriftkundigen Hirten. Bei anderen Völkern waren Schriftkenntnisse in solch niedere Bevölkerungsschichten nicht vorgedrungen.

Da die Forschung auf keine authentischen schriftlichen Dokumente der Nabatäer zurückgreifen kann, stützt sie sich vermehrt auf die Funde einer »materiellen Kultur«, auf dasjenige, was dem gegenwärtigen Beobachter an Überresten von Kunst- und Gebrauchsgegenständen zugänglich ist. Keramik, Plastik und Architektur sind die Mosaiksteine, aus denen das Bild einer Kultur rekonstruiert wird, die seit über einem Jahrtausend nicht mehr existiert. Durch die Ergebnisse einer solchen Methode, die noch vorhandenen Trümmer wieder zusammenzufügen und Fehlendes zu ergänzen, will man zu einem Geschichtsverständnis gelangen. Doch anstatt mit Antworten zu dienen, geben gerade die materiellen Hinterlassenschaften der Nabatäer neue Fragen auf, die sich auf die *geistigen Dimensionen* ihrer Kultur beziehen und somit ohne Antwort bleiben müssen.

Die geisteswissenschaftliche Methode Rudolf Steiners kann ein neues Licht auf die Betrachtung historischer Zusammenhänge werfen. Auch aus einer allgemeinen Sicht erscheint dabei die Frage nach der geistigen Entwicklung vergangener Kulturen von Interesse, da ein vertieftes, *geistbezogenes* Verständnis von Gegenwartsfragen nur vor dem Hintergrund der geschichtlichen Entwicklung möglich ist. Besondere Aufmerksamkeit erhält in Rudolf Steiners anthroposophisch orientierter Geschichtsdarstellung das althebräische Volk im Hinblick auf das Erscheinen der Christuswesenheit. Im Verlauf einer langen Generationsreihe wurden hier die Grundlagen für die physische Leiblichkeit Jesu geschaffen. Es handelte sich also keineswegs um einen Zufall, wenn gerade diese Erdengegend zum Schauplatz jener heilsgeschichtlichen Ereignisse wurde, die für die gesamte Menschheit eine zentrale Bedeutung gewinnen sollten. Neben den äußeren Bedingungen politischer, kultureller, wirtschaftlicher oder gesellschaftlicher Art müssen daher auch solche berücksichtigt werden, die mit dem inneren Entwicklungsweg der Menschheit im allgemeinen und dem der Bevölkerung der betreffenden Region im besonderen zusammenhängen, um auch die spirituelle Seite einer Kultur in der richtigen Weise zu verstehen.

Eine Kultur wie die der Nabatäer, die so vielfältig und geheimnisvoll ist und die ihrer Nachwelt so viele Rätsel aufgibt, muß geradezu als Herausforderung verstanden werden, neben den herkömmlichen Methoden der Wissenschaft auch geisteswissenschaftliche Betrachtungsweisen heranzuziehen. Eine solche Sensibilität gegenüber geistigen Impulsen war es auch bei den Nabatäern, die ihre Hinwendung zu der in ihrer unmittelbaren Nähe entstandenen neuen christlichen Geistesart möglich machte. Es war ein Volk mit einer besonderen Beziehung zur Welt der Lebenskräfte. Das neu entstandene Christentum als *re-ligio* kann im wörtlichen Sinne als Wieder-Verbinden des Menschen mit seinem göttlichen Ursprung verstanden werden. Das Prinzip der Auferstehung, des Überwindens der Todeskräfte, ist dabei ein zentrales Ereignis, das auch die Kultur der Nabatäer wie ein Leitmotiv durchzieht. Gab es neben wirtschaftlichen und politischen Ursachen für das Aufleben dieser Kultur auch so etwas wie eine geistige Mission, die ihnen zu einem bestimmten Augenblick in der Geschichte der antiken Welt eine bestimmte historische Rolle zuwies?

Der folgende Versuch, ihre Geschichte unter geisteswissenschaftlichen Gesichtspunkten zu betrachten und nach der Bedeutung der Nabatäer bei der Entfaltung des frühen Christentums zu fragen, erhebt natürlich keinen Anspruch auf Vollständigkeit. Doch vielleicht kann er neue Fragen aufwerfen, die unter Umständen befruchtend oder sogar richtungsweisend auf die wissenschaftliche Forschung einwirken.

2.
HIRTEN, KÖNIGE UND KREUZ – STATIONEN DER ENTWICKLUNG EINES VOLKES

Die Nabatäer treten erst zu einem Zeitpunkt, als sich ihre Kultur bereits zur Blüte entfaltet hatte, aus dem Dunkel der Vergangenheit ins Licht der antiken Geschichtsschreibung. Die ältesten überlieferten Schriften, in denen sie erwähnt werden, stammen vom Ende des vierten Jahrhunderts v. Chr. Mit Sicherheit jedoch waren die ersten nabatäischen Stämme auch schon zuvor in jener Region Nordwestarabiens anzutreffen, in der noch heute zahlreiche Spuren von ihrer Anwesenheit zeugen. Während die Geschichtsschreiber des Abendlandes erst relativ spät von ihnen Notiz nahmen, finden sich vage Hinweise, die über ihre Existenz Auskunft geben, bereits in älteren Schriften benachbarter Völker. Eine Auflistung der bestraften Stämme, die von Assurbanipal (668 bis 627 v. Chr.) besiegt wurden, läßt vermuten, daß schon in der Zeit der Assyrerkönige im achten und siebten Jahrhundert v. Chr. Beziehungen zwischen den dort erwähnten *nabayti* bzw. *nabatu* und den Assyrern bestanden.

Die Frage nach der genauen geographischen Herkunft der nabatäischen Stämme ist noch immer umstritten und wird in der Fachwelt unterschiedlich beantwortet. Dabei haben sich zum Teil völlig entgegengesetzte Auffassungen herausgebildet. Eine dieser Theorien betrachtet die Nabatäer als Nachfahren persischer Einwanderer. Andere suchen ihre Ursprünge im Negev,[3] westlich des Wadi Arava, wo später ihre Volkwerdung stattgefunden hat.

Alle diese Theorien, von denen jede einzelne mit Sicherheit Teile der historischen Wahrheit enthält, beziehen sich ausschließlich auf die Funde der schon erwähnten materiellen Hinterlassenschaft. Folgt man diesem Weg in die Vergangenheit, wie er von einer solchen rein archäologischen Betrachtungsweise geebnet wurde, so verlieren sich die Spuren der Nabatäer irgendwann im Dunkel des Zeitenstroms. Über eine Betrachtung der spirituellen Aspekte der nabatäischen Kultur gelangt man aber zu weiterreichenden Resultaten. Es sind nicht allein die materiellen Erzeugnisse, sondern auch ihre Geistesart – wie sie allerdings nur aus fragmentarisch erhaltenen und mangelhaft überlieferten Zeugnissen hervorgeht –, die zu einem kontinuierlichen Geschichtsbild leiten können. Nimmt man das mythologische Bewußtsein der Nabatäer und dessen Wandlungen im Verlauf von mehr als tausend Jahren ihrer Kulturentwicklung als Leitfaden, so fällt manches Licht in das bestehende Dunkel.

Alttestamentliche Zeugnisse

Wie auch heute noch betrachteten die Bewohner des Nahen Ostens, sowohl Araber als auch Juden, schon damals *Abraham* als ihren gemeinsamen Urvater. Abraham, der einer Nomadenfamilie entstammte, zog, einer göttlichen Verheißung folgend, aus dem Zweistromland in das Land Kana'an, um sich dort niederzulassen. Sein Weg führte ihn zunächst jedoch in das spätere Gebiet der Nabatäer. »Da erschien der Herr dem Abram und sprach: Deinen Nachkommen will ich dies Land geben … Danach zog Abram weiter ins Südland [Negev].« (1Mo 12,7;9)

Vom Hunger geplagt ging Abraham zunächst nach Ägypten, bevor er, dem göttlichen Auftrag folgend, in das ihm versprochene Land zurückkehrte. Er war bereits in fortgeschrittenem Alter und noch immer kinderlos, als ein Opferbund mit dem Jahwe-Gott zustande kam (1Mo 15). Aus »Schrecken und tiefer Finsternis« heraus wurde ihm die Zukunft seiner Nachkommenschaft offenbart, die lange nicht zur Ruhe finden sollte. Bisher hatte ihm Sara, seine Frau, jedoch keine Kinder geboren. Daher gab sie ihm Hagar, ihre Magd, zur Frau. Diese wurde schwanger, behandelte aber Sara daraufhin mit einer solchen Geringschätzung, daß sie von Abraham verstoßen wurde und in die Wüste fliehen mußte. Dort begegnet ihr ein Engel: »Und der Engel des Herrn sprach zu ihr: Ich will deine Nachkommen so mehren, daß sie der großen Menge wegen nicht gezählt werden können. Weiter sprach der Engel des Herrn zu ihr: Siehe, du bist schwanger geworden und wirst einen Sohn gebären, dessen Namen sollst du Ismael nennen; denn der Herr hat dein Elend erhört. Er wird ein wilder Mensch sein … Und Hagar gebar Abram einen Sohn, und Abram nannte den Sohn, den ihm Hagar gebar, Ismael.« (1Mo 16,10-12;15)

Ismael wird traditionell als der Urvater aller arabischen Stämme betrachtet. Ebenso wie Jakob hatte er zwölf Söhne. Diese blieben aber nicht wie die zwölf Stämme des althebräischen Volkes in einem Volkszusammenhang vereint, sondern entwickelten sich zu je einer eigenen ethnischen Gruppierung: »Dies ist das Geschlecht Ismaels, des Sohnes Abrahams, den ihm Hagar gebar, die Magd Saras aus Ägypten; und dies sind die Namen der Söhne Ismaels, nach denen ihre Geschlechter genannt sind: der erstgeborene Sohn Ismaels Nebajot, dann Kedar, Adbeel, Mibsam, Mischma, Duma, Massa, Hadad, Tema, Jetur, Nafisch und Kedma. Dies sind die Söhne Ismaels mit ihren Namen nach ihren Gehöften und Zeltdörfern, zwölf Fürsten nach ihren Stämmen.« (1Mo 25,12-16)

Diese Abstammung der arabischen Völker aus dem Geschlecht Ismaels, insbesondere aus der Nachkommenschaft des Erstgeborenen, Nebajot, scheint auch Josephus Flavius bekannt gewesen zu sein, der aus einem judäischen Priestergeschlecht stammte und 66 n. Chr. als Anführer am Aufstand gegen die Römer in Galiläa beteiligt war. In seinen Schriften erwähnt er die Nabatäer als machtvolle, bisher unbesiegte Nachbarn der Provinz Judäa.[4]

Über den weiteren Verbleib der Nachkommen Ismaels gibt der alttestamentliche Text leider nur andeutungsweise Auskunft: »Abraham nahm wieder eine Frau, die hieß Ketura. Die gebar ihm Simran und Jokschan, Medan und Midian, Jischbak und Schuach. Jokschan aber zeugte Saba und Dedan … Und Abraham gab all sein Gut Isaak. Aber den Söhnen, die er von den Nebenfrauen hatte, gab er Geschenke und schickte sie noch zu seinen Lebzeiten fort von seinem Sohn Isaak nach Osten hin ins Land Kedem.« (1Mo 25,1-3; 5-6)

Aus dem hebräischen Konsonantenstamm A-R-W lassen sich mehrere verwandte Begriffe ableiten. Die daraus hervorgehende Bezeichnung *Araber* bzw. *arabisch* läßt sich daher auch ihrem Sinn nach unterschiedlich deuten. *Erew* ist der Abend, *ma'araw* der Westen, die Richtung, aus der der Wind in der Abenddämmerung weht. *Erew* bedeutet aber auch »Mischung«, insbesondere im ethnischen Sinne. So heißt es in Luthers Übersetzung: »Und es zog auch mit ihnen viel fremdes Volk, dazu Schafe und Rinder …« (2Mo 12,38) *Erew-raw*, das den selben Wortstamm wie *Araber* enthält und hier als »fremdes Volk« übersetzt wird, weist auf ein Gemisch von Menschen unterschiedlicher ethnischer Herkunft hin. Sie ziehen ein Stück weit mit den Söhnen Israels durch die Wüste Sinai. *Kedem* hingegen bedeutet »Morgenland«; nach Kedem ziehen muß somit als »nach Osten ziehen« verstanden werden.

Vom Gesichtspunkt der Verfasser des Alten Testaments handelte es sich bei den Nachbarn im Südosten also um ein »Völkergemisch« aus der Nachkommenschaft der Söhne Ismaels, also um *Araber*. Sie werden als viehtreibendes Volk beschrieben, als Bewohner der Wüste, wie es auch aus einem Gleichnis in der Prophezeiung des Jeremia hervorgeht: »An den Wegen sitzst du und lauerst ... wie ein Araber in der Wüste ...« (Jer 3,2) Von Osten her, aus dem »Morgenland«, zogen sie bis zur Grenze des Saatlandes und an die Küste des Meeres, in das am Abend die Sonne versinkt. In einer weiteren alttestamentlichen Erwähnung aus der Zeit des judäischen Königreichs treten die Araber als wohlhabende Viehzüchter und Besitzer großer Herden in Erscheinung: »Da kam der Schrecken des Herrn über alle Königreiche der Länder, die um Juda herum lagen, so daß sie nicht gegen Josafat kämpften. Sogar einige von den Philistern brachten Josafat Geschenke und Silber als Abgabe; auch die Araber brachten ihm siebentausendundsiebenhundert Widder und siebentausendundsiebenhundert Böcke.« (2Chr 17,10-11)

Bei Jeremia findet sich noch eine weitere interessante Aussage, die auf die Nachkommen des Rechab Bezug nimmt. Diese genießen bei Jeremia eine hohe Wertschätzung, weil sie einem alten Eid treu geblieben sind, den sie geschlossen als Stammesgemeinschaft abgelegt haben: »Wir trinken keinen Wein; denn unser Vater Jonadab, der Sohn Rechabs, hat uns geboten: Ihr und eure Nachkommen sollt niemals Wein trinken und kein Haus bauen, keinen Samen säen, keinen Weinberg pflanzen noch besitzen, sondern ihr sollt in Zelten wohnen euer Leben lang, auf daß ihr lange lebet in dem Lande, in dem ihr umherzieht.« (Jer 35,6-7)

Ihrem Inhalt nach deckt sich diese Charakterisierung vollkommen mit einer Beschreibung der Nabatäer von Diodor, die vierhundert Jahre später entstand.

Das Königreich von Saba – Urheimat der Nabatäer?

Das Reich von Saba bestand nachweislich schon im elften Jahrhundert v. Chr. im Süden der arabischen Halbinsel, auf dem Gebiet des heutigen Jemen.[5] Diese Region war im Altertum von den Kulturzentren Ägyptens und Mesopotamiens durch ausgedehnte Wüstengebiete weitgehend abgeschnitten und konnte nur nach oft monatelangen strapaziösen Reisen auf Karawanenwegen erreicht werden. Eine Berührung zwischen der westlichen Welt und dem Süden Arabiens – insbesondere dem sabäischen Reich – kam durch den Handel mit den Kostbarkeiten dieser Region, Harzen wie Myrrhe und Weihrauch, aber auch Gold, zustande. Diese mußten über eine Distanz von mehr als dreitausend Kilometern durch die Wüste transportiert werden, bevor sie die Häfen des Mittelmeers erreichten, von wo aus sie in die westliche Welt gelangten. Von den südarabischen Ländern scheint Saba das einzige gewesen zu sein, das durch die bestehenden Handelsbeziehungen über seine Grenzen hinaus bekannt war.

Archäologische Funde deuten darauf hin, daß Saba spätestens seit dem elften Jahrhundert v. Chr. ständig besiedelt war. In diese Zeit datiert man auch das Aufkeimen ihrer Kultur, die im achten und siebten vorchristlichen Jahrhundert ihren Höhepunkt erreicht hatte. Die Herrscher Sabas waren Priesterfürsten, *Mukharib* genannt, deren Macht auf ihrer kultisch-religiösen Autorität beruhte. Über 10 000 entzifferte Inschriften und zahlreiche Ausgrabungen konnten im Verlauf des letzten Jahrhunderts die Geschichte Sabas etwas aufhellen. Die Bevölkerung war teils seßhaft, teils bestand sie aus Nomaden, und sie verfügte über eine hochentwickelte Landwirtschaft sowie über ein ausgeklügeltes System zur Wasserversorgung. Saba hatte trotz seines Wüstenklimas genügend Wasserreserven und wurde deshalb schon in den ältesten Zeiten landwirtschaftlich genutzt. Dämme wurden angelegt, und durch künstlich geschaffene Kanäle gelangte das Wasser auf die Ackerflächen. Diese Bewässerungssysteme waren einzigartig in der antiken Welt. In der sabäischen Kultur existierte ein besonderes Bewußtsein von den Kräften, die auch in einem Wüstengebiet ein hohes Maß an Fruchtbarkeit ermöglichen.

Die Sabäer hüteten Sonnenmysterien, zu deren Zeichen die in der Mondenschale getragene Sonne wurde, wie man es in vielen Inschriften und Darstellungen immer wieder antreffen kann. Der Mond galt als Abbild jener Naturmächte, die ihre Wirksamkeit in der Phase der Dunkelheit entfalten. Zugleich war er auch Symbol der Fruchtbarkeit, der beständigen und unaufhörlichen Erneuerung alles Lebendigen in der Natur. Nach jedem Zyklus stirbt er, um bald darauf wieder neu geboren zu werden. Die Sonne dagegen wurde als Ausdruck des ewig währenden lebensspendenden Prinzips betrachtet. In der Wüste entfaltet sie ihre größte Intensität. Es erscheint daher naheliegend, daß sich in einer hier entstandenen Kultur eine besonders intensive Beziehung zur Sonne entwickelt und die Gottwesen, die sich hinter ihrer sichtbaren Gestalt verbergen, von den Bewohnern der Wüste anders erlebt werden. Trotz ihrer vernichtenden Kraft, die alles zu Asche verwandeln kann, wurde sie als Lebensspenderin betrachtet. Das Bild des aus der Asche steigenden Vogels Phönix ist ein beständig wiederkehrendes Motiv in der sabäischen Kultur und zugleich Leitbild des mythologischen Bewußtseins, das sich ausgehend von den geographisch-klimatischen Bedingungen ein Wissen von den Geheimnissen um Tod und Auferstehung angeeignet hatte.

Gold, Weihrauch und Myrrhe gehörten zu den wichtigsten Gütern, die von den Nabatäern aus dem entfernten Saba im Süden der arabischen Halbinsel zur Küste des Mittelmeers gebracht wurden. Für ihre Bewohner bildete die Wüste kein Hindernis. Sie führten Karawanen bis ins Grenzgebiet zu den Mittelmeervölkern, um sogleich wieder in den weglosen Weiten der Wüste zu verschwinden. Auch wegen ihrer Viehzucht standen die Nabatäer im Altertum in ausgezeichnetem Ruf; daneben wurde ihr meisterhafter Umgang mit der kostbarsten Substanz der Wüste gerühmt, dem lebenswichtigen Wasser. Von König Usia, einem Zeitgenossen Jesajas, wird erzählt, daß ihm Jahwe gegen die Philister und Araber half (2Chr 26,7). Und als hätte Usia von diesen, die eben nicht einfach bekämpft wurden, sondern auf einer geistigen Ebene mit ihm in Beziehung traten, neue Impulse erhalten, heißt es dann: »Er baute auch Türme in der Wüste und grub viele Brunnen; denn er hatte viel Vieh sowohl im Hügelland wie in der Ebene und in den Niederungen, auch Ackerleute und Weingärtner auf den Bergen und am Karmel; denn er liebte die Erde.« (2Chr 26,10)

Die Liebe zur Erde, die Fähigkeit mit dem lebensspendenden Element des Wassers umzugehen, es durch Menschenhand zu bändigen, sind Eigenschaften, die bereits zu diesem Zeitpunkt das Leben im Königreich Saba bestimmten. So scheint es berechtigt zu sein, hier die Wurzeln der Nabatäer zu suchen, da die überlieferten Merkmale ihrer Kultur sich sowohl zeitlich als auch ihrem Wesen nach mit denen der sabäischen decken. Die Bibel bietet dabei eine große Hilfe. Sie enthält zeitgenössische Informationen, die ein unverfälschtes Bild der damaligen Situation vermitteln.

Daß die Nabatäer aus einer »Vermischung« von Nachkommen Nebajots und den Bewohnern Sabas hervorgingen, läßt sich jedoch aus keinem dieser Texte ableiten und kann daher nicht mit letzter Sicherheit behauptet werden. Nur ein einziges Mal in der Bibel, nämlich in einer der Prophezeiungen Jesajas, werden wir auf die Nachkommen dieser beiden Stämme in *einem* Zusammenhang verwiesen. Jesaja schildert die Zeiten nach dem Kommen des Messias. Seine Visionen zeigen Ähnlichkeit mit jener Art von geistiger Schau, wie sie Paulus Jahrhunderte später vor den Toren von Damaskus erleben sollte. Jesaja nennt auch die ersten Völker, die sich um das neue

Geisteslicht scharen würden: »Mache dich auf, werde licht; denn dein Licht kommt, und die Herrlichkeit des Herrn geht auf über dir. Denn siehe, Finsternis bedeckt das Erdreich und Dunkel die Völker; aber über dir geht auf der Herr, und seine Herrlichkeit erscheint über dir. Und die Völker werden zu deinem Lichte ziehn, und die Könige zum Glanz, der über dir aufgeht … Dann wirst du deine Lust sehen und vor Freude strahlen, und dein Herz wird erbeben und weit werden, wenn sich die Schätze der Völker am Meer zu dir kehren und der Reichtum der Völker zu dir kommt … Sie werden aus Saba alle kommen, Gold und Weihrauch bringen und des Herrn Lob verkündigen. Alle Herden von Kedar sollen zu dir gebracht werden, und die Widder Nebajots sollen dir dienen.« (Jes 60,1-7)

Obwohl es sich beim Buch Jesaja um eine sehr alte Überlieferung handelt, die möglicherweise auf das siebte Jahrhundert v. Chr. zurückgeht, enthält es nicht die einzige Schilderung im Alten Testament aus dieser Zeit, die auf Wesenszüge der Nabatäer hindeutet, wie sie auch aus späteren Aufzeichnungen griechischen Ursprungs nach 312 v. Chr. hervorgehen. In der Prophezeiung Jesajas werden die Söhne des Nebajot und der Sabäer in einer Weise charakterisiert, die ganz den später als »Nabatäer« bezeichneten Stämmen zu entsprechen scheint. Jesaja berichtet vom Kommen des Erlösers, des Messias. Die Verheißungen der Propheten werden gewöhnlich nur auf das althebräische Volk bezogen. Doch wird sich später noch zeigen, daß es gerade die Nabatäer waren, die Jesajas Prophezeiung erfüllen sollten. Sie kamen aus Saba, brachten Gold und Weihrauch und gehörten zu den ersten Völkern, die sich geschlossen zum Christentum bekannten.

Auch bei den Sabäern handelte es sich um Araber, die sich selbst als Nachkömmlinge Abrahams betrachteten. Ihre früheste Erwähnung als Volk steht im Zusammenhang mit dem Tempelbau Salomos in Jerusalem.

»Und als die Königin von Saba die Kunde von Salomo und den Namen Jahwes vernahm, kam sie, um Salomo mit Rätselfragen zu prüfen. Da kam sie nach Jerusalem mit einem sehr großen Gefolge, mit Kamelen, die Spezerei trugen und viel Gold und Edelsteine. Und als sie zum König Salomo kam, redete sie mit ihm über alles, was sich in ihrem Herzen regte.« (1Kön 10,1-2)

Nach den Worten des Alten Testaments ist die Begegnung dieser beiden Repräsentanten unterschiedlicher Kulturen durch Prüfungen gekennzeichnet, aber auch von gegenseitiger Anerkennung und Hochachtung vor ihren geistigen und materiellen Reichtümern geprägt. Dieses Zusammentreffen war auch der Ausgangspunkt für einen regen Handel mit den Kostbarkeiten des Orients (1Kön 10,10), darunter Substanzen für den kultischen Gebrauch, die bis dahin im Reich Salomos unbekannt waren: Weihrauch, Myrrhe und Gold. Auch in den heiligen Schriften der anderen Religionen, die in diesem Gebiet ihren Ursprung haben, wird von der Königin Sabas als von einer herausragenden Persönlichkeit berichtet, die von einer ganz bestimmten Geistigkeit geprägt war und diese ihrem Volk zu vermitteln suchte. Im Lukasevangelium spricht Jesus von der Königin von Saba, die ihm am Jüngsten Tag bei seinem Richteramt beiseite stehen würde: »So wie Jona für die Bewohner von Ninive zu einem Beweis des Geistes wurde, so wird es der Menschensohn für diese Zeit sein. Bei der großen Entscheidung wird die Königin von Saba aufstehen gegen die Menschen dieser Zeit und wird ihre Richterin sein.« (Luk 11,30-31)

In jüdischen Quellen erscheint die Königin von Saba immer wieder als dämonische Gestalt.[6] Vieles vom ursprünglichen Wissen der Judäer über die gemeinsamen spirituellen Wurzeln beider Kulturen ging mit der Zerstörung des Tempels von Jerusalem verloren. Durch ein strenges Isolieren des eigenen geistigen Gutes gegenüber fremden Einflüssen versuchte man, die Zersetzung des Judentums und seiner Glaubenstradition zu vermeiden. Nur noch wenige Reste dieses Wissens sprechen aus den jüdischen Quellen dieser Zeit. So wird im Zusammenhang mit der Vorbereitung des königlichen Besuches aus Saba in Jerusalem erzählt, daß die Königin eine Priesterin des Sonnengottes sei und die von König Salomo zu ihr gesandten Raben ihr während des Kultes den Horizont verdeckt haben. Ein späterer sabäischer König trägt den Namen *Abd Schams* – »Sonnendiener«.

Auch der Koran enthält einen deutlichen Hinweis darauf, daß die Königin von Saba auch im siebten Jahrhundert nach der Zeitenwende noch im Ruf einer Sonnenverehrerin stand. Der Wiedehopf mit seinem sonnenhaft strahlenden Gefieder kehrt als Gesandter des Königs Salomo von ihr zurück und berichtet: »Ich gewahrte, was du nicht gewahrtest, und ich bringe dir von Saba gewisse Kunde. Siehe, ich fand eine Frau über das Land herrschend, der von allen Dingen gegeben ward, und sie hat einen herrlichen Thron. Und ich fand sie und ihr Volk die Sonne anbeten …« (Sura 27,22-24).

Die Besiedlung des Negev durch sabäische Stämme

Das von Salomo regierte Reich erstreckte sich damals bis zur israelitischen Hafenstadt Eilat – damals Ezion – am Roten Meer. Im Jahre 586 v. Chr. wurde Jerusalem von den Babyloniern erobert und der salomonische Tempel zerstört. Für das judäische Volk begannen die schweren Jahre im babylonischen Exil. Die Verbindungen zwischen Jerusalem und Saba überdauerten auf kultischer wie auch auf Handelsebene die Wirren dieser Zeit und wurden durch erfahrene Händler und Seeleute aufrechterhalten, die auf Karawanenwegen durch die Wüste zogen und entlang der Küste des Roten Meeres zu den Häfen Sabas segelten. Monatelang waren sie dabei unterwegs. Besonders in der Nähe von Oasen bildeten sich an den meistfrequentierten Verkehrswegen im Laufe vieler Generationen Stützpunkte, an denen man Rast einlegen konnte, wo Kultstätten errichtet und die Gebeine der auf dem Wege Verstorbenen begraben wurden.

Nachdem Jerusalem verwüstet war und der salomonische Tempel in Trümmern lag, wurde das judäische Land und insbesondere auch der Negev zu einer Art Niemandsland. Obwohl von Babylon her fremdes Volk nach Samarien kam, die späteren Samariter, blieben ganze Landstriche wie ausgestorben. So darf angenommen werden, daß diejenigen, die seit langem in der Wüste heimisch waren und darin zu überleben wußten, dort weiterhin ihr gewohntes Leben führten und ungestört ihren Handel trieben.

Während das sabäische Reich im Süden der arabischen Halbinsel zu dieser Zeit bereits im Niedergang begriffen war, dürften von den neuen Herrschern Palästinas dagegen zahllose wirtschaftliche wie auch kulturelle Impulse ausgegangen sein, die viele Menschen angelockt haben könnten. Die Bewohner Sabas kannten die nördlichen Wüstenregionen, verfolgten dort ihre wirtschaftlichen Interessen und dürften sicher auch von der spirituellen Verwandtschaft mit den Grundimpulsen der babylonischen Geistesart angezogen worden sein, was zu ihrer vermehrten Anwesenheit in den Wüstengebieten des Negev führte. Hier entstand nun eine neue Kultur, die sich auf eine große und weit zurückreichende Tradition berufen konnte. Immer mehr sabäische Stämme drangen in dieses Gebiet vor und brachten dorthin ihre Kultur und ihren Glauben mit.

Unmittelbar nordwestlich von Petra, dem »nabatäischen Jerusalem«, befindet sich eine kleine, aber bedeutende archäologische Stätte mit Namen *Tawilan*. Dieser Ort liegt oberhalb des Eingangs zum Siq, jener Schlucht, die den natürlichen Korridor bildet, durch den man Petra betritt. Tawilan war schon gegen Ende des achten vorchristlichen Jahrhunderts besiedelt, in einer Zeit also, in der die ersten sabäisch-nabatäischen Stämme in dieser Region vermutet werden. Große Mengen bemalter Keramik aus dem sechsten Jahrhundert v. Chr. wurden dort gefunden und verweisen auf die frühe Besiedlung des Ortes. Hier fand man auch einen sabäischen Siegelabdruck. Man erkennt darauf einen Altar, über dem eine liegende Mondsichel schwebt, die die Sonnenscheibe trägt. Dies ist ein typisches Symbol für die Sonnenmysterien Sabas. Es ist eine der wenigen konkreten Spuren, die von der Anwesenheit sabäischer Würdenträger (nur sie konnten im Besitz eines solches Siegels sein) in unmittelbarer Nähe der nabatäischen Hochburg zu einem so frühen Zeitpunkt zeugen.

Die Nabatäer lebten gleich den Judäern in einer Art messianischer Erwartung. Durchdrungen von der Weisheit der Sonnenmysterien, war bei den Nachfahren der einstigen Bewohner Sabas eine Ahnung von der universalen Bedeutung der nahenden Ankunft des Sonnenwesens in der Menschwerdung Christi vorhanden. Ausgehend von den Weissagungen, wie sie den sabäischen Stämmen durch ihre Mysterien offenbart wurden, ist es durchaus möglich, daß auch die geographische Nähe zu den erwarteten Ereignissen gesucht wurde und eine Stammeswanderung in das von den Judäern verlassene Land im Norden einsetzte, wo sich ein politisches Vakuum gebildet hatte. Ein langsamer Siedlungsprozeß nahm nun seinen Anfang. Immer mehr Menschen verabschiedeten sich vom Nomadentum, und damit entstanden die Bedingungen, die zu einer staatlichen Organisation und der Gründung eines Königreichs führten.

Die Nabatäer im Spiegel der antiken Geschichtsschreibung

Erst mit und unmittelbar nach dem Eindringen Alexanders des Großen in den Kulturraum der Judäer entstand der erste bezeugte Kontakt zwischen der Wüstenbevölkerung des Negev und der griechisch-europäischen Zivilisation. Um das Jahr 332 v. Chr. öffnete der Hohepriester zu Jerusalem die Stadttore und ergab sich mit seinem Volk kampflos dem einmarschierenden makedonischen Heer, das von Alexander geführt wurde. Die griechische Eroberung Judäas wirkte sich jedoch kaum auf das Leben der Bevölkerung aus. Alexander zog entlang der Mittelmeerküste weiter nach Ägypten. Das Wüstenland südöstlich von Judäa blieb von Alexanders Zug nahezu unberührt. Doch war es diese erste, wenn auch flüchtige Begegnung des Orients mit der damaligen europäischen Zivilisation, die den Nabatäern ihren Platz in einer Geschichtsschreibung zuwies, die sich gezielt an die Nachkommenschaft wendet, indem sie Daten und Fakten nicht nur niederschreibt und festhält, sondern historische Prozesse auch zusammenhängend *beschreibt*. Ob bei den Nabatäern eine vergleichbare Art der Geschichtsdokumentation gepflegt wurde, ist bis heute nicht erwiesen.

Diodorus Siculus, ein griechischer Geschichtsschreiber des ersten Jahrhunderts v. Chr., erwähnt an zwei verschiedenen Stellen seines Werkes die Nabatäer. Das erste Mal in seiner Beschreibung Asiens, dann nochmals bei der Schilderung des kriegerischen Zuges von Antigonos Monophthalmos, dem »Einäugigen«. Antigonos war einer der Diadochenherrscher in der Nachfolge Alexanders des Großen, der in seinem Bemühen, die Grenzen des Reiches zu erweitern, auf den Widerstand der Nabatäer stieß. Diodorus, dessen Werk viele wertvolle Hinweise über das Wesen arabischer Stämme, ihren Lebenswandel und ihre Gebräuche enthält, zitiert in diesem Zusammenhang eine Beschreibung aus dem Jahre 312 v. Chr. Ihr Verfasser war Hieronymus von Cardia, dem die Aufsicht der Region des Toten Meeres oblag: »Dieses Land liegt zwischen Syrien und Ägypten. Es ist unter viele Völker unterschiedlicher Art verteilt. Die östlichen Regionen dieses Landes sind von Arabern bewohnt, die Nabatäer genannt werden.«[7]

Hieronymus hatte von Antigonos den Auftrag, den Asphalthandel am Toten Meer an sich zu reißen, der von den Nabatäern kontrolliert wurde. Dieses Ziel hat er nicht erreicht, doch verdanken wir ihm den ältesten zuverlässigen Bericht über die Nabatäer in dieser Region. Darin heißt es ganz unmißverständlich: die Nabatäer sind *Araber*!

Der semitische Wortstamm N-B-T, aus dem sich der Begriff *Nabatäer* herleitet, bedeutet *keimen, hervorsprießen* – ein Prozeß, der sich in der Pflanzenwelt abspielt und damit beginnt, daß Samen mit Wasser in Berührung kommt. In einer weiteren abgeleiteten Wortform bedeutet er auch »die nach Wasser graben«. Auf wunderbare Weise war es den Nabatäern gelungen, der Bedeutung ihres Volks- oder Stammesnamens gerecht zu werden. Diodors schon erwähnter Asienbericht enthält auch in dieser Hinsicht einige interessante Details über den Schauplatz nabatäischer Geschichte:

»Die Araber, welche Nabatäer genannt werden, leben in einem Landesstreifen, der zum Teil Wüste ist, zum Teil wasserlos, obwohl ein kleiner Teil davon fruchtbar ist. Sie treiben Raub und streifen plündernd in benachbarten Ländern umher. Im Kriege sind sie schwer zu bezwingen, denn in dem wasserlosen Land haben sie in gleichmäßigen Abständen Zisternen angelegt, doch bewahren sie das Wissen über diese vor allen Völkern streng geheim. So ziehen sie sich in dieses Land zurück und sind vor jeder Gefahr geschützt. Sie alleine wissen, wo das verborgene Wasser zu finden ist, sie selbst haben daher genügend Wasser zur Verfügung. Diejenigen, die versuchen, sie zu verfolgen, sterben durch Wassermangel oder kehren nach langem Leiden in ihre Länder zurück. Deshalb können die Nabatäer ihre Freiheit bewahren … Kein Feind vermochte sie zu besiegen, so viele und mächtige Heere er auch gegen sie aufbot.«[8]

Dem von Diodor überlieferten Bericht zufolge gelang es Antigonos, dem Einäugigen, Syrien und das phönizische Land kampflos zu unterwerfen. Er glaubte, seine bisherigen militärischen Erfolge bei der Eroberung Nabatäas wiederholen zu können, und beauftragte einen seiner Gefährten, Athenaios, an der Spitze einer flinken Kavallerie und viertausend Kämpfern in das Land der Nabatäer einzudringen, um möglichst viel von ihren Reichtümern zu erbeuten. Dieser Zug scheiterte jedoch. Nach einem Teilerfolg bei der Eroberung einer ihrer Hochburgen und einem Gemetzel unter den dort verbliebenen Frauen und Kindern starteten die nabatäischen Kämpfer einen Gegenangriff und vernichteten das makedonische Heer. Anschließend, so wird berichtet, sandten die Nabatäer eine Botschaft an Antigonos, worin sie die Unfähigkeit des Athenaios als Ursache für die Niederlage der griechischen Truppen angaben. Eine außerordentlich seltene Geste unter damaligen Verhältnissen: ein Sieg über die Streitkräfte einer Weltmacht wurde nicht der eigenen Überlegenheit zugeschrieben und als Ruhmestat der eigenen Nation gefeiert, sondern als Schwäche des Gegners gewertet. Unter dem Eindruck dieses militärischen Debakels schien Antigonos von seinem Wunsch nach einer Eroberung nabatäisch beherrschter Gebiete abzulassen und pflegte fortan freundschaftliche Beziehungen zu seinen Bewohnern. Dennoch entschloß er sich später zu einem weiteren Eroberungsversuch. An die Spitze von viertausend Reitern und einer viertausend Mann starken Fußtruppe stellte er seinen Sohn Demetrios.

Drei Tage hindurch marschierte dieses Heer durch wegloses Wüstengelände, und doch entging es den Spähern der Nabatäer nicht, als sie in ihr Land eindrangen. Diodor berichtet von Feuerzeichen von Berg zu Berg, mit denen die Bevölkerung vor dem Eindringen der Griechen gewarnt wurde, von *Sela*, dem »Fels«, auf dem Frauen und Kinder Zuflucht fanden, von den Herden, die in der Wüste versteckt wurden sowie von dem Angriff auf Sela, der im Verlauf eines einzigen Tages zurückgeschlagen wurde. Am nächsten

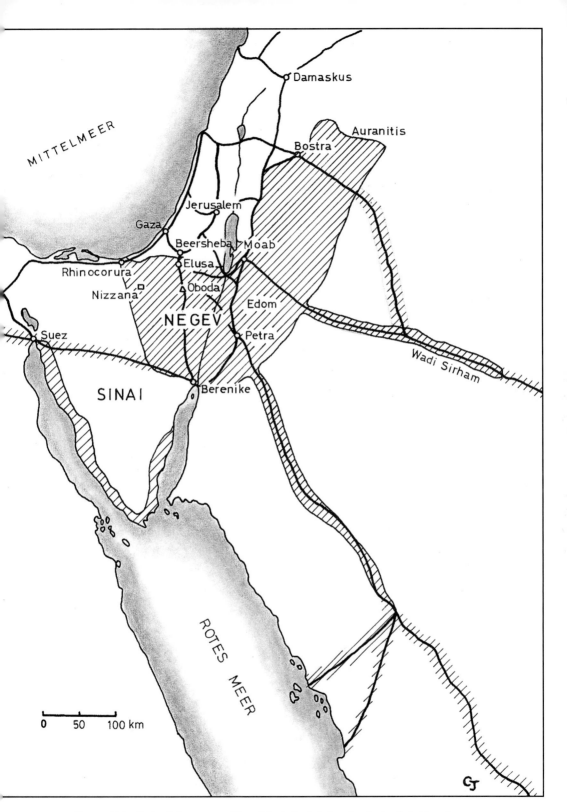

Karte 2. Nabatäischer Lebensraum während der hellenistischen Epoche (nach A. Negev).

Morgen näherte sich Demetrios abermals dem Ort. Einer der »Barbaren« wandte sich an Demetrios und rief ihm zu:

»König Demetrios, welch ein Wunsch oder Ziel führt dich dazu, uns zu bekämpfen? Wir leben doch in der Wüste, wo es weder Wasser noch Getreide noch Wein noch sonst etwas gibt, das euch von Nutzen sein könnte. Wir wollen kein Leben als Sklaven führen und haben es deshalb vorgezogen, in der Wüste zu leben, in einem Land, wo es an allem mangelt, was von anderen Völkern geschätzt wird. Wir haben uns entschlossen, gleich den Tieren des Feldes zu leben und verursachen euch keinen Schaden. Daher bitten wir dich und deinen Vater, daß ihr uns ungekränkt laßt und gegen Geschenke, die wir euch geben wollen, eure Truppen zurückzieht und in Zukunft die Nabatäer als Freunde betrachtet. Denn wenn ihr es auch wollt, so könnt ihr in diesem Lande nicht mehrere Tage verweilen, denn ihr habt kein Wasser, ihr habt keinen Proviant und könnt uns nicht dazu zwingen, ein anderes Leben zu führen. Alles, was ihr haben werdet, sind einige widerspenstige Sklaven, die ihre Lebensart nicht ändern können.«[9]

Demetrios wurde reich beschenkt und bekam eine Begleitung, die ihn aus der Wüste herausführte. In der Folgezeit ist nur noch ein einziger weiterer Versuch der Griechen bekannt geworden, den Lebensraum der Nabatäer unter ihre Herrschaft zu bringen. Hieronymus, dessen Aufzeichnungen von Diodor zitiert werden, sollte die Nabatäer daran hindern, den in bestimmten Abständen an die Wasseroberfläche aufsteigenden Asphalt des Toten Meeres zu bergen. Doch eine Gegenoffensive der Nabatäer mit Schilfbooten brachte auch diesen Angriff der Griechen zum Scheitern. Dabei muß die einmalige Gesinnung der Nabatäer bewundert werden, sich trotz des erworbenen Reichtums keine andere Landschaft als die der Wüste zur Stätte ihres Daseins zu wählen.

Von Diodor erfahren wir auch einige Sitten und Gewohnheiten der Nabatäer, die ihnen ihrer Überzeugung nach die Freiheit garantierten und daher streng befolgt werden mußten. Ihre Heimat war die Wüste, in der es keine Flüsse und kaum Quellen gab. Sie bauten keine Häuser, sie pflanzten keinen Baum und sie tranken keinen Wein. Wer diese Regeln mißachtet hatte, konnte mit dem Tode bestraft werden. Hieronymus erklärt diese strengen Prinzipien damit, daß sie das Volk oder den Stammesverband vor fremden Einflüssen schützen und ihre Unabhängigkeit bewahren sollten. Solche Verhaltensmaßregeln sind aber nicht nur vor einem gesellschaftlichen Hintergrund zu verstehen, sie beruhen auch auf einer religiösen Überzeugung.

Im Alten Testament wird geschildert, daß der Prophet Jeremia von Jahwe zum Hause der Rechabiter gesandt wurde, um sie zum Weintrinken zu verführen. Diese aber widerstanden der Versuchung (siehe S. 34). Diese Treue gegenüber dem urväterlichen Gebot wird von Jahwe als Beispiel wahrer Frömmigkeit gelobt. Die gleichen Eigenschaften sind es auch, die Jahrhunderte später Diodor als grundlegende Merkmale der nabatäischen Kultur beschreibt:

»Ein Teil der Nabatäer züchtet Kamele, ein anderer Teil züchtet Schafe, die in der Wüste weiden. Unter allen arabischen Hirtenstämmen sind die Nabatäer die wohlhabendsten, wenn auch ihre Zahl nicht mehr als zehntausend beträgt. Viele von ihnen führen teure Gewürze, Myrrhe und Weihrauch aus *Arabia eudaemon* [Saba] an die Küste des Meeres. Sie sind äußerst freiheitsliebend; wenn sich ein Feind naht, finden sie Zuflucht in der Wüste, die ihnen Schutz bietet. Denn die Wüste ist ohne Wasser und für andere unzugänglich. Sie graben unterirdische, verputzte Zisternen, und deshalb gibt die Wüste nur ihnen Sicherheit. Die Erde ist dort an manchen Stellen weich und lehmig, an anderen besteht sie aus weichem Gestein. Sie graben große Höhlungen, deren Mündung von ihnen ganz klein und unauffällig belassen wird, die nach unten zu immer geräumiger werden und auf dem Grund so weit sind, daß jede Seite hundert Fuß lang ist. Diese werden mit Regenwasser gefüllt, und sie verstopfen die Mündung so, daß sie auf gleicher Ebene mit dem übrigen Boden ist. Sie lassen aber Zeichen zurück, die nur ihnen bekannt sind. Andere können diese nicht erkennen. Ihre Herden tränken sie jeden dritten Tag, so daß sie in wasserlosen Gegenden und im Falle der Flucht nicht immerzu Wasser nötig haben. Ihre Nahrung besteht aus Milch und Fleisch, und sie ernähren sich auch von Pflanzen, die dort wild wachsen. Es wächst nämlich bei ihnen der Pfeffer und auf Bäumen viel sogenannter Baumhonig, den sie mit Wasser vermischt trinken.«[10]

Diese älteste erhaltene Beschreibung der nabatäischen Lebensweise ergibt das Bild einer Gesellschaft, die das Nomadentum zur höchsten Lebenskunst erhoben hat, durch einen offenbar nur mündlich weitergegebenen Verhaltenskodex gehütet wird und sich mit allem, was eine Kultur an materiellen Gütern hervorbringt, nur in einem sehr begrenzten Maß verbindet. Noch gab es keine steinerne Mauer, die die Menschen von der Außenwelt trennte, sondern nur eine dünne Zeltwand aus Kamelhaar. Durch das Leben im Zelt war man an keinen festen Ort gebunden. Man konnte auf die klimatischen Verhältnisse reagieren und mit seiner Herde zu den besten Weideplätzen ziehen. Dieser besonderen Lebensart mußte jedoch nicht nur die Behausung, sondern auch das gesamte Haushaltsinventar entsprechen. Jegliche Gefäße waren nach Möglichkeit aus unzerbrechlichen Materialien angefertigt. Behältnisse aus Steingut waren für die Wüstenbewohner des Nomadenzeitalters denkbar unpraktisch. Sie lassen sich nicht falten, sie sind schwer und zerbrechlich. Die Aussaat von Weizen oder Gerste, Getreidesorten, die unter günstigen Voraussetzungen in manchen Regionen des Negev gedeihen können, hätte zu einem vorbestimmten Zeitpunkt die Rückkehr an den gleichen Ort erfordert, um die Ernte einzubringen. Obst- oder Weingärten hätten sogar einer ständigen Pflege bedurft und eine dauernde örtliche Bindung notwendig gemacht.

Nur ein einziger befestigter Zufluchtsort war vorhanden: *Sela*, der von Diodor erwähnte »Felsen«, der in Zeiten der Gefahr Schutz gewährte. Wo sich dieser Ort befand, ob er in unmittelbarer Nähe von Petra lag oder am Westufer des Wadi Arava, läßt sich heute nicht mehr genau bestimmen. Petra selbst liegt im Talkessel eines Felsengebirges verborgen, doch obwohl sein Name »Fels« bedeutet, muß es sich dabei nicht unbedingt um den besagten Ort gehandelt haben. Die Stadt entstand als religiöses Zentrum der Nabatäer erst zweihundert Jahre nach Niederschrift der von Diodor geschilderten Ereignisse. Es werden traditionell zwei Felsblöcke in der Nähe von Petra als mögliche Stätten in Erwägung gezogen (siehe Abb. 3), die der Beschreibung des Hieronymus von Cardia entsprechen. Avraham Negev zieht noch einen weiteren Ort südwestlich des Toten Meeres in Betracht, nördlich der Quelle *Ein Bokek*, wo große Mengen nabatäischer Keramik gefunden wurden.[11]

Menschen, die unter den extremen klimatischen Bedingungen der Wüste zu überleben wußten, mußten eine ganz besondere Beziehung zu den Naturelementen entwickelt haben. Die vier Elemente, das Feste, das Wäßrige, das Luft- und das Wärmeelement stehen in der Wüste in einer völlig anderen Beziehung zueinander als in einer mitteleuropäischen Landschaft. Das mineralische Erdreich tritt dem Auge unverborgen entgegen und ist überall in seinen verschiedensten Farbschattierungen sichtbar. Wasser zeigt sich nur im Winter an der Erdoberfläche, sieht man von den wenigen, in großen Abständen über das Gebiet verteilten Oasen ab. Die Sonne steht an den meisten Tagen des Jahres unverschleiert am wolkenlosen Himmel, die Sternenwelt spricht in den Nächten in ihrer vollen Pracht zu den Bewohnern dieser Gegend. Diese Merkmale der Umgebung prägen auch die Geistesart der hier lebenden Menschen, ihren Glauben, ihre Weltanschauung, ihr Wissen von den Kräften, die hinter den Erscheinungen der Natur wirksam sind, und die besondere Art, wie sie mit diesen Kräften umgehen.

Für die nächsten hundert Jahre fehlt es leider an aussagekräftigen zeitgenössischen Urkunden, die uns über die weitere Besiedlung des Negev und die Entwicklung der nabatäischen Kultur genauere Auskunft geben könnten. Während der Zeit, die seit dem Eindringen der Nabatäer in den Negev verflossen war, wurde der Esel als Lasttier vom Kamel abgelöst.[12] Ein erwachsenes Tier konnte eine erheblich größere Last transportieren, Karawanenzüge durch die Wüste wurden daher zu einer immer lohnenderen Beschäftigung. Der Handel wurde in dieser Zeit zu einem der wichtigsten Erwerbszweige. Waren es zuvor vielleicht wenige hundert Händler, die die Wüste durchquerten und Waren vom Süden ans Mittelmeer brachten, so bildeten sie nun einen bedeutenden Anteil der Gesamtbevölkerung. Der Stand der Kamelzüchter genoß ein hohes Ansehen in der Gesellschaft. Ein großer Teil des Volkes führte jedoch weiterhin ein Hirtendasein. Späteren Schilderungen zufolge waren die Ziegen, Schafe und Rinder aus nabatäischer Zucht und ihre Produkte in der gesamten Region überaus geschätzt.[13]

Im Laufe der Zeit verlagerten sich die kulturellen und politischen Schwerpunkte des Weltgeschehens vom Zweistromland immer mehr nach Europa. Sowohl in Mesopotamien als auch im alten Ägypten spielte sich der Handel überwiegend auf dem Wasser ab. Auf den großen Flüssen des Zweistromlandes und dem Nil wurde der größte Teil aller Güter transportiert. Mit der Vorherrschaft der Griechen im Mittelmeerraum und im Nahen Osten verlagerte sich der Handelsverkehr zunehmend auf die Landwege. Die Bedürfnisse der wohlhabenden Bevölkerungsschichten an Produkten, die von weit her eingeführt werden mußten, nahmen beständig zu. Den Nabatäern kam auch in dieser Hinsicht eine Schlüsselstellung zu, denn sie waren die einzigen, die die Wüste gut genug kannten, um sie für den Warenverkehr zu erschließen.

Das Königreich der Nabatäer und seine Besonderheiten

Die erste uns bekannte Inschrift der Nabatäer (Abb. 6) wird in das Jahr 164 v. Chr. datiert und entstand somit etwa hundertfünfzig Jahre nach dem mißlungenen Zug des Antigonos. Sie wurde in Elusa entdeckt und vermutlich zur Weihe eines Tempels oder eines anderen Heiligtums verfaßt: »Dies ist der (geheiligte?) Ort, den Natiru baute, in der Zeit des Aretas, König der Nabatäer.« Leider ist diese Inschrift wie auch manch anderer Fund inzwischen verschollen. Nur eine Abschrift von Jaussen, Savignac und Vincent, drei Dominikanermönchen, die zu Beginn des zwanzigsten Jahrhunderts die Region erforschten, blieb erhalten.[14]

König Aretas I., auf dessen Name wir hier stoßen, ist uns auch aus anderen Quellen bekannt. Aus der Inschrift wird ersichtlich, daß sich die Nabatäer in der Zeit nach den Diadochenkriegen in einem Prozeß befanden, der in völligem Gegensatz zur Entwicklung anderer Völker der Region stand. Hatten andere Volksgruppen ihre kulturelle und staatliche Eigenständigkeit unter der griechischen Besatzung aufgeben müssen, festigten die Nabatäer gerade jetzt ihre Unabhängigkeit, was im Aufbau einer eigenständigen staatlichen Ordnung unter der Herrschaft ihrer Könige seinen Ausdruck fand.

Der Prozeß, an dessen Ende die Einigung verschiedener Clans und Stammesverbände auf eine durch sachliche Interessen sowie durch religiös-geistige Gemeinsamkeiten getragene Staatlichkeit erfolgte, an deren Spitze ein König stand, ist geschichtlich nicht dokumentiert. Er kann nur erahnt werden und läßt sich vielleicht auf folgende Weise vorstellen: Von ihren geistigen Führern inspiriert, begannen Karawanenreisende, sich im Negev niederzulassen. Familienweise, in kleinen Gruppen, bildeten sie ihre Kolonien im Gebiet südlich von Judäa. Unterschiedliche Beweggründe könnten den Anlaß gegeben haben, wobei wirtschaftliche Gesichtspunkte mit Sicherheit eine große Rolle spielten. Die langen Wege zwischen den ständig ihren Standort wechselnden Zeltlagern der Wüstenbewohner, der Wassermangel und die kurze Weidesaison machten es zu einer Notwendigkeit, daß sich die Stämme enger zusammenschlossen, um ihre gemeinsamen Lebensinteressen zu verwirklichen.

Es bestand aber auch ein geistig-religiöses Zusammengehörigkeitsgefühl, das die verschiedenen Stämme untereinander verband. Im geschützten und leicht zu verteidigenden Hochgebirge östlich des Wadi Arava entwickelte sich Petra schon bald zu einem religiösen Zentrum, das von den Nomaden in bestimmten Abständen aufgesucht wurde, bevor es seiner Bedeutung entsprechend zur Hauptstadt Nabatäas wurde. Ein Kern von religiösen Führern hatte es vermocht, einen losen und ethnisch inhomogenen Volkszusammenhang zu festigen und ihre Autorität nicht nur auf diejenigen wirken zu lassen, die über die Blutsbande mit ihnen verbunden waren. »Nabatäer« werden konnte jeder, der sich mit dieser Kultur im Geistigen, aber auch in bezug auf ihre Lebensart und ihren Lebensraum – die Wüste – verbinden wollte. So entstand eine Volksidentität, die keine im herkömmlichen Sinne ethnische Grundlage

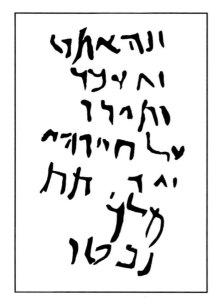

Abb. 6. Älteste bekannte nabatäische Inschrift, ca. 164 v. Chr., Elusa.

hatte. Sie beruhte auf einem Lebensideal, nicht auf der gemeinsamen Abstammung. Nach historischen Maßstäben geschah dies alles in einem relativ kurzen Zeitraum. In der Wüste beschleunigen sich alle Wachstumsprozesse – so vielleicht auch der Werdeprozeß eines Volkes.

In der antiken Welt galt der König in erster Linie als Herrscher über ein durch eindeutige Grenzen umschlossenes Territorium. Außer nach Judäa hin besaß das Land der Nabatäer jedoch keine eindeutige Staatsgrenze. Die endlos erscheinenden Wüstengebiete, von denen es umgeben war, und die damals noch unzulänglichen Methoden der Landvermessung und Kartographie ließen keine scharf gezogenen Grenzlinien zu. Je weiter der nabatäische Einfluß nach Süden und Osten reichte, desto unbestimmter wurde der Grenzverlauf. In der äußersten Peripherie des Reiches waren es schließlich nur noch die Wege, die von den Nabatäern beherrscht wurden (Karte 2 und 6). Was sich links und rechts dieser Wege befand, war Niemandsland. Die Möglichkeit eines Königs, der in Petra seine Residenz hatte, unmittelbaren Einfluß über das Geschehen in einem Abstand von zwei- bis dreitausend Wüstenkilometern von seiner Hauptstadt auszuüben, war äußerst gering. Bis eine Depesche auf dem Karawanenweg in Petra eintraf, konnten Monate vergehen.

Jener in der Inschrift von Elusa erwähnte König Aretas I. war der erste nabatäische »Staatsmann« mit einem Titel, der den Schluß nahelegt, er habe über ein Königreich im europäischen Sinne regiert. Es wäre gewiß falsch, sich den nabatäischen König nach Art eines Herrschers vorzustellen, wie es sie bei den Griechen gab. Ebenso bestanden Unterschiede zum Herrschaftsstil in Judäa, wo eine prinzipielle Trennung von Königtum und Priesteramt bestand. Mit Sicherheit wurden von den Nabatäern Elemente griechischer Kultur und Staatskunst übernommen. Gleichzeitig wurden aber auch alte Traditionen weitergeführt. Dies eben ist eine der nabatäischen Besonderheiten: Altbewährtes mit Neuerworbenem zu verbinden und aus beidem etwas eigenes entstehen zu lassen. Man kann den Eindruck gewinnen, als sei nur das von außen sichtbare Antlitz des Königtums den Erwartungen der hellenistisch geprägten Umgebung angepaßt gewesen, nach innen aber spielten die alten Traditionen eine dominierende Rolle. Der König blieb in gewissem Sinne weiterhin eine Art Stammeshäuptling. Er entstammte mit größter Wahrscheinlichkeit einem Geschlecht, das seine Herkunft auf die frühesten sabäischen Einwanderer zurückleitete. Aus Inschriften, wie sie insbesondere auf der Sinai-Halbinsel gefunden wurden, sind noch weitere Stämme bekannt, die sich in den Randgebieten des Reiches angesiedelt hatten.[15] Die Zahl dieser Stämme, die sich nun aus religiösen, ethnischen, kulturellen, politischen oder wirtschaftlichen Gründen als Nabatäer betrachteten, wuchs ständig an. Dies machte es unerläßlich, daß eine Zentralregierung entstand.

Elf nabatäische Könige sind uns heute bekannt. Neben vereinzelten Hinweisen in der Bibel und den Schriften des Josephus Flavius haben überwiegend Inschriften und Münzen zur Bestimmung der nabatäischen Herrschaftsfolge beigetragen. Das Fehlen zuverlässiger Quellen und eindeutiger Hinweise machte die Rekonstruktion der nabatäischen Königsdynastie für die Wissenschaft zu einem spannenden Puzzle.[16]

um 168 v. Chr.	*Aretas I.* (Tyrannos?)
120 – 96 v. Chr.	*Aretas II.* (Erotimus)
96 – 85 v. Chr.	*Obodas I.* (Avdat)
85 – 84 v. Chr.	*Rabel I.* (Rabb'il)
84 – 62 v. Chr.	*Aretas III.* (Philhellenos)
62 – 59 v. Chr.	*Obodas II.*
59 – 30 v. Chr.	*Malichus I.*
30 – 9 v. Chr.	*Obodas III.*, vom Epitropos Sylläus (Schullay) im Amt begleitet

9 v. Chr. – 40 n. Chr.	*Aretas IV.* (Philodemos = der sein Volk liebt)
40 – 70 n. Chr.	*Malichus II.*
70 – 106 n. Chr.	*Rabel II.* (Soter = Erlöser, der seinem Volk Leben und Befreiung bringt)

Diese Aufstellung ist nicht unumstritten. Eine zuverlässige Identifizierung der Könige gleichen Namens ist problematisch, der Zusatz einer lateinischen Ziffer eine Erfindung der Historiker, die sich an westlichen Traditionen orientiert haben, und findet sich in keiner der zeitgenössischen Urkunden. Authentisch sind aber die Beinamen wie Philodemos (der sein Volk liebt), Philhellenos (der das Griechentum liebt) oder Soter (Erlöser). Ob die Königswürde innerhalb einer Familie weitervererbt wurde, ist nicht bekannt. Es scheint aber, als habe ein neuer Herrscher bei seiner Thronbesteigung mit Vorliebe den Namen seines Vorgängers angenommen.

Wann erstmals ein nabatäischer Stammesführer den griechischen Beinamen »Basilaeos« oder »Tyrannos« und somit den Königstitel verliehen bekam, ist unbekannt. Vieles spricht aber dafür, daß es etwa in der zweiten Hälfte des vierten Jahrhunderts, in der Zeit des Alexanderzugs, geschehen sein muß. Aretas I. ist der erste namentlich bekannte nabatäische Herrscher, der die Königswürde innehatte. Die Zeit seiner Regentschaft stützt sich auf eine Erwähnung im Buch der Makkabäer sowie auf die inzwischen verschollene Inschrift von Elusa (Abb. 6), deren Entstehung bei einer früheren Untersuchung anhand des Schriftstils auf das Jahr 164 v. Chr. datiert wurde.

Insgesamt gab es nur zwei Könige, deren Amtszeit weniger als zehn Jahre währte. Aretas IV., der Zeitgenosse Christi, regierte 49 Jahre, und der letzte seiner Dynastie, Rabel II., brachte es immerhin auf 36 Jahre. Dies zeugt von einer großen Stabilität jener Herrschaftsform, was um so erstaunlicher erscheint, wenn man bedenkt, daß ihre Amtsführung anders als in der griechischen und römischen Welt auf der Zustimmung des Volkes gründete und öffentlicher Kritik unterworfen war.

Während der Entstehung des nabatäischen Königreiches Ende des dritten, Anfang des zweiten Jahrhunderts v. Chr. hatte der König eher religiöse als politische Aufgaben zu erfüllen. Daher muß der »Königswürde« im nabatäischen Verständnis eine besondere Bedeutung zugemessen werden.[16] Es handelte sich um Priesterkönige, geistige Führer einer Gesellschaft, in der staatliche Institutionen eine geringe Rolle spielten, die im Volk wirkenden gemeinschaftsbildenden Kräfte dafür um so größer waren. Diese Doppelfunktion des Herrschers setzte auch die alten sabäischen Traditionen fort. Es kann dabei als eine der nabatäischen Besonderheiten betrachtet werden, daß in einem so spät entstehenden Königreich, das Merkmale hellenistischer Kultur in so starkem Maße übernommen hatte, der Herrscher an seinem Amt als religiöser Führer festhielt.

In den letzten Jahrzehnten des vierten vorchristlichen Jahrhunderts waren die Zustände im Nahen Osten vom Zerfall des persischen Imperiums geprägt. In diese Zeit fällt auch das frühzeitige Sterben Alexanders des Großen. Die Wüstenregionen des vorderen Orients blieben von den Großmächten, die nun überwiegend von inneren Kämpfen um die Herrschaft durchrüttelt wurden, weitgehend unbeachtet. So konnte sich die Entwicklung des nabatäischen Staatswesens ungestört vollziehen. Im zweiten Jahrhundert v. Chr. war der hellenistische Einfluß zwar so stark, daß er sich bis in die Staatsform hinein auswirkte, das andersartige religiöse Bewußtsein und die Volksmentalität hatten jedoch Prinzipien hervorgebracht, die eine völlige Übernahme fremder Gesellschaftsformen verhinderten und denen man auch in den Zeiten der Monarchie treu blieb. Dazu gehörte vor allem die Liebe zur Freiheit, wie sie die Wüste über Jahrhunderte hinweg in den Menschen hatte wachsen lassen. Im nabatäischen Königreich gab es daher so gut wie keine Sklaven, wie sie in anderen Kulturen gerne als »Kriegsbeute« mit nach Hause gebracht wurden. Der Reichtum der Nabatäer war groß genug, um sich Dienste jeglicher Art gegen Bezahlung verschaffen zu können.

Neben der Freiheitsliebe wurde auch die Friedfertigkeit der Nabatäer zu einem bestimmenden Merkmal ihrer Königsherrschaft. Sie prägte nicht nur das Verhalten gegenüber anderen Völkern. Friedliche Zustände beherrschten auch weitgehend den Alltag. Darüber berichtet Strabo:

»Athenodoros, ein weltweiser, mir befreundeter Mann, der bei den Peträern war, erzählt voll Bewunderung, er habe viele Römer und andere Fremde dort vorgefunden. Die Fremden hätten unter sich und mit den Einheimischen prozessiert; er habe aber nie bemerkt, daß die Einheimischen sich gegenseitig verklagten. Alle hätten in vollkommenem Frieden miteinander gelebt.«[17]

Strabos Bericht bezieht sich auf die Zeit des letzten Drittels des ersten vorchristlichen Jahrhunderts und weist auch darauf hin, daß neben dem König eine weitere Persönlichkeit das Amt des »Epitropos« innehatte, was mit »Bruder«, »Vormund« oder »Kanzler« zu übersetzen wäre. Es ist dort von einem Epitropos namens Slläus die Rede, der neben König Obodas III.

amtierte und die Schwäche des Königs für eigene Zwecke auszunutzen wußte. Daraus läßt sich deutlich ablesen, daß sich der König mit den gesellschaftlichen und den religiösen Angelegenheiten beschäftigte, die Außenpolitik hingegen von einer Vertrauensperson, dem »Bruder«, verwaltet wurde.

Während des ersten Jahrhunderts v. Chr. setzte eine enorme Bautätigkeit im Nabatäerreich ein. Ein Volk, das lange Zeit hinweg den Stein als Baumaterial verschmäht hatte, erwies sich nun als Schöpfer einer eindrucksvollen und eigenständigen Architektur. Zunächst entstanden die peträischen Grabmonumente und Tempel, etwas später auch die typischen vornehmen Wohnhäuser. Zur selben Zeit wurde mit der Herstellung hochwertiger Keramik begonnen. Daneben entwickelte sich eine breitangelegte Pferdezucht. Das Verblüffendste ist aber das Entstehen einer Landwirtschaft inmitten der Wüste, wie sie im alten Saba schon achthundert Jahre zuvor betrieben wurde und nur dort ihren Ursprung haben kann. Keiner anderen Kultur war es bis dahin gelungen, eine derartige Bewässerungstechnik zu entwickeln, die Wüstenflächen von immensem Ausmaß in blühende Gärten verwandeln konnte.

Das nabatäische Königreich hatte über mindestens zweihundertundsiebzig Jahre hinweg Bestand. Wie auf allen Gebieten ihres Wirkens, bei der Architektur, der Kunst, sogar in der Art der Darstellung ihrer Götter, die sich im Lauf der Generationen mehrfach wandelte, zeigt sich trotz der beständigen Anreicherung der eigenen Kultur durch fremde Impulse auch in der Staatsführung ein unverwechselbar nabatäischer Duktus.

Die christliche Ära

Den Alexanderzug erlebten die Nabatäer, ohne davon in ihrer eigenen Lebensart spürbar berührt zu werden. Während der ganzen vorchristlichen Jahrhunderte gelang es ihnen, ihre politische und kulturelle Eigenständigkeit zu bewahren. Nun rückte die Zeitenwende heran. Die Geburt einer neuen Weltreligion fand zunächst im Verborgenen statt. Die Geschichtsschreibung nahm keine Notiz davon, was unter bescheidensten Verhältnissen in einem Stall zu Bethlehem begann und sich mit dem Wirken Jesu, seiner Kreuzigung und seiner Auferstehung fortsetzte. Nur wenige Menschen nahmen die Zeichen wahr, durch die sich ein neues Zeitalter ankündigte, und folgten dem Ruf nach Bethlehem, um dort an jenem zentralen heilsgeschichtlichen Ereignis der Menschwerdung Christi teilzunehmen. War einer der Heiligen Drei Könige ein Nabatäer?

Die Geschichte zeigt, daß sich das Christentum im nabatäischen Reich sehr rasch verbreitete. Der Negev verlor seit der Herrschaft des Kaisers Trajan zunehmend seine Bedeutung als Durchzugsgebiet der Karawanen. Dieser ließ eine eigene Straße bauen, die *Via Traiana Nova*, die den Handel auf die Ostseite des Toten Meeres verlagerte (Karte 3, S. 128). Von nun an wurden große Gebiete des Negev in landwirtschaftliche Anbauflächen verwandelt, wo der Auferstehungsgedanke – der Sieg des Lebendigen über das Tote – sichtbare Gestalt annahm und damit auf anschauliche Weise im Bewußtsein der Menschen Wurzel schlagen konnte – und dies auch tat!

Über den Prozeß der Christianisierung der Negevbevölkerung ist besonders während der ersten drei Jahrhunderte nur wenig bekannt. Im Jahre 106 n. Chr. wurde das nabatäische Reich zur römischen Provinz. Nach dem Tod des Königs Rabel II. unterwarf man sich widerstandslos dem römischen Machtanspruch. Verloren die Judäer ihre Souveränität durch einen von Blut und nationalen Katastrophen gezeichneten Prozeß, so gelangte Nabatäa völlig friedlich und ohne jegliches Blutvergießen unter fremde Herrschaft. Während der ersten Jahrzehnte, nachdem sich das Christentum in dieser Region etabliert hatte, konnte es durch keine römischen Verfolgungen gehemmt werden. Was in den Jahren zwischen 106 und 313 stattfand, darüber kann nur spekuliert werden. Kurz nach der Anerkennung des Christentums durch Kaiser Konstantin begann jedoch ein reger Kirchenbau im Negev. Mit dem Bau der Südkirche von Shivta könnte schon im Jahre 330 begonnen worden sein. Die Kirchen des Negev gehören also zu den ältesten des gesamten Christentums und deuten darauf hin, daß es in der Region bereits genügend Menschen gab, für die das christliche Sakrament ein regelmäßiges religiöses Bedürfnis war. Die Nabatäer waren die erste Volksgruppe, die sich geschlossen zum christlichen Glauben bekannte. Während anfangs noch die heidnischen Kulte neben dem Christentum weiterbestanden, verschmolzen sie später immer mehr mit dem christlichen Kult.[18] Hinweise über eine gewaltsame Bekehrung zum Christentums sind jedenfalls keine vorhanden.[19]

Das siebte Jahrhundert brachte die arabisch-islamische Invasion. Die Machtübernahme durch Vertreter der neuen religiösen Strömung sollte für diese Region wiederum ohne kriegerische Folgen bleiben. Zunächst bestanden gute Beziehungen zwischen den neuen Machthabern und der Kirche. In Shivta ist deutlich zu sehen, daß beim Bau einer Moschee auf das benachbarte Kirchengebäude Rücksicht genommen wurde. Beide Gotteshäuser existierten und wirkten eine längere Zeit friedlich nebeneinander. Die islamische Politik unterstützte zunächst die Kirchenadministration mit der Absicht, diese von der staatlichen Hoheit abzutrennen – gemäß dem alten römischen Prinzip: »Teile und herrsche!« Im Negev, wo der Einfluß der Machthaber schon immer sehr begrenzt war, zeigte diese Methode aber nur wenig Wirkung. Es lebte hier eine friedliche, fleißige und durch die Früchte eigener harter Arbeit wirtschaftlich gut situierte Bevölkerung. Später aber wurde der Machthunger der arabischen Moslems immer größer, das Joch der Steuern immer schwerer. Zunehmend verloren die Menschen ihre Lebensgrundlage in ihrer inzwischen ganz von der Landwirtschaft geprägten Gesellschaft. Die Steuerlast ließ keine bedeutenden Erträge mehr zu, und die Einkünfte aus dem Weinbau gingen durch das islamische Verbot berauschender Getränke immer weiter zurück.

Die starke christliche Überzeugung war kein Nährboden für eine militante Bewegung, die sich wirkungsvoll zur Wehr setzen konnte. Und obwohl die nabatäische Geschichte von vielen heroischen Schlachten zu berichten weiß – auch wenn sie fast ausnahmslos der Verteidigung dienten –, regte sich kein nennenswerter Widerstand. Der Glanz des Reichtums fing an zu bröckeln; eine gut organisierte Gesellschaft stand vor dem Zerfall!

Auch im nördlichen Teil des Heiligen Landes hatte das Christentum inzwischen eine bedeutende Zahl von Anhängern gewonnen. Innerhalb zweier Jahrhunderte entstanden auf dem Gebiet Judäas und Galiläas über dreihundert Kirchen. Viele, die der Not gehorchend ihren angestammten Lebensraum verließen und ihrem Glauben treu bleiben wollten, fanden hier eine neue Heimat. Immer mehr Menschen wanderten aus, nachdem die Moslems die Herrschaft übernommen hatten. Waren es während der Blütezeit christlicher Kultur im vierten und fünften Jahrhundert bis zu hunderttausend Menschen, die den Negev bewohnten,[20] so reduzierte sich die Bevölkerung jetzt immer mehr. Die Städte wurden verlassen und verödeten zunehmend, blieben aber von feindlichen Zerstörungen und Plünderungen verschont. Keine andere Kultur fand nach einer fremden Machtübernahme auf so friedliche Art ihr Ende.

Ein über tausend Jahre währender Kreis schloß sich nun. Einst waren es Nomaden, die eine hohe spirituelle Kultur in den Negev brachten. Nun waren es wiederum nomadisierende Hirten, die im Negev zurückblieben und in einzelnen Stämmen mit ihren Herden durch die Wüste zogen. In ihnen war aber nicht mehr der Keim zu einer neuen und zukunftsträchtigen kulturellen Entwicklung vorhanden. Allmählich nahmen auch sie die islamische Religion an, und bis zum heutigen Tage sind unter den Beduinen dieser Region ihre Nachkommen zu finden. Vom einstigen Glanz nabatäischer Kultur sind nur wenige Ruinen übriggeblieben – als stumme Zeugen eines fast vergessenen Kapitels des frühen Christentums.

3.
DIE NABATÄISCHE RELIGION UND IHRE WANDLUNGEN

Ebenso wie die genaue Herkunft der Nabatäer liegt auch der Ursprung ihrer Religion im Dunkeln. Selbst dort, wo wir auf konkrete Spuren ihres Glaubens stoßen, tritt uns die bereits bekannte Problematik entgegen: der Mangel an hinreichender Dokumentation. Ein um so deutlicheres Bild gewinnt man vom Ende der Entwicklung und Wandlung bestehender Glaubensvorstellungen. Die nabatäische Kultur mündete ins Christentum ein. Dies geschah ohne Zwang durch den freien Entschluß der Menschen und schien auch von keinerlei Feindseligkeiten zwischen den Anhängern unterschiedlicher Glaubensvorstellungen begleitet gewesen zu sein. Wer die Nabatäersiedlungen des Negev besucht, wird von der Größe und Vielzahl christlicher Kirchen erstaunt sein, die er dort vorfindet und die zum Teil schon in der zweiten Hälfte des vierten Jahrhunderts errichtet wurden. Selbst in ihrem ruinösen Zustand geben sie auch noch dem heutigen Betrachter etwas von ihrer einstigen Schönheit und Pracht zu erkennen.

Die wenigen vorhandenen Quellen, die über Glaubensangelegenheiten Auskunft geben, vermitteln das Bild einer Religion, die in einem stetigen Wandel begriffen war. Bei den Nabatäern vereinheitlichte und festigte sich die religiöse Haltung erst mit dem Übergang zum Christentum, obwohl gerade in jener Zeit die Bevölkerung des Negev durch die anhaltende Zuwanderung zu einem immer bunter werdenden Gemisch von Menschen unterschiedlicher Herkunft geworden war.[21] Nachkömmlinge der sabäisch-nabatäischen Einwanderer sowie Edomiter, Judäer, Ägypter und abgediente griechische und römische Soldaten lebten friedlich miteinander und versammelten sich in der Kirche brüderlich zum Gottesdienst. Auf wunderbare Weise ist dieser zugleich ein Menschendienst gewesen, indem er eine soziale, eine starke vereinigende Wirkung auf die Beteiligten ausübte. Bauern und Hirten hatten nun einen festen Ort, wo der Kultus regelmäßig zelebriert wurde. Von überall her kamen sie in die Städte, um am christlichen Sakrament teilzunehmen. Erstmals in der Geschichte der orientalischen Wüstenbevölkerung entstanden Gemeinschaften, die nicht auf einem Bluts- oder Stammeszusammenhang, sondern auf einer gemeinsamen spirituell-geistigen Grundlage, dem Christentum, aufbauten.

Die Situation vor der Zeitenwende

Je weiter wir in vorchristliche Zeiten zurückblicken, desto vielgestaltiger präsentiert sich das Pantheon der nabatäischen Götterwelt. War das Judentum eine Religion, die sich einer einzigen Gottheit zuwandte, so gehörte die vorchristliche religiöse Haltung der Nabatäer der Kategorie des »Heidentums« an. Eine Vielfalt von Geistwesen, die an der Schöpfung und der Entstehung des Lebendigen Anteil haben, wurden damals noch bildhaft-imaginativ wahrgenommen. Die Auffassung von der Existenz eines transzendenten, nicht unmittelbar erfahrbaren Schöpfungswillens einer einzigen Gottheit war den heidnischen Religionen fremd. Erst ein Heranreifen der intellektuellen Bewußtseinskräfte ermöglichte den Übergang zu einer abstrakten Gottesvorstellung, die das göttliche Prinzip als Einheit erfassen und einen monotheistischen Glauben ausbilden konnte.[22] Die Weltanschauung der Nabatäer war von mannigfaltigen Einflüssen und Eindrücken geprägt, die sich – bedingt durch ihr Leben als Karawanenhändler – während der ständigen Begegnung mit fremden Kulturen ihrem Bewußtsein einprägten. So muß auch der Versuch der Darstellung einer spezifisch »nabatäischen« Gottesvorstellung am Fehlen eines einheitlichen Gottesbildes scheitern, das abhängig vom jeweiligen Ort und Zeitpunkt eine unterschiedliche Färbung annimmt.

In der heutigen Wissenschaft werden die Inhalte alter Religionen meist aus einer unangemessen kritischen Perspektive betrachtet. Alles, was nicht monotheistisch ausgerichtet ist, wird gerne abwertend als primitiv bezeichnet. Dabei bleibt unberücksichtigt, daß auch religiöse Vorstellungen und Praktiken mit der Weiterentwicklung des menschlichen Bewußtseins notwendigerweise andere Formen annehmen mußten. Die Menschen der Antike unterschieden sich von uns nicht nur in ihrer Lebensweise, sie *dachten* und *fühlten* auch anders als wir. Somit muß auch in der Wandlung des nabatäischen Gottesbildes eine Entwicklung gesehen werden, in deren Verlauf das Verständnis für das Göttliche und die Einsicht in das außersinnliche Dasein einer ständigen Metamorphose unterworfen war, die nie zum Stillstand kam. Rudolf Steiner schildert, wie die früheste Menschheit noch eins war mit der göttlichen Welt. Im Lauf der Zeit verdunkelte sich die *Schau*, die Wahrnehmung des Göttlichen, zu einem *Wissen*, von dem in späteren Zeiten nur noch der *Glaube* übrigblieb.[23] Von einer Religion kann im Stadium des Schauens noch nicht gesprochen werden. *Re-ligio* bedeutet »Wieder-Verbinden«. Um zu verhindern, daß das Bewußtsein von der Gegenwart des Göttlichen erlischt, wurde der Kult begründet, worin es unter Anleitung der Priester und Geistlichen wachgehalten wird.

Gnosis und frühes Christentum

Wie diese *religio* mit dem Aufkommen des Christentums bei den Nabatäern vollzogen wurde, verweist auf eine weitere in dieser Form einmalige Besonderheit ihrer Kultur. Sie ergibt sich, wenn man die von Rudolf Steiner vollzogene Unterscheidung zwischen den vorchristlichen Mysterien und dem christlichen Kult in Betracht zieht:

»… das Mysterium von Golgatha unterschied sich ja von all den anderen Mysterien … dadurch, daß es sozusagen auf dem Schauplatz der Geschichte vor aller Welt dasteht, währenddem die älteren Mysterien eben wirklich im Dämmerdunkel des Tempel-Inneren sich abspielten, und von diesem Dämmerdunkel des Tempel-Inneren heraus ihre Impulse hinausschickten in die Welt.«[24]

In der nabatäischen Kultur schien es sich genau umgekehrt zu verhalten. Kulthandlungen und Mysterien fanden, wie wir noch sehen werden, in vorchristlicher Zeit im hellen Tageslicht und unter freiem Himmel statt, auf Berggipfeln und anderen landschaftlich exponierten Stellen. Erst kurz vor der Zeitenwende wurden Bauten errichtet, die den Mysterienkult in einen Innenraum verlagerten. Gerade aber die ersten nabatäischen Kirchenbauten aus dem vierten Jahrhundert schienen den charakteristischen Merkmalen vorchristlicher Mysterienstätten weitaus besser entsprochen zu haben. Die christlichen Ursakramente fanden im Negev und im peträischen Gebirge in geschlossenen Gebäuden statt, in denen das »Dämmerdunkel« eines Tempel-Innern herrschte. So wurden auch die Sakramente des frühen Christentums in den ersten Jahrhunderten nach der Zeitenwende durchaus als Mysterien aufgefaßt. Dazu schreibt Alexander

Cruden: »Mysterium: Das Wort bezeichnet ein Geheimnis; ein Mysterium ist etwas, das geheimgehalten wird und versteckt ist vor unserem Verstehen, bis es uns offenbart wird.«[25]

Cruden unterscheidet Mysterien, die sich nicht ohne vorausgegangene Initiation enthüllen, und andere, die offenbar sind, deren Inhalt uns bekannt ist und die uns dennoch nicht unmittelbar verständlich erscheinen müssen. Letzteres trifft auf die Mysterien des Christentums zu, auf das Phänomen der Auferstehung, der Himmelfahrt Christi oder auf Paulus' Erlebnis vor Damaskus. Der eigentliche Vorgang der Einweihung in die Mysterien wird uns im Zusammenhang mit den peträischen Totenkulten noch näher beschäftigen.

Gewöhnlich wird der Mysterienkult als ein typisches Merkmal vorchristlicher Religionen betrachtet. Doch wie aus den Schriften von Paulus hervorgeht, war auch im frühen Christentum die Quelle der Mysterienweisheit keineswegs versiegt.[26] In einem Brief an die Korinther schreibt er: »Wir möchten, daß uns die Menschen ansehen als Diener des Christus, als Verwalter der göttlichen Mysterien.« (1Kor 4,1) Mit der Zeitenwende schien zwar der Glanz der Mysterien zu verblassen; das Wissen aber, welches darin gehütet wurde, war noch immer vorhanden. An dieser Nahtstelle zwischen den alten Religionen und dem aufkeimenden Christentum entstand eine neue Art der Geist-Verkündigung, die *Gnosis*,[27] worin sich altes Mysterienwissen auf subtil verwandelte Weise widerspiegelte. In ihr wurden Bestandteile derjenigen Erkenntnis bewahrt, die im Bewußtsein der damaligen Menschheit aus der Welt der alten Mysterien noch nachklang. In seinem Werk *The Gnostic Religion* schreibt Hans Jonas, im Gegensatz zum »Glauben« bedeute Gnosis das »Wissen von Gott ... Es umfaßt alles, was zu dem göttlichen Bereich des Seins gehört, nämlich die Ordnung und Geschichte der höheren Welten und was daraus resultiert, nämlich die Erlösung des Menschen.«[28]

Die Gnosis – was in genauer Übersetzung *Erkenntnis* heißt – wurde von Seiten der sich institutionalisierenden Kirche als Bedrohung empfunden, von ihr bekämpft und verfolgt. Gnostisches Wissen, wie es kurz nach der Zeitenwende im Orient stark verbreitet war, hat sich daher vor allem in den Streitschriften der Kirchenväter erhalten.

Nachklänge sabäischer Mysterienweisheit

Nach allem, was wir heute über die Herkunft der Nabatäer wissen, handelte es sich bei ihnen ursprünglich um einen kleinen Stammesverband, der vielleicht vor dem Hintergrund einer Naturkatastrophe im sechsten Jahrhundert v. Chr. aus dem sabäischen Reich nach Norden bis in die Randregionen des Saatlandes vordrang.[29] Sowohl in den Annalen des Tiglat Pileser als auch im alttestamentlichen Buch Hiob (1,15) finden sich Hinweise auf eine sabäische Präsenz im nordarabischen Raum im achten Jahrhundert v. Chr. Aus südarabischen Inschriften,[30] den einzigen Quellen, aus denen sich ein Bild des frühen Saba gewinnen läßt, ist der Begriff des *Mukharib* bekannt, der als Herrscher seines Volkes zugleich das Amt des höchsten Priesters ausübte. Seine weltliche Führungsposition beruhte auf einer geistlichen Autorität. So blieb es bis in die Zeit, als die sabäisch-nabatäischen Stämme den Süden Arabiens verließen. Wenige Jahrhunderte darauf, im fünften vorchristlichen Jahrhundert, wurden die Mukharibs durch Könige abgelöst. Die nabatäischen Herrscher behielten jedoch ihre Doppelfunktion, wobei noch immer ein deutliches Schwergewicht auf ihren religiösen Aufgaben lag.

Einige dieser südarabischen Inschriften lassen vermuten, daß auch das Prinzip der Co-Regentschaft auf alte sabäische Traditionen zurückgeht. Zwei Blutsverwandte, Vater und Sohn oder auch zwei Brüder, standen an der Spitze des Reiches und herrschten gemeinsam. Der eine war mit allen politischen Aufgaben bei der Verwaltung des Reiches betraut, der andere dagegen war für religiöse Angelegenheiten zuständig. Auch bestimmte Taufrituale sowie Formen des Mönchtums, wie sie in der nachchristlichen Ära nicht nur bei den Nabatäern Verbreitung fanden, haben ihren Ursprung in kultischen Formen, die älter sind als das Christentum selbst und bereits in Indien im Zusammenhang mit dem im sechsten Jahrhundert v. Chr. aufkommenden Buddhismus eine zentrale Bedeutung gewannen. Zur selben Zeit gab es auch im sabäischen Raum die rituelle Taufe und eine besondere Form des Mönchtums.[31] Die frühe nabatäische Religion und Geistesart muß als direkte Fortsetzung des religiösen Brauchtums Sabas und seiner kultischen Praxis verstanden werden, wie sie vor dem Auszug der nabatäischen Stämme dort herrschten. Die Götterwelt Sabas und seine Mysterien der Sonne und des Mondes wurden von ihnen in die Wüste am Rande des Heiligen Landes gebracht.

Im Gegensatz zu den Griechen suchten die Nabatäer den Sitz ihrer Götter nicht an einem irdischen Ort. Diese wohnten im Himmel, ihr Aufenthalts-

Abb. 7. Sabäischer Altar, 5. bis 6. Jahrhundert v. Chr., mit der Darstellung einer von der Mondsichel getragenen Sonnenscheibe.

ort war das Reich der Sterne. Wer sich seiner Gottheit zuwandte, richtete seine Augen zum Himmelsgewölbe empor und suchte dort nach ihrem Abbild. Es war eine Religion, die in sichtbaren kosmischen Manifestationen die drei Grundmächte des Seins offenbarte: *Sonne, Mond* und *Sterne*. Das Göttliche, das in einem frühen Stadium im neunten und achten Jahrhundert v. Chr. durch alle Naturerscheinungen hindurch zu den Menschen sprach, hatte sich nun auf eine Dreiheit reduziert. Die Sonne als wahrnehmbare Erscheinung am Himmel wurde als weibliche Gottheit verehrt, der Mond trug männliche Merkmale und ebenso der als Sohn zu betrachtende Morgen- bzw. Abendstern – ganz im Gegensatz zur abendländischen Tradition, wo er zum Venus-Stern wurde. Mit dem Mond wurde auch das Bild des Stiers in Verbindung gebracht. Beide verkörperten Aspekte der Fruchtbarkeit: der Mond in seinem Ab- und Zunehmen, der Stier als irdischer Repräsentant von Kraft und Vitalität. Die Hörner des Stiers näherten sich daher als sichtbarer Ausdruck dieser Gemeinsamkeit oft auch der Form einer

Mondsichel, von der die Sonne aufgefangen und wie in einem Kelch getragen wird (Abb. 7). Dieses Kultsymbol könnte als Vorläufer des Gralsmotivs betrachtet werden, wie es später in der christlichen Welt in Erscheinung treten sollte.

Der Tempeldienst wurde von Frauen und Männern ausgeführt, die *Lauwa* genannt wurden. Es handelt sich dabei um den gleichen Wortstamm wie beim hebräischen *Levi* (Levit), was Begleiter bzw. Tempeldiener bedeutet. In den sabäischen Tempeln wurden die Götter befragt.[32] Auch dieser Orakelkult wurde von den nabatäischen Königen, die noch von einem geistig-religiösen Bewußtsein erfüllt waren, weitergeführt. So berichtet Stephanos von Byzanz:

»Aretas begann, das Orakel zu befragen. Das Orakel besagte, es solle ein Ort mit Namen Auara (mit Gold gesalbt?) gesucht werden ... Und als Aretas dahin kam und wach lag, erschien ihm ein Zeichen, eine Gestalt in Weiß gekleidet, von einem weißen Kamel getragen ...«[33]

Bei dem Genannten handelt es sich um Aretas IV., dem Zeitgenossen Jesu von Nazareth, ein König, von dessen Geistigkeit und Geist-Offenheit noch die Rede sein wird. Die oben zitierten Worte machen deutlich, daß die Befragung der Orakel auch unter den Königen Nabatäas um die Zeitenwende noch ganz so wie einstmals im sabäischen Reich gepflegt wurde.

Die Religion unter dem Einfluß des Hellenismus

Saba, von den Griechen auch *Mysterion* genannt und später, während der römischen Zeit, *Arabia felix* – das glückliche Arabien –, besteht zu einem großen Teil aus fruchtbarem Bergland. Die nordarabische Region dagegen, der Negev und das peträische Gebirge, sind karg und trocken. Die harten Lebensbedingungen in der Wüste bedeuten eine ständige Auseinandersetzung mit der Notwendigkeit des Überlebens. Menschen, die seit Generationen hier leben, entwickeln eine innige Verbundenheit und ein subtiles Empfinden gegenüber all dem, was eine Existenz in der Wüste ermöglicht und das Wachstum, das Keimen und Gedeihen von Leben, fördert. Daraus ging auch eine erhöhte Wahrnehmungsfähigkeit für das Wirken des Göttlichen in der Natur hervor.

Die Sonnenmysterien, die in der frühen nabatäischen Periode vom sechsten bis in die erste Hälfte des vierten vorchristlichen Jahrhunderts in Anlehnung an sabäische Traditionen zelebriert wurden, fanden im Freien statt.

Noch wurden keine festen Bauwerke errichtet. Kultische Handlungen wurden unterwegs in provisorischen Zeltlagern abgehalten. So wie jeder Sinnesreiz durch die Eintönigkeit der Wüste verstärkt wahrgenommen wird, wirkte in dieser Umgebung auch der Einfluß von Sonne, Mond und Sternen, jener Naturerscheinungen, die die Gottheiten repräsentierten, auf eine besonders intensive und unmittelbare Weise auf den Menschen. Der Einfluß kosmischer Kräfte wurde jedoch nicht nur am Phänomen des äußeren Wachstums erlebt, beim sich Entfalten der Lebenskräfte, sondern auch in ihrer geistigen Wirksamkeit. Sie waren für das nabatäische Bewußtsein von solch intensiver Art, daß die Gottheiten ihren Wohnort außerhalb der menschlichen Sphäre beibehalten konnten.

Nach dem Alexanderzug war der gesamte Osten und mit ihm auch die nabatäischen Hirten und Karawanenhändler immer mehr dem Einfluß des Hellenismus ausgesetzt. Wenn vom religiösen Gesichtspunkt aus bisher von einem *archaischen* Zeitalter gesprochen werden mußte, so beginnt nun eine neue Phase, die man als die *klassische* bezeichnen kann.

Je weiter man in die Vergangenheit zurückblickt, desto spärlicher werden die Quellen, die dem heutigen Betrachter Auskunft geben, und desto undeutlicher wird das Bild, das sie über die geistig-religiöse Situation dieser Zeit vom Ende des sechsten bis ins vierte Jahrhundert v. Chr. vermitteln. Jüngere Dokumente können jedoch als eine Art »Guckloch« dienen, durch das man einen Einblick in weiter zurückliegende Zeiten gewinnt. So berichtet Strabo: »Sie [die Nabatäer] verehren die Sonne, sie bauen Altäre auf den Dächern ihrer Häuser, auf denen sie am Tage Trankspende und Rauchopfer darbringen.«[34] Diese Beschreibung beleuchtet die Situation kurz vor der Zeitenwende, denn erst während des letzten vorchristlichen Jahrhunderts hatten die Nabatäer damit begonnen, Häuser zu errichten. Zugleich veranschaulicht sie aber auch kultische Traditionen, die in älteste Zeiten zurückverweisen, und zeigt, welch tiefe Wurzeln der Sonnenkult im Glauben der Bevölkerung gefaßt hatte.

Auch die archäologischen Funde, die aus dieser Epoche stammen, lassen gewisse Aufschlüsse zu. Bis in die Gestaltung der Altäre hinein läßt sich eine Kontinuität in der Götterdarstellung verfolgen, die ihren Ursprung im alten Saba hat (siehe Abb. 7, 13 und 20). Der Stierkopf als Mondensymbol, der Mondenkelch und die von ihm getragene Sonne begleiten als äußere Bilder, aber auch als innere, spirituell erlebbare Kraft, den Übergang der religiösen Anschauungen von der archaischen zur klassischen Ära.

Das Götterbild der Nabatäer ändert sich nun. Die Götter rücken den Menschen näher. Ihr Wohnsitz, der sich während archaischer Zeiten in der Ferne des Himmels befand, wird nun immer mehr durch irdische Merkmale charakterisiert. *Scharay* ist »ein Ort, der dicht bepflanzt ist, wo das Wild weidet«, eine Art Paradies. *Duschara*, der Name des nabatäischen Hauptgottes, bedeutet »Herr des Scharay«.[35] Der bereits zitierte Stephanos von Byzanz erklärt, daß *Aara* der Name eines Felsens sei, nach dem diese Gottheit benannt wurde. *Schara* ist auch als Name für das Edomgebirge geläufig. Duschara (griechisch *Dusares*) war nun kein ausgesprochener Sonnengott mehr. Er senkte sich, bildlich betrachtet, auf die Gipfel der Berge herab. Zunächst wird er mit dem Gebirge schlechthin in Verbindung gebracht, ähnlich dem Jahwe-Gott, der sich auf dem Berg Sinai offenbart hatte. Später jedoch scheint er auf einem ganz bestimmten Berg in der Nähe von Petra, dem Dschebel esh-Sharat, seßhaft zu werden. Verschiedene Inschriften bezeichnen ihn auch als »Gott von Gaia« oder auch »Gott von Medrasa«. Duschara konnte nun von einem durch den Hellenismus geprägten und gewandelten Bewußtsein als persönlich-individuelle Gottheit erfahren werden. *Aara* heißt auf arabisch »der ohnegleichen Gesalbte«. Dusares bzw. Duschara ist daher auch der »Gesalbte« – was nichts anderes bedeutet als das hebräische Wort *Messias* oder das griechische *Christos*.

Aus dem zweiten Jahrhundert n. Chr. stammt die Bemerkung des Maximus von Tyrus: »Die Araber dienen, ich weiß nicht wem, doch seine Statue sah ich, es war ein quadratischer Stein.«[36] Dies ist einer der ältesten Augenzeugenberichte, die davon sprechen, daß der Gott Dusares, obwohl er dem hellenistischen Ideal nähergerückt war, keine anthropomorphe Gestalt angenommen hatte. Auch das Suidas-Lexikon, Ende des zehnten Jahrhunderts verfaßt, bezieht sich auf inzwischen verschollene ältere Quellen und vermittelt ein ähnliches Bild: »Theus Ares [Dusares]; dies ist der Gott Ares in dem arabischen Petra. Der Gott Ares wird von ihnen angebetet, und ihn verehren sie über alles. Seine Statue ist ein unbearbeiteter viereckiger, schwarzer Stein. Vier Fuß ist seine Höhe, zwei die Breite. Er ruht auf einer goldenen Basis. Ihm opfern sie und vor ihm salben sie das Blut der Opfer, dies ist bei ihnen die Art der Salbung ...«[37]

Neben einer großen Anzahl von Idolen und Götterdarstellungen befindet sich in Petra südlich des Talkessels auf einem Berg ein Opferplatz (Abb. 8), der auf das Zelebrieren von Mysterien und Opferkulten unter freiem Himmel hinweist. Die geistigen Wesenheiten, denen hier gehuldigt wurde, manifestieren sich in den Himmelskörpern, in Sonne, Mond und

Abb. 8. Opferplatz auf einem Berg südlich von Petra.

Sternen. Die Felswände des schmalen, steilen Weges, der dorthin auf eine Höhe von 1050 m über dem Meeresspiegel emporführt, wird von zahlreichen Götteridolen gesäumt, die in die Felswand eingehauen sind. Das sich wandelnde Erscheinungsbild dieser Götterdarstellungen läßt den Aufstieg zum Gipfel wie eine Wanderung durch die unterschiedlichen Epochen der nabatäischen Geschichte erscheinen und vergegenwärtigt die Entwicklung der Gottesauffassung bis hin zur christlichen Zeit. Während man im Talkessel, in dem die antike Stadt verborgen liegt, nur einen begrenzten Ausschnitt des Himmels sieht, erfaßt der Blick hier auf dem Gipfel das gesamte Himmelsgewölbe. Auf dem Opferplatz selbst, einem der ältesten im nabatäischen Raum, befinden sich keine weiteren Götterdarstellungen. Wenn Götter bereits während des anstrengenden Aufstiegs in den Elementen ringsum wahrgenommen werden konnten, mußten sie sich um so intensiver während der im Freien vollzogenen kultischen Handlungen mitteilen.

Je später die Idole und Monumente angefertigt wurden, desto öfter weisen sie Innenräume auf. Der hochgelegene Opferplatz erschließt vollständig die Horizontale; hier reicht der Blick nach allen Seiten ungehindert bis zum Horizont. Die Felsmonumente, die im zweiten und ersten Jahrhundert

v. Chr. entstanden, beginnen nun, die Vertikale zu erobern. Eine Zwischenstufe bilden die Wandidole, die in einer Größe von zum Teil nur 40 bis 50 cm reliefartig in den Stein gehauen sind und eine Dreidimensionalität nur andeuten, ohne die Räumlichkeit wirklich zu ergreifen (siehe Abb. 10).

Während die Götter der Griechen in menschlicher Gestalt auftraten, unter den Menschen verkehrten und sich sogar mit ihnen vermählten, entwickelte sich bei den Nabatäern kein vergleichbar enges Verhältnis zur Götterwelt. Dem mythologischen Bewußtsein der Nabatäer wäre eine solche künstlerische Darstellung göttlichen Wesens und göttlicher Eigenschaften vollkommen fremd gewesen. Noch weitaus extremer fand sich die gleiche Tendenz im Judentum. Dort bestand ein absolutes Verbot der bildlichen Gottesdarstellung. Eines der zehn Gebote lautet: »Du sollst dir kein Bildnis noch irgendein Gleichnis machen ...« (2Mo 20,4) Trotz dieser Parallele verbargen sich bei den Nabatäern hinter der Ablehnung bildlicher Darstellungen der Götter völlig andere Beweggründe. Im Judentum wurde der Mangel an sinnlicher Präsenz Gottes durch das Entwickeln eines intellektuellen Potentials ausgeglichen, das es erlaubte, wenn auch kein *Bild*, so doch einen *Begriff* sich von der Gottheit zu schaffen. Den Nabatäern dagegen mußte die bildhafte Darstellung einer Gottheit überflüssig erscheinen, denn ihre Anwesenheit wurde auf einer anderen als der materiellen Ebene wahrgenommen.

Für das nabatäische Bewußtsein vor der Zeitenwende waren die Götter zwar schon vom Himmel auf die Erhebungen des Gebirges herabgestiegen, dem menschlichen Wahrnehmungsvermögen aber noch immer unerreichbar fern. Erst in der letzten Phase der klassischen Epoche erhielten sie Antlitze, die aber noch immer nur andeutungsweise vorhanden waren und stark stilisiert erschienen (Abb. 9). Zuvor waren nur Gedenksteine vorhanden, die nicht die Gottheit selbst symbolisierten, sondern nur den Ort ihrer Anwesenheit markierten. Solche Idole werden in den zeitgenössischen griechischen Schriften als *Betyle* bezeichnet. Dieser Begriff hat seinen Ursprung im gleichen semitischen Wortstamm wie *beth-el*, was man als »Haus Gottes« übersetzen kann. Diese Götterbilder stammen zum Teil aus einer Zeit, in der die Nabatäer selbst noch keine Wohnungen aus Stein bezogen hatten. Die ersten, die bei den Nabatäern feste Häuser bewohnten, waren somit ihre Götter. Zuerst gab man den Göttern Quartier, erst dann schuf man sich selbst eine feste Behausung.

Betyle trifft man in verschiedenen Größen an. Die älteren weisen eine Nische auf, in der ein blockähnliches Relief zu sehen ist. Andere enthalten

Abb. 9. Stele (Betyl) einer Gottheit mit stilisiertem menschlichem Antlitz, vermutlich 1. Jahrhundert v. Chr., Petra.

Abb. 10. Nischenmonument mit der Stele einer nabatäischen Gottheit (Dusares) im frühen nonfigurativen Stil.

zwei oder drei solcher Reliefs unterschiedlicher Größe; meist ist das rechte etwas kleiner (Abb. 10).[38] In einer jüngeren Phase lassen sich Augen, Nase und Mund deutlich unterscheiden. Doch bereits mit diesen Andeutungen sind die Grenzen einer figürlichen Darstellung erreicht, die auch in späterer Zeit – von wenigen Ausnahmen abgesehen (Abb. 11) – nicht mehr überschritten werden sollten.[39] Wo Gottheiten dennoch in voller Gestalt in Erscheinung traten, wie man es aus Funden in Khirbet et-Tannur kennt, scheint der hellenistische Einfluß derart überhandgenommen zu haben, daß man bezweifeln darf, ob es sich dort um Anhänger desselben Glaubens handelte oder um einen absterbenden Zweig der nabatäischen Religion, der nicht ins Christentum einmündete.[40]

Schwierigkeiten bei der Identifizierung nabatäischer Gottesdarstellungen

Nelson Glueck, der sehr viel zur Erforschung des nabatäischen Raumes beigetragen hat, versucht in seinen Beschreibungen von Statuen und Reliefs, die er an verschiedenen Stätten östlich des Wadi Arava vorfand, die dargestellte Gottheit mangels Inschriften, die auf ihren Namen hinweisen, mit Hilfe der ihnen beigegebenen Attribute zu identifizieren.[41] Dabei bezieht er sich hauptsächlich auf Parallelen zu Gottesdarstellungen benachbarter Völker. Khirbet et-Tannur, wo die meisten dieser Götterstatuen gefunden wurden, liegt an der Grenze Nabatäas, fernab der großen Handelswege, aber in unmittelbarer Nähe zu einem Stützpunkt griechischer Kolonialstreitkräfte. Es ist durchaus denkbar, daß sich dort ein Kult von Lokalgottheiten entwickelt hatte, der Einflüsse benachbarter Kulturen aufnahm und sich von der Hauptströmung der nabatäischen Religion absonderte. Avraham Negev macht darauf aufmerksam, daß die Namen, wie sie Glueck den Göttern zuordnet, durch keine schriftliche Dokumentation gesichert sind.[42]

Eine Ausnahme, wo sich eine Gottheit anhand begleitender Inschriften eindeutig als *Zeus Obodas* identifizieren läßt, stammt aus dem dritten Jahrhundert n. Chr. und wurde in Avdat (Oboda) entdeckt.[43] Diese Zuordnung bestätigt sich auch durch eine Erwähnung in der *Ethnika* des Stephanos: »Oboda …, wo der König Obodas, den sie als Gott verehren, begraben ist«.[44] Oboda, eine Stadt mit großer nabatäischer Akropolis (Abb. 5 und 12), erhielt ihren Namen nach dem gemäß römischer Sitte in den Rang einer Gottheit erhobenen König Obodas III. In allen Inschriften wird *Zeus Obodas* im Zusammenhang mit dem Totengedenken erwähnt. War er ein Schutzgott der verstorbenen Seelen?

Das nabatäische Pantheon und seine Götter

Im letzten Jahrhundert v. Chr. begann man im Negev, wahrscheinlich unter der Regentschaft des letzten nabatäischen Königs, Rabel II., mit dem Anbau von Wein. Weniger als dreihundert Jahre zuvor galt das Anpflanzen von Rebstöcken und der Genuß von Wein noch als ein Verbrechen, das mit dem Tode gesühnt werden mußte. Abgesehen von der Bedeutung des Weins für den Kult zeichnet sich der Weinstock durch seine starke Überlebensfähig-

Abb. 11. Medaillon-Betyl des Dusares am Weg zum Opferplatz, Petra. Im Unterschied zur Sockelzone zeigt sich die Gottheit auf dem vermutlich später entstandenen oberen Teil der Stele bereits in menschlicher Gestalt.

keit und Vitalität aus. Diese Lebenskräfte sollten sich auf die Teilnehmer an den kultischen Handlungen übertragen.

Als lebenspendende Gottheit wird Dusares nun auch zum Gott des Rebstocks. Was den Rebstock unter den Pflanzen auszeichnet, entspricht dem Wirken von Dusares auf Menschheitsebene. Im fünften Jahrhundert be-

Abb. 12. Eingang zum Obodas-Tempel, 3. Jahrhundert n. Chr., Avdat.

zeichnet ihn der byzantinische Schriftsteller Hesychios als »Dionysos der Nabatäer«. Als Gott des Weins scheint Dusares jedoch nie zu einem ähnlichen Ruhm gekommen zu sein wie seine griechische Entsprechung. Im Kult der Nabatäer konnten ekstatische oder gar orgiastische Elemente niemals Fuß fassen. Der griechische Dionysos, bei den Römern auch Bacchus genannt, galt in der Mythologie der Griechen als Sohn des Zeus. Dusares als Sonnengott und Vertreter einer Geistigkeit, die in der Nachfolge der sabäischen Sonnenmysterien stand, wurde dagegen als Sohn einer Jungfrau verehrt.[45] Seine Geburt wurde am 6. Januar gefeiert, am selben Tag wie in christlicher Zeit das Epiphaniasfest. Das Weihnachtsfest der griechisch-orthodoxen Kirche, der auch das spätere nabatäische Christentum zugehörte, wird noch heute an diesem Tag begangen.

Dusares-Denkmäler wurden auch in Avdat gefunden. Hier im Negev wie auch in Zentralarabien verehrte man ihn als Gott des Wachstums und der Pflanzenwelt und errichtete ihm steinerne Stelen, die in Nischen aufgestellt wurden. In der Umgebung von Avdat befinden sich an den Wänden der im Negev so zahlreich verbreiteten unterirdischen Zisternen aus nabatäischer Zeit mehrere solcher Stelen. Dort wurde Dusares zum Schutzgott des Wassers, das nach den Worten von Avraham Negev »in seiner Bedeutung in der Wüste dem Blute des Menschen gleichsteht«.[46]

Im Unterschied zu Nelson Glueck geht Avraham Negev zu Recht von einer wesentlich begrenzteren Anzahl nabatäischer Gottheiten aus.[47] Viele der anderen Götter, die im nabatäischen Raum verehrt wurden, wie *al-Kutba*, die Göttin der Schrift, *Qaus*, der Edomitergott, Gott des Wetters, des Sturmes und des Blitzes, *Manat*, die Göttin des Schicksals, der griechischen Tyche verwandt, sind allesamt Fremdlinge im nabatäischen Pantheon. Sie fanden im Zuge des Synkretismus und der Weltoffenheit darin Einlaß. Bei *Shaj el-Qaum* muß es sich dagegen – geht man von der Zahl der Inschriften und Gedenksteine aus, die man im gesamten nabatäischen Raum gefunden hat – um eine der bedeutenderen Gottheiten gehandelt haben. Sein Name bedeutet »Anführer der Heere«. Aus dem Alten Testament wissen wir, daß sich diese Bezeichnung auch auf die himmlischen Heere beziehen kann, die sich in den Gestirnen sinnlich manifestieren. Der Sternenhimmel wurde von den antiken Völkern als Chiffre des göttlichen Willens verstanden, der sich aus den Sternenkonstellationen deuten ließ.

Während Dusares als Tag-Gott betrachtet wurde, der mit der Sonne verbunden ist, so galt Shaj el-Qaum als Nachtgottheit, die die Seele des Schlafenden beschützt, sie bei ihrer nächtlichen Wanderung durch die himmlischen Sphären begleitet und den Karawanen in der Wüste mit Hilfe der Sterne den Weg weist. Eine Inschrift im syrischen Palmyra bezeichnet ihn als Gott, »der keinen Wein trinkt«[48] und damit ein Gegengewicht zu den dionysischen Wesensmerkmalen des Dusares bildet.

Die große Anzahl von Inschriften, die den Namen der Göttin *Allat* nennen, lassen diese als wichtigste weibliche Gottheit der Nabatäer erscheinen. Die meisten dieser Inschriften wurden jedoch in der Peripherie des Reiches gefunden. Eine Ausnahme bildet der Fundort bei einer Quelle mit dem Namen *Ein esh-Shellaleh* in der Nähe Petras. In der Nische über einem Betyl, der die Göttin darstellt, steht geschrieben: »Dies ist Göttin Allat von Bosra.« Die Darstellung auf dem Gedenkstein zeigt eine schematisierte Menschengestalt, die sich auf einer Mondensichel zu erheben scheint (Abb. 13). Bosra lag im äußersten Norden des Reiches. Allat wurde überwiegend im nordarabischen Raum als Göttin verehrt und ist daher nicht ursprünglich nabatäischer Herkunft. Erst in einer späteren, durch das Römertum geprägten Zeit erhielt sie ihren Platz unter den nabatäischen Gottheiten. Herodot nennt sie »die Göttin aller Araber« und setzt sie mit der griechisch-römischen Göttin Aphrodite bzw. Venus gleich.

Der älteste Hinweis auf die Göttin *al-Uzza*, »die Kräftige«, stammt aus dem vierten Jahrhundert v. Chr., derselben Zeit, in der die Nabatäer erstmals in der antiken Geschichtsschreibung erwähnt werden. Auf der ägäischen Insel Kos wurde eine zweisprachig abgefaßte, nabatäisch-griechische Inschrift entdeckt, die ihren Namen enthält[49] und sie mit Aphrodite gleichsetzt. Dennoch scheint es sich bei al-Uzza um eine ursprünglich nabatäische Gottheit gehandelt zu haben, die erst allmählich Züge der griechischen Göttin angenommen hat. A. Negev bemerkt dazu, daß die Kraft, die in dem Namen der Göttin zum Ausdruck kommt, mit der des Morgensterns verbunden ist und sie somit auch auf astraler Ebene mit der Venus (Aphrodite) in Beziehung gebracht werden kann.[50] Der Heilige Hieronymus berichtet im vierten Jahrhundert von einem Fest der al-Uzza, dem Morgenstern, das in Elusa gefeiert wird. Auch in frühen islamischen Urkunden werden al-Uzza-Kulte erwähnt, die in Mekka stattfanden und erst mit dem Aufkommen des Islam verschwanden. Mohammed selbst war seinem eigenen Bezeugen nach in seiner Jugend Anhänger dieser Göttin gewesen und hatte ihr Opfer dargebracht. In den Randbezirken des Reiches wurden al-Uzza und Allat, wie aufgrund einiger weniger Inschriften und sich kaum unterscheidender Betyle vermutet werden darf, als eine einzige Gottheit betrachtet, die zweierlei Namen trägt.

Dusares, der Sonnengott, Shaj el-Qaum, der männliche Nachtgott, und al-Uzza, die Sterngöttin, waren die wichtigsten Bewohner des nabatäischen Pantheons. Sie erschienen als Repräsentanten einer göttlichen Welt, wie sie bereits in der Vorstellung der nabatäischen Auswanderer aus Saba lebendig war. Durch den Wandel und die Bewußtseinsentwicklung nach dem Verlassen Sabas – nicht zuletzt durch die Berührung mit der judäischen Messiaserwartung und durch den Einfluß griechischer Kultur ausgelöst – verwandelten sie sich in »hellenomorphe« Göttergestalten mit menschlichen Zügen. Göttliche Eigenschaften nahmen gemäß der damaligen Vorstellungsweise bildhafte Gestalt an, wodurch sich Ähnlichkeiten mit den Göttern des Olymp ergaben. Doch im Gegensatz zu den Griechen bewahrte das mythologische Bewußtsein der Nabatäer auch weiterhin eine gewisse Distanz zu den von ihnen verehrten geistigen Wesenheiten. Noch immer blickte der Nabatäer nach oben, wenn er sich der göttlichen Welt zuwandte, während der Grieche seinen Göttern in »Augenhöhe« begegnete.

Die Nabatäer hatten ein besonderes Feingefühl für die Lebenskräfte, die in Mensch und Natur wirksam sind, für jenen Daseinsbereich, der von Rudolf Steiner als *Ätherwelt* bezeichnet wird.[51] Die Wahrnehmung dieser

Abb. 13. Felsstele der Göttin Allat bei Ein esh-Shellaleh. Obwohl sich bereits ein erster Schritt zur anthropomorphen Darstellung erkennen läßt, findet man auch hier wieder das sabäische Motiv des Kelches und der Sonnenscheibe.

feinen Lebensprozesse und die Wirksamkeit der göttlichen Welt wurden anders als bei den Griechen erlebt, wo sich Götterdarstellungen nicht mehr von denen der Menschen unterscheiden ließen. Den Nabatäern begegneten die Götter im Seeleninnern – dort sprachen sie zu ihnen. Sie mußten nicht erst menschliche Gestalt annehmen, um wahrgenommen zu werden. Vielmehr offenbarten sie sich in einem Schwebezustand zwischen rein geistigem und physischem Dasein. An jener Nahtstelle, wo geistig-göttlicher Wille nach seiner irdischen Gestalt sucht, wo eine geistige Intention zur Formkraft wird, bevor sie sich als Schöpfungstat äußert, begegnete der Nabatäer vor der Zeitenwende seiner Gottheit.

Nabatäische Sakralbauten

Die frühesten nabatäischen Bauten sind Tempel. Bevor sie entstehen konnten, mußte von einer lange gehüteten Tradition Abschied genommen werden, in der das Errichten fester Gebäude aus Stein keinen Platz hatte und sogar unter Strafe stand. Bis heute fehlt jede sichere Begründung für diese plötzliche Hinwendung zur Baukunst. Noch viel rätselhafter ist die Tatsache, daß die nabatäische Architektur, die sakrale wie auch später die profane, von Anfang an ein sehr hohes technisches wie auch künstlerisches Niveau aufweist. Bei einer Nomadenkultur würde man viel eher erwarten, daß sich die Entwicklung von einfachen Zeltkonstruktionen bis hin zur Tempelarchitektur in vielen kleinen Schritten vollzieht.

Wenige Jahrzehnte vor der Zeitenwende begann man überall im Negev mit dem Bau solcher steinernen Kultstätten. Ihre Überreste findet man in Petra, Avdat und Tannur, weitere werden in Elusa, Nessana und Ruheiba unter den Ruinen christlicher Kirchen vermutet. Der frühere Kult, der einst im Freien unter den Gestirnen stattfand, wird nun in einen Innenraum hineinverlegt.

Der *Qasr el-Bint Fara'un* – ein Name, der erst in späterer Zeit von Beduinen erfunden wurde – gilt als der bedeutendste Tempel Petras und muß in früherer Zeit als größtes Bauwerk das Stadtbild beherrscht haben (Abb. 14). Dieses um die Zeitenwende entstandene Gebäude wird im Suidas-Lexikon[52] als Tempel des *Theus Ares* (Dusares) beschrieben. Ursprünglich mit Marmor und Stuck verkleidet, muß es ein Werk von monumentaler Schönheit gewesen sein. Sein Standort im Schatten des riesigen Felsblocks *Umm el-Biyara* (Mutter der Quellen) steht in polarer Beziehung zum Opferplatz auf dem Berg. Der Kult, der hier stattfand, zeugt von einer neuen und vertrauteren Beziehung zwischen Mensch und Gottheit. Beide begegnen sich nun in einem Innenraum, wo eine *religio*, ein Wiederverbinden der menschlichen Seele mit ihrem göttlichen Ursprung, vollzogen werden konnte.

Mit diesem Übergang in das Innere des Kultraumes kündigt sich bei den Nabatäern bereits die dritte Ära ihrer Religion an, nämlich die christliche. Das Mysterium von Golgatha rückte näher. Die Erwartung auf Erlösung von Seiten der geistigen Welt verstärkte sich in vielen der antiken Kulturen. Die Anwesenheit des Göttlichen wurde immer weniger in der äußeren Welt gefunden, der Dialog mit der Gottheit fand nun im Innern der Menschenseele statt. Der Mensch war immer stärker gefordert, diese Beziehung selbst zu gestalten. Der Rückzug des Göttlichen aus der Welt

Abb. 14. Qasr el-Bint Fara'un, um die Zeitenwende erbaut. Der ehemalige Stadttempel Petras war dem nabatäischen Hauptgott Dusares geweiht.

bürdete ihm eine zunehmende Verantwortung für den Fortgang der menschlichen Entwicklung auf. Es bestand aber auch das Bewußtsein von dem mangelnden Vermögen, dieser Aufgabe aus eigener Kraft gerecht zu werden. Die Einheit mit der geistigen Welt war zerstört. Sie wieder herzustellen kann als der eigentliche Sinn des Mysteriums von Golgatha betrachtet werden.

Formen des Synkretismus in der Baukunst

Der Lebensraum der Nabatäer war die eigentliche Schnittstelle zwischen Ost und West. Seine Bewohner bewegten sich als Karawanenführer zwischen Indien und Europa, zwischen dem Jemen und Ägypten, zwischen Arabien und dem Mittelmeer. Sie kamen mit den verschiedensten Völkern und Lebensweisen in Berührung, und sie verfügten über die notwendigen

Mittel, Elemente aus anderen Kulturen aufzunehmen, ohne daß rücksichtslose Ausbeutung oder militärischer Zwang nötig gewesen wäre.

Die wenigen erhaltenen Berichte, die von den religiösen Gebräuchen am königlichen Hof Aufschluß geben, deuten auf ein besonderes Zeremoniell eigener nabatäischer Prägung. Baustil, Bauornamentik und Kunsthandwerk enthalten dagegen Elemente fremder Kulturen, deren Herkunft bis nach Indien reicht. In der Geschichtsforschung wird dieses Phänomen, das Verschmelzen von Stilmerkmalen unterschiedlichen Ursprungs – insbesondere in der vom Hellenismus berührten Welt –, als Synkretismus bezeichnet. Oft wird dieser als Begleiterscheinung einer gewissen kulturellen Dekadenz betrachtet. Die unaufhaltsame Verbreitung hellenistischer Kultur soll nach dieser Auffassung nur deshalb möglich gewesen sein, weil sie auf weniger entwickelte Völker traf. Die Götterwelt der Griechen hat angeblich die lokalen Gottheiten verdrängt. Schwach gewordene Götter wurden ihres Amtes enthoben.

Dieses Phänomen des Synkretismus läßt sich aber auch aus einer anderen Sicht deuten. Überall in der antiken Welt war man erfüllt von der Erwartung auf Erlösung durch den »Gesalbten«, den *Christos*, *Messias* oder *Aara*. Eine seltsame »Geistes-Gegenwart« wurde von den Menschen verschiedener Kulturen wahrgenommen. Dies wird auch dadurch deutlich, daß zur gleichen Zeit überall gnostische Strömungen hervortraten, mit denen östliche Weisheit in das Gedankengut der mediterranen Völker einströmte.[53] Gnosis bedeutet »Erkenntnis«. Sie sollte das Mittel zum Erlangen der *religio* sein, des Wieder-Verbindens des Geistigen im Menschen mit der göttlichen Welt. Der Hellenismus war jener kulturelle Nährboden, auf dem eine echte Geistigkeit auch in anderen, ihm nicht verwandten Kulturen ihre Früchte entwickelte. Der Synkretismus dieser Zeit muß daher als ein Erwachen an der Spiritualität der Nachbarkulturen verstanden werden und nicht als eine bloß äußere Übernahme fremder Kulturelemente.

Diese Fähigkeit, Fremdes in Eigenes zu verwandeln, war unter den Nabatäern besonders stark entwickelt. Dabei spielte auch die ethnische Vielfalt unter der Bevölkerung eine Rolle. Die Bevölkerung des Negev setzte sich während des letzten Jahrhunderts vor der Zeitenwende aus einer bunten Mischung verschiedener Kulturen der antiken Welt zusammen[54] und verfügte zu dieser Zeit wahrscheinlich über die größten materiellen Reichtümer im gesamten Mittelmeerraum. Kulturelle Vielfalt und äußerster Wohlstand dürften Grundlage für die Entfaltung einer Geistigkeit gewesen sein, aus der ein neues, zeitgemäßes religiöses Bewußtsein hervorgehen konnte.

Grabmonumente und Totenkult

Petra, die Hauptstadt der Nabatäer, war das kulturelle und religiöse Zentrum des gesamten Reiches. Es wurden zwar auch hier zahlreiche Wohnhäuser ausgegraben, doch ist die Häufung von Monumenten im Verhältnis zu Profanbauten augenfällig. Die Sakralarchitektur, die früher entstand als die reinen Zweckbauten, weist typische Merkmale auf. Es handelt sich dabei um:

1. Monumente, die aus den Felswänden des Gebirges herausgehauen wurden und bei denen kein Zweifel an ihrer kultischen Bedeutung besteht.
2. Herkömmliche Tempelbauten.
3. Triklinien, die vielfach auch als »Grabtriklinien« bezeichnet werden.[55]
4. Theater, die in unmittelbarer Nähe zu einer Nekropole errichtet wurden.

Nach Meinung von A. Negev[56] bestand der Tempelkult aus zwei wesentlichen Elementen: der Prozession zum Tempel, auf dessen Dach das Opfer, Tiere und Weihrauch, dargebracht wurde, sowie dem kultischen Mahl, das im nahestehenden Theater abgehalten wurde.

In Petra, aber auch in anderen Siedlungen der Nabatäer, findet man zahlreiche Triklinien, die ebenfalls zu kultischen Zwecken genutzt wurden.[57] Ein Triklinium besteht aus einem rechteckigen Raum, der an drei Wänden mit Sitzbänken versehen ist (Triklinium bedeutet »drei Bänke«). Im alten Griechenland wurden darin Opfermahle zelebriert, gefolgt von einem Symposion, wie es vor allem durch die gleichnamige Schrift Platons aus dem vierten Jahrhundert v. Chr. bekannt geworden ist. Das Symposion griechischer Art ist ein philosophisches Gespräch, das sich mit Fragen und Problemen der *religio* befaßt. Erst bei den Römern war die Zusammenkunft im Triklinium immer seltener von philosophischen Gesprächen begleitet und diente oft nur noch der reinen Geselligkeit. Der architektonische Gedanke des Trikliniums wurde von den Nabatäern in Übereinstimmung mit der besonderen Art ihres Synkretismus übernommen. Viele der Triklinien in Petra bestanden jedoch nicht aus Mauerwerk, sondern waren in den Fels gehauen (Abb. 15). In den griechischen Triklinien gab es in jedem Raum aus Gründen der Statik drei Säulenreihen, die für das Tragen der Decke unerläßlich waren. Die Säulen waren so angeordnet, daß sie nach der offenen Seite hin den Blick in die Landschaft freigaben. In den peträischen höhlenähnlichen Tri-

Abb. 15. Triklinium gegenüber dem sogenannten »Soldatengrab«, Petra.

klinien erübrigte sich eine solche Konstruktion. Die Säulen wurden aus rein dekorativen Überlegungen übernommen, man versetzte sie jedoch hinter die Sitzreihe, wo sie als Halbsäulen oder Pilaster reliefartig die Wände schmückten. Im Boden des Innenraums befinden sich rechteckige Vertiefungen, wie man ihnen auch in den Räumen der ausgehöhlten Felsmonumente begegnet. Mit großer Sicherheit stehen sie in einem Zusammenhang mit dem Totenkult, wie er in der Nekropole Petra zelebriert wurde.

Die sogenannten Grabmonumente Petras entstanden zwischen dem ersten Jahrhundert v. Chr. und dem Ende des zweiten nachchristlichen Jahrhunderts. Man hat in ihnen weder Gebeine noch Grabbeigaben gefunden. Unter den Gelehrten herrscht die Meinung vor, daß sie in späteren Zeiten geplündert wurden. Doch die Annahme, daß es sich hier um Gräber im herkömmlichen Sinne handelt, in denen der Leichnam eines Verstorbenen bestattet wurde, steht schon zu einem Bericht Strabos im Widerspruch:

Abb. 16. Obeliskgrab, 1. Jahrhundert n. Chr., Petra. Im unteren Geschoß befindet sich der Eingang zu einem Triklinium.

»Tote Körper achten sie [die Nabatäer] dem Miste gleich, wie Herakleitos sagt: … Leichen sind verächtlicher als Mist. Und deshalb begraben sie sogar ihre Könige neben den Mistplätzen.«[58]

Das Errichten solch gewaltiger Monumente kann, insofern Strabos Bericht die Wahrheit enthält, nicht mit dem hier beschriebenen pietätlosen Umgang mit den leiblichen Überresten der Verstorbenen in Einklang gebracht werden. Auch über die genaue Entstehungszeit dieses Monumentalstils kursieren unterschiedliche Meinungen. Die erste systematische Beschreibung dieser Monumente erfolgte in den Jahren 1897 und 1898 durch zwei deutsche Wissenschaftler, Brünnow und Domaszewski, während ihres Aufenthalts in Petra. Sie datierten ihre Entstehung in das vierte Jahrhundert v. Chr.[59] Neuere Forschungen sehen in den verschiedenen Typen von Monumenten keine chronologische Abfolge, sondern erklären ihre Besonderheiten aus einer Vorliebe ihres jeweiligen Erbauers.

Der Begriff »Grabmonument« darf im Zusammenhang mit dieser Architektur nur mit größter Vorsicht gebraucht werden. Für eine Wüstenkultur einstiger Nomaden, die jede örtliche Bindung mieden, konnte der Ort, an dem ihre Toten begraben wurden, keine höhere sakrale Bedeutung erlangen. Wäre dies der Fall gewesen, müßte er in regelmäßigen Abständen aufgesucht worden sein, um den Totenkult zu begehen, um die Stätten zu pflegen und notfalls auch zu verteidigen. Auf den langen Wüstenwegen gab es mit Sicherheit immer wieder Todesfälle. Das heiße Klima duldete wegen der schnellen Verwesung jedoch keinen längeren Transport der Verstorbenen. Sie mußten an Ort und Stelle beigesetzt werden. Daher scheint Strabos Bericht die Realität wahrheitsgetreu wiederzugeben. Wo Menschen ihrer Toten nicht an einem bestimmten Ort gedenken, liegt es nahe, daß ein weit stärker vergeistigter Totenkult verbreitet war, bei dem die Örtlichkeit eine nachrangige Rolle spielte. Den Menschen der Antike erschien das nachtodliche Leben als eine Selbstverständlichkeit, wie es durch Beispiele aus allen alten Kulturen belegt werden könnte. Fawzi Zayadine unterscheidet acht verschiedenen Grabtypen in Petra.[60] Zum Teil handelt es sich dabei ohne Zweifel um Gräber im herkömmlichen Sinne. Diese stammen jedoch aus einer späteren Zeit, als die Bevölkerung Petras zahlenmäßig größer wurde und mit ihr auch der Bedarf an Grabstätten.

Einer dieser sogenannten Grabtypen ist das *Stelenmonument* (Abb. 16). Über einem Triklinium befinden sich obeliskartige Gebilde, die eine Ähnlichkeit mit jenen freistehenden Obelisken haben, von denen später noch die Rede sein wird. Ihr Name, wie er aus Inschriften hervorgeht, lautete in der Sprache der Nabatäer *nefsha*. Zur Bedeutung dieses Namens bemerkt Zayadine: »In den semitischen Sprachen hat *nefesh* viele verschiedene Bedeutungen. Im biblischen Hebräisch bedeutet das Wort Seele, Leben, Person. Es könnte auch als »Lebensprinzip« oder »Gefühlsleben« übersetzt werden ...«[61]

Bei den Nefesh-Monumenten, so bestätigt auch Zayadine, handelt es sich keinesfalls um Gräber, in denen ein Leichnam bestattet wurde. Es sind Gedenkstätten, wo man sich auf kultisch-mystische Weise mit den Lebenskräften vereinte, mit der *nefesh* des Verstorbenen. In den meisten Fällen fand dies *vor* dem Nefesh-Monument statt, erst in einer späteren Ära *innerhalb* der Triklinien. Der geschlossene Raum, wie er in dem prunkvollen Monument der *Khaznet Fara'un* (Abb. 44 und 45) vorkommt, markiert das späteste Stadium dieser Entwicklung. Auch dort fanden Zeremonien statt, durch die die Anwesenden zu einer mystischen Schau der Seele des Verstorbenen befähigt werden sollten. Dessen Leiblichkeit war für diesen Kult von keiner Bedeutung. Manche von diesen »Mysterienstätten« erinnern durch ihre reliefartigen Zinnen und Stufen am oberen Teil ihrer Fassade an ägyptische Stilformen und beschreiben die Gestik des Auf- und Herabsteigens der Seele des Verstorbenen (Abb. 17). Trotz dieser vereinzelten ägyptischen Anklänge gab es aber keinen nabatäischen Mumienkult. Der Auferstehungsgedanke nahm in ihrem religiösen Bewußtsein andere Formen an als bei den Ägyptern. Die Verbundenheit mit dem »Lebensprinzip« bewahrte die Nabatäer vor der Anbetung des Gegenständlichen – ein weiteres Beispiel für den selektiven Synkretismus nabatäischer Art!

Ein ungelöstes Rätsel bilden für die Archäologen auch die in Petra sehr häufig anzutreffenden freistehenden *Obeliske*. Sie deuten zum Himmel, doch mangels einer Beschriftung konnte noch keine sinnvolle Erklärung ihrer Bedeutung gefunden werden. Solche freistehenden Obeliske aus derselben Zeit sind auch in Indien erhalten geblieben. Dort hießen sie *stambha* und waren Sinnbild für die übersinnliche Anwesenheit einer Gottheit.[62] Ebenso findet man in Indien vergleichbare Felsheiligtümer, die bereits zu Lebzeiten Buddhas (sechstes Jahrhundert v. Chr.) entstanden. Nabatäische Karawanen drangen oft bis in den indischen Raum vor, und man darf daher auch aus diesem Kulturkreis einen direkten Einfluß vermuten.[63]

Das *Theater* in Petra wurde in den Fels am Südhang des Tals gehauen. Bei seiner Errichtung wurden mehrere Gräber vernichtet – ein weiterer Beweis für die Geringschätzung sterblicher Überreste der dort Begrabenen. Auch die nabatäischen Theater, obwohl nach griechisch-römischem Muster erbaut, dienten kultischen Zwecken. Sowohl in Petra als auch in Elusa, dem einzigen nabatäischen Theater westlich des Wadi Arava, wurden während der Ausgrabungen große Mengen von Bruchstücken typisch nabatäischer Eierschalenkeramik gefunden. Dies ist ein weiterer Hinweis auf die kultischen Mahlzeiten, die nicht nur in Petra, sondern überall dort, wo Nabatäer lebten, in einem Theater zelebriert wurden, das sich in unmittelbarer Nachbarschaft zu den Tempeln und Nekropolen befand. Alle Gelehrten teilen hier ausnahmsweise die Meinung, daß auch die Theater einem Kult dienten, der mit dem Nachtodlichen zu tun hatte.

Die Totenmahle, jene kultischen Versammlungen, an denen im Theater von Petra rund fünftausend Menschen teilnehmen konnten, fanden zur Morgenstunde, zur Begrüßung der aufgehenden Sonne statt. Die Sonne spielte in der nabatäischen Dusares-Religion eine bedeutende Rolle. Das Theater in Petra ist nach Nordosten ausgerichtet und orientiert sich damit

an der Topographie des Talkessels. Versammelte sich das Volk am Morgen zu einem kultischen Ereignis, so blickte es in diese Richtung. Die gegenüberliegende Felswand verdeckte die aufgehende Sonne auch in den Sommermonaten bis zu einer relativ späten Tageszeit und verhinderte dadurch, daß die versammelte Menge vom direkten Sonnenlicht geblendet wurde. Das Theater in Elusa befindet sich in unmittelbarer Nähe zu einem nabatäischen Tempel, der unter dem Atrium der Westkirche vermutet wird.[64] Seine Ausrichtung ist nordwestlich. Auch hier konnte sich die Kultgemeinschaft frühmorgens versammeln und das kultische Mahl einnehmen, ohne von der in ihrem Rücken aufgehenden Sonne geblendet zu werden. Der Verlauf und der Inhalt dieser Kulthandlungen ist heute nicht mehr bekannt. Das Aufnehmen von Nahrung als Sinnbild für geistige Ereignisse ist jedoch nicht nur aus der nabatäischen Kulturgeschichte überliefert. Es wurde auch im Christentum zum Herzstück der kultischen Handlung.

In Qumran, einer Oase in der dürren Landschaft unmittelbar am Toten Meer, befand sich zur Zeitenwende das religiöse Zentrum der Essener, einer Sekte, die sich aus dem konventionellen Judentum herausgesondert hatte und in der Einöde eine durch strenge religiöse Grundsätze geleitete Gemeinschaft aufbaute. Essener oder Essäer gab es auch unter der gewöhnlichen Bevölkerung, doch vergleichbar mit dem rund 100 km entfernten Petra war diese Siedlung Mittelpunkt ihres religiösen Lebens. Die geistige Hinterlassenschaft dieser Glaubensgemeinschaft hat, insbesondere seit der Entdeckung der von ihr verfaßten Schriftrollen, die wissenschaftliche Aufmerksamkeit in einem außergewöhnlichen Maße auf sich gelenkt. Ob nun das Christentum in der essenischen Weltanschauung seine Wurzeln hat, ob Jesus von Nazareth von ihren Lehrmeinungen beeinflußt war, ist eine Frage, die hier nicht weiter behandelt werden soll. Aus den Schriftrollen, in denen die Gemeinschaftsordnung der Essener festgehalten wurde, geht jedoch hervor, daß die kultischen Mahlzeiten, einem Ursakrament im christlichen Sinne vergleichbar, vor dem Hintergrund einer gesteigerten Erwartung der Ankunft des Messias gefeiert wurden.

»In dem Gemeinschaftsrat sind zwölf Menschen und drei in allem reine Priester in dem, was aus der Thora geschöpft werden kann, bewandert. Sie folgen der Wahrheit und sind wohltätig und richten gerecht, sie lieben die Gnadetaten und sind bescheiden im Umgang miteinander. Und wenn sie sich gemeinsam zur Tafel versammeln und die Tafel der Gemeinde gedeckt ist zum

Abb. 17. Sogenanntes »buntes Grab«, Petra.

Verzehr von Wein und Brot, wird keiner seine Hand zum Korbe des Brotes und des Weines ausstrecken, bevor es der Priester getan hat, denn er wird das Brot zuerst segnen, und dann wird der Messias Israels seine Hände zum Brote ausstrecken, und dann wird die Gemeinde Israels das Brot segnen, jeder nach seiner Ehre.«[65]

Die Essener zogen sich von der damaligen ihnen dekadent erscheinenden Zivilisation zurück, um ihr Leben in absoluter Reinheit in der Erwartung des Erlösers zu führen. Vergleichbare Sitten, wie sie bei ihnen herrschten, wurden von Strabo, einem allem Anschein nach objektiven Zeitgenossen, auch am königlichen Hof der Nabatäer beobachtet: »Da sie [die Nabatäer] nur wenige Sklaven haben, werden sie zumeist von Verwandten bedient oder bedienen sich gegenseitig. Sogar bis zu den Königen erstreckt sich diese Sitte. Sie bereiten gemeinsame Mahlzeiten für jeweils dreizehn Personen; und sie haben zwei Musiker bei jedem Mahl ... Der König ist so herablassend, daß er außer sich selbst sogar die anderen wechselseitig bedient ...«[66]

Es kann kein Zweifel bestehen, daß auch diese Gebräuche von religiöser Bedeutung waren – etwa im Sinne der Gleichstellung aller Bürger vor der göttlichen Welt. Auch die Gepflogenheiten beim gemeinsamen Mahl ließen diesem eine kultische Bedeutung zukommen. Sie sollten vermitteln, daß die lebensspendende Kraft in der Natur göttlicher Herkunft sei. Gerade in der Wüste konnte dies besser als an jedem anderen Ort erlebt werden.

Von unmittelbaren Verbindungen auf religiösem Gebiet zwischen Judäa und Nabatäa gibt es keine eindeutigen historischen Berichte. Während die Nabatäer geistige Wahrheiten, die ihnen aus anderen Kulturen zuflossen, begierig aufnahmen, wurde in judäischen Urkunden nahezu alles verschwiegen, was auf fremdes Kulturgut hinweisen könnte. Die analytische Haltung des Judentums hat dazu geführt, daß fast alle Spuren von damals vorhandenen geistigen Verbindungen zu außerjüdischen Kulturen getilgt wurden. Eine hochinteressante Schilderung, die zu den wenigen Ausnahmen gehört, findet sich im *Jerusalemer Talmud*.[67] Dort ist von einer Frau namens *Kimchit* die Rede, die wegen ihrer beiden wohlgeratenen Söhne – beide Hohepriester von Jerusalem – gepriesen wird. Es wird beiläufig erzählt (und deshalb ist es wahrscheinlich der Zensur entgangen), daß Simon, einer dieser Söhne, der gerade das Amt des Hohepriesters bekleidete, am Vorabend von Jom Kippur, dem heiligsten Feiertag der Juden, mit einem arabischen König in Jerusalem promenierte. Das judäische Land war zu dieser Zeit vom nabatäischen Reich umschlossen. Wie wir bereits gesehen haben, war aus der Sicht eines Judäers »arabisch« gleichbedeutend mit »nabatäisch«. Simon, der Sohn der Kimchit, muß irgendwann zwischen 15 und 26 n. Chr. für ein Jahr im Amt gewesen sein. Er war somit ein Zeitgenosse Jesu.[68] Der arabische König, von dem hier die Rede ist, kann kein anderer gewesen sein als Aretas IV., der den Beinamen *Philodemos* trug, »der sein Volk liebt«, von 9 v. Chr. bis 40 n. Chr. regierte und der dem Bericht des Stephanos zufolge in seiner Vision einen weißgekleideten Kamelreiter erblickte.[69]

Jom Kippur ist der einzige Tag im Jahr, an dem der Hohepriester das Allerheiligste des Tempels betreten durfte. Was führt einen arabischen Nabatäerkönig aus Petra an solch einem Abend nach Jerusalem? Weshalb trifft er sich dort nicht mit der weltlichen Führung des Landes, sondern mit einem Priester, der am Vorabend des höchsten jüdischen Feiertages vielerlei kultische Pflichten zu erfüllen hatte und mit Tauf- und Reinigungszeremonien, Gebeten, dem Aussuchen der Opfertiere und den Vorbereitungen für das Opfer stark in Anspruch genommen war? Was war der Inhalt dieses Gesprächs? All dies bleibt ein Rätsel. Es kann nur vermutet werden, daß feste Beziehungen zwischen diesen beiden Amtsträgern gepflegt wurden und daß religiöse Themen zur Sprache kamen. Hatte der nabatäische König nicht bereits über die Essener etwas von Jesus von Nazareth erfahren, so ist mit ziemlicher Sicherheit anzunehmen, daß er durch seinen direkten Kontakt zum Tempel in Jerusalem von ihm wußte, denn Jesus war in Kreisen des Priesterstandes kein Unbekannter.

Der Anbruch der christlichen Ära

Der größte Teil der materiellen Hinterlassenschaft der Nabatäer, wie er der wißbegierigen Nachwelt erhalten blieb, stammt aus nachchristlicher Zeit. Vieles, was Aufschluß über die Religion und die Seelenverfassung während der Jahrhunderte zuvor Aufschluß geben könnte, liegt noch immer unter den Ruinen späterer Bauwerke verborgen. In den verschiedenen städtischen Siedlungen, insbesondere denen des Negev, fand nach dem Mysterium von Golgatha ein langsamer, aber kontinuierlicher Prozeß der Christianisierung statt. Nabatäische Heiligtümer wurden in Kirchen verwandelt, der Ver-

▸ Abb. 18. »Stumme Rosetten«, Metopen über dem Architrav des sogenannten »Klosters« (Ed-Deir), Petra.
▸▸ Abb. 19. Ed-Deir, im Volksmund als »Kloster« bezeichnet, gehört zu den prunkvollsten Monumenten Petras und könnte als Mysterienstätte des nabatäischen Totenkults gedient haben.

sammlungsraum vor dem Tempel bildete nun das Atrium. Eine beispiellose Bautätigkeit nahm damit ihren Anfang. Auch die profane Wohnhausarchitektur, die erst zu einem relativ späten Zeitpunkt entstand, hatte nun einen bedeutenden Stellenwert gewonnen. Überall in den Siedlungen wurden in großer Zahl Wohnhäuser errichtet. Dies macht deutlich, daß sich die Nabatäer nun endgültig vom Nomadentum abgewendet hatten.

Die zunehmende Seßhaftigkeit ist einer der drei wichtigsten Prozesse, die in der Geschichte der Nabatäer in den Jahrzehnten um die Zeitenwende nahezu gleichzeitig auftraten. Daneben wurden die Grundlagen für die erstaunliche Entwicklung der Landwirtschaft im dritten und vierten Jahrhundert gelegt; es wurde damit begonnen, die Wüste urbar zu machen. Wenn in diesem Zusammenhang von Erdenreife gesprochen werden kann, so ist es sowohl wörtlich als auch im übertragenen Sinne zu verstehen. Es wurde mit dem Spaten in die Erde eingegriffen, man machte von ihren Wachstumskräften Gebrauch und sorgte für ihre Fruchtbarkeit. Zuvor bildete die Erdoberfläche nur den Boden, auf dem man sich fortbewegte, den man aber kaum veränderte oder zu gestalten versuchte. Von nun an lieferte die Erde durch ihre Früchte einen wichtigen Beitrag zur Existenz. Damit band sie aber auch den Menschen an sich und führte ihn einer Reife entgegen, die nicht nur Ausdauer und planvolles Handeln bis hin zur Ernte erforderte, sondern auch ein organisiertes Gemeinschaftsleben, das unter Wüstenverhältnissen mit besonderen Anforderungen verbunden ist. Diese geistige und auch soziale Reife wurde zur Voraussetzung der dritten großen Neuerung: dem Bekenntnis zur neu entstehenden Weltreligion – dem Christentum.

Das paulinische Christentum

Saulus, der spätere Apostel Paulus, war ein prominenter Pharisäer, der in die jüdische Gesetzgebung und in das mystisch orientierte Wissen seiner Religionsgemeinschaft eingeweiht war. Er war ein radikaler Gegner der Auffassung, in Jesus von Nazareth sei die Prophezeiung vom Kommen des Messias in Erfüllung gegangen. Auf seinem Weg nach Damaskus hatte er jedoch ein Schlüsselerlebnis, das ihn von einem Gegner des Christentums in einen seiner bedeutendsten Verkünder verwandelte: »Als er auf dem Wege war und nahe an Damaskus herankam, umstrahlte ihn plötzlich ein Licht aus dem Himmel. Er fiel zur Erde nieder und hörte eine Stimme, die zu ihm sprach: Saul, Saul, warum verfolgst du mich? Er sprach: Wer bist du, Herr? Und er vernahm die Antwort: Ich bin Jesus, den du verfolgst.« (Apg 9,3)

Dieses Erlebnis war der Ausgangspunkt für das paulinische Christentum, das sich nicht nur auf die Lehre, sondern auch auf das innere Erleben des Auferstandenen stützt: »Der Same, der gesät wird, ist der Seelenleib. Wo immer es einen Seelenleib gibt, da wird auch ein Geistesleib sein.« (1Kor 15,44) In Rudolf Steiners Christologie ist es von besonderer Bedeutung, daß dieser »Seelenleib« seine eigene Wahrnehmungsfähigkeit besitzt und daß die Wahrnehmung des Auferstandenen mehr und mehr auf dieser von Paulus betretenen Ebene möglich wird.[70]

Damaskus stand zu dieser Zeit, als Paulus dort eintraf, unter nabatäischer Herrschaft. So heißt es im zweiten Korintherbrief: »Der Landpfleger des Königs Aretas ließ die Stadt der Damaszener scharf bewachen, um mich zu fangen.« (2Kor 32) Es darf davon ausgegangen werden, daß sich diese Maßnahme gegen das christenfeindliche Wirken des Saulus richtete. Verfolgt wurde der judäische Gelehrte, der in Damaskus im Auftrag des jüdischen Hohepriesters in den Synagogen gegen die Christen zu predigen beabsichtigte, nicht die erleuchtete Gestalt des Paulus, der nun selbst zu den eifrigsten Bekennern des Christentums gehörte.

Nach eigenem Bekunden zog Paulus nach dem Ereignis vor den Toren des nabatäischen Damaskus nicht sogleich nach Jerusalem zurück, wo er hoffen durfte, auf Gesinnungsgenossen seines neuen Glaubens zu stoßen: »Ich sollte sein Verkünder sein unter den Völkern der Welt. Sogleich wandte ich mich nicht an Fleisch und Blut, ging auch nicht nach Jerusalem zu denen, die vor mir bereits Apostel waren, sondern zog mich zunächst zurück nach Arabien, von wo ich nach Damaskus zurückkehrte.« (Gal 1,16-17)

Aus der Sicht eines Bewohners des judäischen Landes gab es zur damaligen Zeit nur ein einziges Arabien, nämlich das der Nabatäer. Werden die Worte des Paulus ernstgenommen, so weilte er drei Jahre unter den Nabatäern. Mit seiner neuen Botschaft fand Paulus bei ihnen gewiß eine starke Resonanz. Eine Wandlung, wie sie Paulus durchgemacht hatte, konnte für die Nabatäer kein befremdendes Ereignis gewesen sein. Wandlungen hatten bei ihnen auf kultureller Ebene immer wieder stattgefunden und erfolgten beim Übergang ins Christentum aufs neue. Für die Nabatäer muß das von Paulus geschilderte Erlebnis vor Damaskus wie eine Erfüllung dessen erschienen sein, was ihnen ihre Mysterien verkündet hatten. Erst mit der Geburt des *Aara*, die nicht nur äußerlich stattfinden sollte, sondern als inneres Erlebnis und geistige Offenbarung, waren sämtliche Voraussetzungen erfüllt, damit eine neue Phase nabatäischer Kulturentwicklung beginnen konnte. Von nun an sollte die göttliche Welt dem Menschen in seinem Seeleninnern gegenwärtig sein.

Umgeben von einer solchen Gesinnung konnte Paulus seine neue Welt- und Gottesanschauung festigen, bevor er auf seine Missionsreisen in den Mittelmeerraum zog. Durch die unzureichende Überlieferung religiöser Inhalte bei den Nabatäern kann heute leider nicht mehr nachvollzogen werden, welche spezifischen Elemente nabatäischer Geistsart auf Paulus eingewirkt hatten und inwiefern das paulinische Christentum von der nabatäischen Kultur mitgeprägt wurde.

Die Könige aus dem Morgenland

Der bedauerliche Mangel an historischen Urkunden führt auch dazu, daß eine weitere für das Christentum bedeutungvolle Frage nicht mit letzter Sicherheit beantwortet werden kann: Wer waren die Magier aus dem Morgenland, die an der Krippe zu Bethlehem standen?

In den mittelalterlichen Traditionen des esoterischen Christentums, insbesondere unter den Rosenkreuzern, lebte die Überlieferung, daß die Heiligen Drei Könige, die dem Stern der Verkündigung folgten und von der Geburt Jesu wußten, aus *Arabia felix*, dem alten Saba, kamen.[71] Die nabatäische Kultur beruhte weitestgehend auf den aus der einstigen südarabischen Heimat mitgebrachten Religions- und Mysterienelementen, die bis zum Übergang ins Christentum weitergepflegt wurden. Erst mit der Ausbreitung des Islam wurden diese Traditionen der Vergessenheit preisgegeben und die Kontinuität der kulturellen Entwicklung unterbrochen. In seiner Betrachtung schreibt S. von Gleich:

»Der Mohammedanismus hat eben dadurch eine leuchtende heidnisch-arabische Kulturgeschichte verdunkelt, die mindestens zweitausend Jahre vor Mohammed begonnen hat …, die dann im Zeitalter Salomos überging in die eigentlich sabäische und in einer geistigen Blüte sondergleichen das Christentum ebenso bedeutsam vorbereitet hat, wie dann umgekehrt nach Christus der islamische Arabismus die Jugendentfaltung des Christentums ernstlich gefährdet und seine spätere abendländische Entwicklung ungünstig beeinflußt hat.«[72]

In der nabatäischen Religion wurden die geistigen Impulse, die das Christentum brachte, erwartet und herbeigesehnt, und aller Wahrscheinlichkeit nach war ein Mysterienwissen vorhanden, das auf die Nähe der Christusgeburt hindeutete. So werden auch die Worte des Matthäusevangeliums verständlich: »Wir haben einen Stern im Morgenland gesehen und sind gekommen, um ihn anzubeten.« (Mt 2,2) Darüber, ob es sich bei einem der drei Könige um Aretas IV. gehandelt habe, der auch in späteren Jahren noch Kontakte zu Jerusalem und dem Tempel pflegte, kann aufgrund fehlender Hinweise nur spekuliert werden. Doch sollten die Könige oder Weisen wirklich aus Saba gekommen sein, so benutzten sie mit Sicherheit die Handelsroute der Nabatäer, auf der auch diejenigen Waren befördert wurden, die sie dem Jesuskind darbrachten, nämlich Gold, Weihrauch und Myrrhe.

Weihrauch symbolisierte im späteren christlichen Kult die Verbindung zwischen geistiger und irdischer Welt. Bei der Verbrennung des Harzes entfaltet er seine charakteristischen Eigenschaften. Es ist ein Stoff, dessen Wohlgeruch erst durch Feuer befreit wird. Die sabäischen Mysterien, darauf deutet auch von Gleich in seiner Darstellung hin, waren Phönixmysterien.[73] Phönix ist der mythische Vogel, der im Feuer verbrennt und aus seiner Asche wieder aufersteht. Die Verwandtschaft mit dem Auferstehungsgedanken des Christentums ist dabei augenfällig. Als ein weiteres Sinnbild für die Auferstehung kann das Bild der Dattelpalme gelten, die als beinahe einziger Baum der Wüste Früchte trägt. Der botanische Name dieser Palme lautet *Phoenix dactylifera*. Ihrer Vitalität wegen wurde sie in den alten Kulturen des Orients als Sinnbild der Sonne verehrt und galt in Saba als Symbol des Gottes Attar, bei den Nabatäern stand sie für Dusares.

Im Christentum, das sich im Negev und in anderen Teilen des ursprünglich nabatäischen Gebietes entwickelte, stand weniger der Kreuzestod, vielmehr der Auferstehungsgedanke im Mittelpunkt des Glaubens – die Geburt des Göttlichen im Menschen, wie sie Paulus in seiner geistigen Schau vor Damaskus erfahren hatte. Vogelsymbole, die den Phönix, oft auch als Pfau dargestellt, erkennen lassen, die Dattelpalme und der Weihrauch beherrschten daher die nabatäische Kultur bis in die Ornamente hinein, die an den Kirchen des Negev gefunden wurden (Abb. 21).

Wesenszüge des frühen Christentums im Negev

Nach den Angaben der offiziellen Kirchengeschichtsschreibung wurde das Christentum Mitte des vierten Jahrhunderts im Negev eingeführt. Stärker als auf historische Genauigkeit wurde in den Chroniken der Kirche darauf

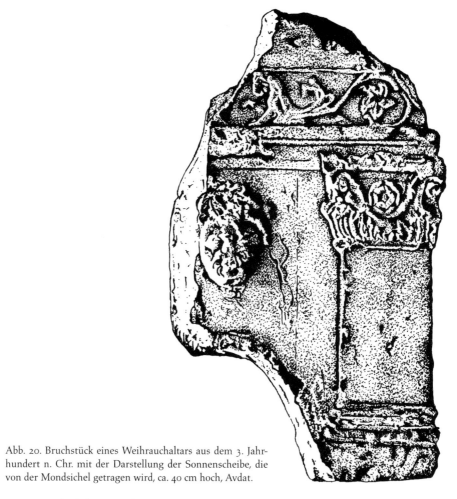

Abb. 20. Bruchstück eines Weihrauchaltars aus dem 3. Jahrhundert n. Chr. mit der Darstellung der Sonnenscheibe, die von der Mondsichel getragen wird, ca. 40 cm hoch, Avdat.

geachtet, daß die Werdeprozesse des Christentums mit dem später entstandenen Heiligenkult und der Märtyrerlehre übereinstimmten. Die Diskrepanz zu den »Heiden« oder »Sarazenen« (Araber, die das Christentum noch nicht angenommen hatten) sollte deutlich hervortreten. Eine Schilderung des Heiligen Hieronymus, die er um das Jahr 390 in Bethlehem niederschrieb, berichtet auf wundervolle Weise von der Rolle des Heiligen Hilarion bei der Christianisierung von Elusa:

»Die Wanderung, die er [Hilarion] einst in die Wüste Kadesch unternahm, um einen seiner Schüler zu besuchen. Mit einem großen Gefolge von Mönchen erreichte er Elusa, es geschah an dem Tag, an dem das jährliche Fest alle Menschen in den Tempel der Venus [!] zusammenbrachte. Diese Göttin wird im Namen des Luzifer, dem die Sarazenen verpflichtet sind, verehrt. Als es

Abb. 21. Dattelpalme, Weinrebe und Vogel, 4. bis 5. Jahrhundert n. Chr., ca. 72 x 30 cm, Shivta.

sich verbreitete, daß Hilarion vorbeizieht (er hat kürzlich viele von Dämonen besessene Sarazenen geheilt), da gingen sie hin, ihn zu begrüßen ..., beugten ihre Häupter und riefen in syrischer [nabatäischer] Sprache ›Barech‹, d.h. ›Segne‹. Er empfing sie mit Höflichkeit und Bescheidenheit und betete, auf daß sie Gott dienten und nicht dem Stein. Indem er reichlich weinte, schaute er hinauf zum Himmel und versprach, daß wenn sie an Christus glaubten, er sie oft besuche. Durch die wunderbare Gnade Gottes verließ er sie nicht, bevor er den Plan einer Kirche gezeichnet hatte und ihr Priester mit dem Kranz mit dem Signum Christi versehen wurde.«[74]

Dies ist das älteste Dokument, das vom Übergang zum Christentum im Negev berichtet. Die Darstellung der Ereignisse ist zwar von der deutlichen Absicht geprägt, die heidnische Welt als minderwertig erscheinen zu lassen, dennoch schimmern einige für uns wichtige Aspekte hindurch. In Elusa gab es noch im vierten Jahrhundert ein Venusheiligtum, also einen Sternenkult. Luzifer, der Licht-Träger, wurde ebenfalls verehrt. Hilarion, der als christlicher Mönch der örtlichen Bevölkerung bereits lange bekannt gewesen sein mußte, ließ den Venuspriester sozusagen in seinem ursprünglichen Amt, nachdem er ihn mit dem Zeichen Christi versehen hatte. Die Bekehrung zum Christentum wird hier als ein absolut harmonischer Prozeß dargestellt, als Fortsetzung der hier seit Jahrhunderten vorhandenen kultischen Gebräuche. Nur deshalb konnte das Auftreten Hilarions zu der von Hieronymus beschriebenen Massenbekehrung führen.

Sofort nach der Duldung und Anerkennung der christlichen Religion durch Konstantin begann man überall im Negev, in Mampsis, Elusa, Ruheiba,

Avdat und Shivta, Gotteshäuser zu errichten. Dies wäre in einem so abgelegenen Winkel des Römischen Reiches, fernab der christlichen Glaubenszentren, nicht geschehen, hätten hier nicht bereits genügend Menschen gelebt, für die der christliche Kult ein ständiges Bedürfnis war.

Für die frühen Christen des Negev waren die Kirchen mehr als nur Versammlungsorte. Die Taufe muß zu dieser Zeit noch als Einweihung in die christlichen Mysterien verstanden worden sein. Die Aufnahme in die Gemeinde war damals noch mit der Bedingung verbunden, daß der Betreffende bereits getauft war. Zahlreiche Taufbecken, insbesondere in Shivta, Avdat und Mampsis, sind von einer Größe, die eindeutig auf eine Erwachsenentaufe hinweist (Abb. 56). Der Täufling wurde im Becken untergetaucht und machte dabei durch eine Lockerung seiner Wesensglieder die Erfahrung der Todesnähe. Dieses Taufritual war ein Ereignis, das ihn mit dem Leben Christi verband. Der Eintritt in die Kirchengemeinde war somit von einer Art Schwellenübertritt begleitet. Das Zelebrieren der Sakramente konnte nur dann als mystischer Akt erfahren werden, wenn eine solche Vorbereitung vorausgegangen war.

Die ersten Kirchen des Negev weisen noch einen relativ kleinen Innenraum auf und waren mit nur einer Apsis ausgestattet. Bald schon wurden sie aber auf drei Schiffe erweitert und erhielten zwei zusätzliche Apsiden. Sechs Säulen in zwei parallelen Reihen teilten den Raum in sieben Querjoche. Damit war das Schreiten zum Altar räumlich in sieben Abschnitte unterteilt.[75] Der Raum war düster, nur von einigen Kerzen und dem fahlen Tageslicht beleuchtet, das durch die winzigen Fenster eindrang (siehe Abb. 22). Das Erlebnis beim Übergang von der Außenwelt in den Innenraum der Kirche kann durch folgende Worte Rudolf Steiners veranschaulicht werden: »In der Natur ... stiert der Mensch hinaus, der Blick geht eigentlich ins Unendliche, und man kommt nie zu Ende. Man kann ja eigentlich Naturwissenschaft für jedes Problem ohne Ende treiben: es geht immer weiter, weiter. Aber es schließt sich der Blick ab, wenn man irgendeine wirkliche Architekturarbeit vor sich hat, die darauf ausgeht, diesen Blick zu fangen, zu entnaturalisieren. Sehen sie, da haben sie das eine, was da war in alten Zeiten: dieses Fangen des Blickes nach außen ... Man wußte, wenn man hinschaute bei der Tempelarchitektur, ... daß darinnen das Heilmittel liegt gegen die Auszehrung der Sinne, wenn diese bloß in die Natur hinausschauen.«[76]

Die Menschen des Negev waren von einer kargen Umwelt ohne nennenswerten Bewuchs umgeben. Die Landschaft öffnete sich dem Blick nach allen

Abb. 22. Rekonstruktionsversuch des Innern der Nordkirche von Shivta nach den Vorstellungen der Colt-Expedition. Obwohl die Zeichnung in einigen Details von den tatsächlichen architektonischen Gegebenheiten abweicht, dürfte sie dennoch etwas vom ursprünglichen Raumeindruck vermitteln.

Seiten, nichts stand ihm im Wege, nichts hinderte ihn daran, bis zum Horizont vorzudringen. Die runden Sphären der drei Apsiden, die das Auge der am Kult Beteiligten auf sich zogen, sind wie ein Urbild für dieses Auffangen des Blickes, den die Wüste auszuzehren droht (siehe Abb. 62).

Die Dreiapsidenkirche hat im Negev ihren Ursprung.[77] Im fünften und sechsten Jahrhundert begann man damit, die Toten im Kirchenvorhof zu bestatten. Während in Europa nur Angehörige des Klerus oder der herrschenden Schicht innerhalb der Kirche beigesetzt wurden, fand hier auch der gewöhnliche Gläubige seine letzte Ruhe in Altarnähe. Dies deutet auf besondere Gemeinschaftsstrukturen hin. Auch der frühere Totenkult, die Hinwendung zur Seele des Verstorbenen, bekam nun eine neue Bedeutung. Das Christentum versetzte die Menschen in eine Seelenverfassung, in der sie durch die eigene innere Erfahrung einen Zugang zur göttlichen Welt finden konnten. Es entstand somit auch eine innige Verbundenheit mit den Persönlichkeiten, die am Urbeginn des Christentums als Kirchenväter wirkten. Aus dieser Haltung heraus entwickelte sich der Reliquienkult. Die Seitenapsiden der Kirchen dienten oft als Aufbewahrungsort für steinerne Reliquienbehälter. Ähnliche Urnen, wie sie um die Zeitenwende symbolisch auf die Spitze der Totenmonumente von Petra gesetzt wurden (siehe Abb. 19), gelangten nun in verkleinertem Maßstab in den Sakralbereich der Kirche, wo die Gemeinde im Zusammenhang mit dem Zelebrieren der Sakramente an ihnen vorüberziehen konnte.

Diente der Negev bis zur Zeit des römischen Kaisers Trajan überwiegend als Korridor zwischen Arabien und dem Mittelmeer, durch den die wichtigsten Handelsrouten verliefen, so war er jetzt wirtschaftlich weitgehend selbständig. Die Landwirtschaft und insbesondere der Weinbau wurden zur Hauptertragsquelle der Region. Auch der christliche Kult hat sich hier endemisch entwickelt. Dazu gehörte auch, daß sich eine besondere Art von Mönchtum herausbildete. An verschiedenen Orten wie Shivta und Ruheiba entstanden Klöster, die zunächst außerhalb bestehender Siedlungen gebaut wurden, sich dann aber zu einem landwirtschaftlichen Zentrum entwickelten und in ihrem Umkreis viele neue Siedler anlockten.

Frühchristentum und Manichäismus

Die gnostische Strömung, die von der Lehre des im Jahre 216 im Zweistromland geborenen Mani ausging und auch auf das frühe Christentum einwirkte, hatte insbesondere im östlichen Mittelmeerraum eine breite Anhängerschaft gefunden und dürfte auch den nabatäischen Raum nicht unberührt gelassen haben. Bis ins achte Jahrhundert fand sie über die Grenzen des Römischen Reiches hinaus Verbreitung, bevor sie von den Institutionen der Kirche ausgerottet wurde. Obwohl Formen des manichäischen Mönchtums und der Askese in das christliche Brauchtum Einzug fanden,[78] wurde der Manichäismus von den Vertretern der Kirche aufs heftigste bekämpft. Einer der erbittertsten Streiter gegen das immer stärker um sich greifende Manichäertum war Titus von Bostra, ein Bischof des vierten Jahrhunderts. Bostra war damals eine nabatäische Stadt, und die zum Teil in syrisch-nabatäischer Sprache geschriebene Streitschriften des Titus gegen die Manichäer wären wahrscheinlich nicht entstanden, wenn die Anhänger dieser Geistesart in seinem Bistum nicht so zahlreich gewesen wären.

Dennoch tendierte die Kirche dazu, einzelne Gestalten der Frühphase des Christentums, die großes Ansehen genossen und eine reichliche Anhängerschaft besaßen, deren Lehre aber als Häresie galt, in den Kreis der Heiligen aufzunehmen und Elemente ihres Glaubens, die mit der offiziellen Kirchenlehre nicht übereinstimmten, auszuscheiden. Beim Heiligen Georg, der den Drachen bezwang, wäre es durchaus möglich, daß er nicht nur ein Zeitgenosse Manis war, sondern auch mit ihm zu einer Gestalt verschmolz. Sein Grab befindet sich der Überlieferung zufolge in der heutigen Flughafenstadt Lod bei Tel Aviv. Sein Wirken muß also in nächster Nähe zum nabatäischen Raum stattgefunden haben.[79] Seit dem vierten Jahrhundert wird er von den palästinensischen Christen als Lokalheiliger verehrt und erfreut sich großer Beliebtheit.

In Nessana, einer der blühenden Städte jener Provinz, die inzwischen die offizielle Bezeichnung *Palästina salutaris* trug, wurde bei Ausgrabungen in den 30er Jahren eine große Anzahl von Papyri aus der Zeit vom fünften bis zum siebten Jahrhundert entdeckt. Sie ermöglichen einen wichtigen Einblick in das Leben der Nabatäer im Negev während des byzantinischen Zeitalters. Einer dieser Papyri beschreibt die Taten des Heiligen Georg in einer Weise, die verblüffende Ähnlichkeit mit dem überlieferten Lebenslauf Manis aufweist. Georg, ein junger, wohlhabender Edelmann, widersetzt sich den christenfeindlichen römischen Gesetzen. Er wird dreimal getötet, um dreimal wieder aufzuerstehen. Schließlich wird er bei einer Witwe eingesperrt. Dort vollbringt er zahlreiche Wundertaten. Er bringt einen dürren Ast zum Blühen, gibt einem toten Ochsen das Leben zurück, heilt den Sohn der Witwe von seiner Blindheit und erweckt Tote zum Leben.[80] Rudolf Steiner macht darauf aufmerksam, daß die Manichäer als »Söhne der Witwe« bezeichnet wurden. »... dieses sich selbst lenkende Seelische, das den göttlichen Befruchter nicht mehr vor sich hat, wird von dem Mani als ›Witwe‹ bezeichnet, und deshalb bezeichnet er sich selbst als ›Sohn der Witwe‹.«[81]

Der Papyrus aus Nessana hat die kirchliche Zensur, die ein einheitliches Heiligenbild zum Ziel hatte, überlebt. Die darin enthaltene Lebensbeschreibung des Heiligen Georg gilt als eine der ältesten, die bekannt sind. In Europa erscheint das Motiv des Drachenbezwingers erst im zwölften Jahrhundert. Unter der Vielzahl von alten Georgsakten enthalten nur wenige die Episode von der Witwe und den Auferstehungswundern. Die Motive der Auferstehung und der Beherrschung der Lebenskräfte rücken ihn in die Nähe der nabatäischen Form des Christentums. Der Georgskult war im Negev sehr verbreitet. In der Nähe von Shivta befindet sich ein dem Heiligen Georg geweihtes Kloster.[82] Inwieweit gnostisch-manichäisches Gedankengut die religiösen Anschauungen der Negevbewohner beeinflußt hat, muß jedoch wie vieles andere unbeantwortet bleiben. Der nabatäische Raum und seine Kultur scheint jedoch auch noch in der Zeit des Christentums ein Nährboden für die unterschiedlichsten Formen des Synkretismus geblieben zu sein. Aufgrund des bestehenden Mangels an Originaldokumenten aus dieser Zeit bleibt uns nur die Hoffnung, daß weitere Ausgrabungen neue Funde ans Tageslicht bringen, die darüber Aufschluß geben können.

Das Christentum fand unter den Nabatäern eine rasche Verbreitung. Da es als Fortsetzung der vorhandenen religiösen Bekenntnisse erschien, war der Übergang frei von revolutionären Einschnitten. Uns sind keinerlei Quellen bekannt, die von einer gewaltsamen Bekehrung der Bewohner des Negev sprechen. Der Bischof von Eila, dem heutigen Eilat, nahm bereits 325 am Konzil von Nicaea teil. Elusa dagegen hatte sich zu dieser Zeit noch nicht geschlossen zum Christentum bekannt. Ein Bischof namens Abdallah (ein unzweifelhaft arabisch-nabatäischer Name) aus Elusa war erst beim Kirchenkonzil in Ephesus (431) vertreten. Bei den Synoden von Sardica (342) und Seleucia (359) befanden sich unter den Teilnehmern die Bischöfe von Petra. Die Tatsache, daß einer dieser arabischen Bischöfe den Namen Aretas trug, läßt über seine Herkunft keinen Zweifel aufkommen. Bis zum Anbruch des fünften Jahrhunderts schien das »Heidentum« neben dem Christentum fortzubestehen. Es war durchaus möglich, Christ zu sein und trotzdem auch an andere geistige Wesenheiten zu glauben und ihnen zu opfern. Erst allmählich gerieten die alten Götter in Vergessenheit.

Das nabatäische Christentum erlebte nur eine kurze Blüte. Die zunehmende Abwanderung und die Ausbreitung des Islam bereitete ihm ein baldiges Ende. Eine Zeitlang gab es noch ein friedliches Nebeneinander beider Religionen. In Shivta wurde eine Moschee Wand an Wand mit der Südkirche errichtet. Doch etwa zweihundert Jahre nach dem Eindringen der Moslems verstummte im Negev das christliche Sakramentalwort endgültig. Das Rad der Geschichte drehte sich um eintausendfünfhundert Jahre zurück. Nur noch wenige Nomaden streiften über die Ebenen und Gebirge. Einstiges Ackerland verwandelte sich wieder in unfruchtbare Wüste, deren Schweigen auch die Fragen der heutigen Forscher unbeantwortet läßt.

4.
DIE SPRACHE
DER NABATÄISCHEN KUNST

Will man ein Verständnis für antike Kunst entwickeln, in der sich individuelle Strömungen nur in einem begrenzten Maße äußern, so kann dies nur im Zusammenhang mit der Betrachtung der Lebensart alter Völker und ihrer Geistigkeit gelingen. M. Avi-Yonah, einer der Pioniere bei der Erforschung antiker Kunstwerke im Bereich des Heiligen Landes, macht darauf aufmerksam, daß die Kunst der Nabatäer weit entfernt ist von der eines Wüstenvolkes[83] und bemerkt, daß sich ihre Einzigartigkeit nur unter Berücksichtigung der besonderen gesellschaftlichen Strukturen erschließen läßt, ohne die ein Zusammenleben von Menschen unterschiedlicher Herkunft unter schwierigsten Lebensbedingungen nicht möglich gewesen wäre.

Während etwa die Kunst der Griechen eigene Stilmerkmale hervorgebracht hat, durch die sie sich von der anderer Kulturen deutlich abgrenzen läßt, lassen die Kunstwerke der Nabatäer keine vergleichbare stilistische Eigenständigkeit erkennen. Das Wesen nabatäischer Kunst enthüllt sich nicht in einzelnen Gestaltungsmerkmalen, sondern nur dann, wenn man von der Gesamtwirkung ihrer Schöpfungen ausgeht.

Die frühe Kunst der Nomadenzeit

Über die nabatäische Kunst während der frühen Nomadenzeit schweigen die Quellen. Es ist anzunehmen, daß während einer Zeit, in der die nabatäischen Stämme durch die Wüste zogen, nach Wasservorkommen und frischem Futter für ihre Herden suchten und noch völlig in ihrem Hirtendasein aufgingen, das künstlerische Schaffen sich eher auf sprachlicher Ebene äußerte, im Erzählen von tatsächlichen Begebenheiten und inneren Erlebnissen, wie es bis zum heutigen Tag bei den Nomaden Tradition hat. Mündlich Überliefertes, Sagen und Erzählungen, erfüllten die Stunden, die man in Gemeinschaft verbrachte, wenn alle Pflichten des Tages erledigt waren. Was an kunsthandwerklichen Gegenständen hervorgebracht wurde, diente ausschließlich dem täglichen Gebrauch. Eine nomadische Kultur beschränkt sich auf das Notwendigste und verzichtet auf überflüssigen Hausrat, der ständig neu verpackt und auf Kamelrücken von einem Ort zum anderen transportiert werden müßte. Aus dem gleichen Grund wurden zunächst keine keramischen Gefäße verwendet oder nur solche, die nicht gebrannt wurden und daher nur von kurzer Lebensdauer waren.

In den Kulturen der antiken Welt galt künstlerisches Schaffen als ein Wiederholen des göttlichen Schöpfungsaktes durch menschliche Aktivität. Dadurch bekam jede Art von Kunst eine sakrale Weihe. Profane Tendenzen konnten sich schon deshalb nicht durchsetzen, weil die Seelenverfassung der Menschen zutiefst religiös war. Das Kunstwerk zeigt dabei auf charakteristische Weise, wie die göttlich beseelte Außenwelt vom Menschen dieser Zeit empfunden wurde. Schon eine flüchtige Betrachtung des nabatäischen Kunstschaffens macht deutlich, daß es von einer nonfigurativen Tendenz geprägt war. Erst in einer späten Phase nach der Zeitenwende wurden die Götter in menschlicher Gestalt wiedergegeben, und auch dann blieben solche anthropomorphen Götterdarstellungen auf die Randregionen des Reiches beschränkt, wo fremde, vor allem griechische Einflüsse überhandgenommen hatten.

Die Entwicklung der Tempelarchitektur

Die ältesten Funde, die bei den Nabatäern von künstlerischer Betätigung zeugen, stammen aus der gleichen Zeit, in der ein von Diodor beschriebenes Tabu aus der Nomadenzeit gebrochen wurde und mit dem Tempel- und Häuserbau begonnen wurde. Gerade im Hinblick auf die Baukunst der Nabatäer sieht sich die Gelehrtenwelt einem Phänomen gegenüber, das bisher nicht zufriedenstellend erklärt werden konnte. Während andere Kulturen eine Reifezeit benötigten, in der sich ihre Architektur ausgehend von den primitiven Anfängen höherentwickeln und vollenden konnte, präsentieren sich bereits die ersten nabatäischen Bauwerke in einem vollentwickelten Stadium. Allein die Erklärung, daß hier fremde Baumeister am Werk waren, kann nicht genügen.

Abb. 23. Khaznet Fara'un, 1. Jahrhundert v. Chr., Petra.

Diese brachten gewiß ihre technischen und künstlerischen Fertigkeiten zum Einsatz, doch der eigentliche Bauimpuls kann nur aus den besonderen Bedürfnissen heraus erklärt werden, denen die Architektur diente und die in der nabatäischen Geistesart ihren Ursprung haben.

Bei den nabatäischen Tempeln lassen sich zweierlei Haupttypen unterscheiden. Beim einen ist das Allerheiligste von einer Außenmauer umgeben, die einen einzigen Raum bildet, beim anderen besteht eine Dreiteilung des Innenraums. Der größte Tempel Petras, der von den einheimischen Beduinen *Qasr el-Bint Fara'un* (Burg der Pharaonentochter) genannt wird, kann als eine Synthese beider Typen betrachtet werden (Abb. 14). Er wurde während der Regentschaft Aretas IV., des Zeitgenossen Jesu, erbaut. Innerhalb einer Mauer, die das gesamte Bauwerk umgibt, befindet sich ein dreigeteiltes Heiligtum mit einer Seitenlänge von ca. 32 m. Teile des Gebäudes sind mit blütenartigen Metopen geschmückt, die in Dreiergruppen angeordnet sind. Eine Verfeinerung dieser Ornamentik werden wir später bei den Kirchen des Negev vorfinden. Der Innenraum des Heiligtums wird – auch hier besteht eine Gemeinsamkeit zu den späteren Kirchen – durch zwei Reihen mit jeweils sechs Säulen gegliedert, die den Raum in sieben Querjoche teilen. Auf dem Weg zum Altar mußten somit sieben Sphären durchschritten werden.

Die Totenmonumente Petras

Die nabatäische Kunst fand ihren höchsten Ausdruck in den peträischen Totenmonumenten und ihrer Dekoration. Diese Monumente lassen sich nach mehreren Gesichtspunkten klassifizieren; grundsätzlich dominieren aber zwei Haupttypen, die selbst das ungeschulte Auge während des Besuchs von Petra zu unterscheiden vermag. Zu ersterem gehören die einfach gestalteten Fassaden sowie die freistehenden Monumente (Abb. 17 und 47), zum andern die prunkvoller gestalteten Felsmonumente wie beispielsweise die sogenannte *Khaznet Fara'un*, die inzwischen zu einem der Wahrzeichen nabatäischer Kunst geworden ist (Abb. 23). Tritt man aus jener Schlucht heraus, die vom Osten her den einzigen Zugang zur ehemaligen Hauptstadt der Nabatäer bildet, steht man unvermittelt diesem annähernd vierzig Meter hohen Bauwerk gegenüber, dessen heute geläufiger arabischer Name »Schatzkammer des Pharao« bedeutet. Es handelt sich eigentlich nicht um ein Bauwerk im engeren Sinne, man könnte es viel eher als eine »Skulptur« bezeichnen, die aus dem Felsen herausgehauen wurde.

Das untere Geschoß wird von einem hellenistischen Architrav bekrönt, der von sechs Säulen getragen wird. Sein Inneres besteht aus drei Räumen, die im Verhältnis zur prächtigen Fassade beinahe enttäuschend klein wirken. Beim oberen Geschoß handelt es sich um eine Scheinfassade mit ausschließlich dekorativ-symbolischer Bedeutung. Was beim griechischen Tempel erst nach seinem Betreten sichtbar wurde, offenbart sich dem Betrachter hier schon beim äußeren Anblick. In der Mitte befindet sich, von vier Säulen getragen, ein runder Tholos in einer Nische, die er fast vollständig ausfüllt. Auf der Rundung sind Skulpturen in Relieftechnik angeordnet. Da dieses Monument aus dem Stein herausgearbeitet wurde, konnten statische Aspekte weitgehend vernachlässigt werden.

Die *Khaznet Fara'un* wurde unter stilistischen Gesichtspunkten bereits umfassend untersucht. Noch immer ist aber nicht eindeutig geklärt, welche Bedeutung diesem Monument zukam und welchem Zweck es diente. Vieles spricht dafür, daß es sich um eine Kult- oder Mysterienstätte gehandelt habe. Vermutlich diente es dem Totenkult, jedoch nicht als Mausoleum für die sterblichen Überreste, sondern als ein Ort, wo man die Verbindung mit der Seele des Verstorbenen suchte. Diese Bedeutung stünde auch in Übereinstimmung mit der Symbolik der Fassadengestaltung: Der Innenraum des »Tempels« bleibt nicht hinter dem Eingang verborgen, sondern erscheint nach außen projiziert und tritt in der Besonderheit des Obergeschosses in Erscheinung. Die Welt der Verstorbenen erreicht man nicht, indem man das Innere des Gebäudes betritt. Sie befindet sich auf einer höheren Ebene, wo sich hinter einer Scheinfassade keine weiteren Räume befinden und die somit physisch unerreichbar ist.

Alle Figurendarstellungen, die dieses Monument schmücken, sind unvollendet geblieben. Eine genaue Betrachtung zeigt, daß sie entgegen älterer Ansichten keineswegs erst in späterer Zeit beschädigt wurden. Es gilt als wahrscheinlich, daß man die Arbeiten an den figurativen Teilen des Fassadenschmucks wohl schon während ihrer Entstehung eingestellt oder daß man die Skulpturen unmittelbar nach ihrer Fertigstellung unkenntlich gemacht hat. Diese Meinung vertritt auch Avraham Negev.[84] Eine mögliche Erklärung für dieses merkwürdige Vorgehen könnte darin gefunden werden, daß hellenistische Künstler am Werk waren, die das Verbot, »sich ein Bild zu machen«, nicht genügend beachteten und nun von ihren Auftraggebern dazu gezwungen wurden, ihre Arbeit in einem halbfertigen Stadium zu unterbrechen. Eine vollplastische Wiedergabe der menschlichen Gestalt an einem Gedenkort für Verstorbene müßte nach nabatäischer Auffassung einer Gotteslästerung gleichgekommen sein. Für die Seele eines Verstorbenen, die sich gerade von der Form- und Stoffeswelt löst, um in die göttlichen Sphären emporzusteigen, wäre die Begegnung mit solchen Bildwerken im Kult alles andere als angemessen. Gerade die Felsmonumente Petras stehen als Beweis dafür, daß es nicht auf die mangelnde Fähigkeit der Künstler zurückzuführen ist, wenn in der nabatäischen Kunst auf figurative Darstellungen verzichtet wurde.

Der Beginn einer neuen Zeit

Rabel II., der letzte König in der Reihe nabatäischer Herrscher, wird in zahlreichen Inschriften mit dem Titel *Soter*, d.h. »Erlöser«, bedacht oder auch als »Rabel, König der Nabatäer, der sein Volk belebt und erlöst hat« erwähnt. Durch welche Verdienste er sich diesen hohen Ehrentitel verdient hatte, ist unbekannt. Avraham Negev vermutet, daß er es gewesen sei, unter dessen Regierung die Nabatäer endgültig auf das Nomadentum verzichteten und der sie aus einem wirtschaftlichen Tief herausgeführt und ihnen durch radikale Reformen neuen Wohlstand gebracht hatte.[85] Diese Art der Belebung und Errettung seines Volkes fand auch auf dem Gebiet der Kunst ihren Niederschlag, die nun zu einer neuen Blüte erwachte.

Die Impulse, die von seiner Herrschaft ausgingen, schienen ihre bedeutendsten Auswirkungen jedoch auf dem Gebiet einer »sozialen« Kunst zu entfalten. In seiner 36jährigen Amtszeit hat er dafür gesorgt, daß die letzten Überreste ethnisch-nationalistischer Tendenzen verschwanden. Alte Konventionen wurden den Forderungen der Zeit angepaßt. So wurde die über alles geliebte Freiheit, wie sie in der alten Nomadentradition tief verwurzelt war, dadurch erhalten, daß man auf staatlich-politische Unabhängigkeit verzichtete und sich einer fremden Oberherrschaft unterwarf. Nabatäa wurde 106, im Todesjahr Rabels II., zur römischen Provinz. Die neue Art von Freiheit, die unter dem Schutz der *pax romana* in der Möglichkeit lag, den Frieden zu wahren und die eigene Kultur zu entfalten, hatte immerhin über fünfhundert Jahre hinweg Bestand.

Das Entstehen einer Wohn- und Zweckarchitektur

Das Königreich der Nabatäer hatte sein Ende gefunden, doch auf dem Gebiet der Kunst und Architektur brach erst jetzt die wahre königliche Zeit an.

Abb. 24. Die Nordkirche von Shivta mit ihren drei erhaltenen Apsiden.

Während der Herrschaft des letzten Königs, Rabel II., begann man mit dem Errichten von Wohnhäusern. Viele Menschen lebten nun in festen Unterkünften aus Stein. Auch hier ist nichts von einer sich in Stufen vollziehenden Entwicklung zu bemerken. Die Menschen verließen ihre Kamelhaarzelte, um Häuser zu beziehen, deren ausgereifte Architektur sich mit anderen Bautraditionen in der antiken Welt messen lassen konnte. Heute kann niemand mehr mit Sicherheit ihre Herkunft bestimmen und mögliche Vorbilder feststellen. Im Hinblick auf die Bewässerungsanlagen konnte dagegen eine Verwandtschaft zu Techniken aufgezeigt werden, wie sie bereits im alten Saba Anwendung fanden. Aus Gründen, die nicht zuletzt mit den gegenwärtigen politischen Verhältnissen zusammenhängen, wurden bisher jedoch noch keinerlei Studien angestellt, die mögliche Übereinstimmungen zwischen sabäischer und nabatäischer Wohnhausarchitektur aufzeigen könnten.

Nabatäische Wohnhäuser wurden in Oboda (Avdat), Mampsis (Mamshit) und anderen Städten des Negev untersucht. Auch in Petra haben Forschun-

Abb. 25. Bogenarchitektur eines Wohnhauses mit teilweise erhaltener Überdachung, Shivta.

gen zu wertvollen Erkenntnissen in bezug auf die nabatäische Bauweise geführt. Die meisten Bauten aus der Anfangszeit der Wohnhausarchitektur liegen jedoch unter Trümmern aus der byzantinischen Epoche begraben. Viele der später entstandenen Gebäude zeigen zwar gewisse Verbesserungen gegenüber älteren Behausungen, die um die Zeitenwende gebaut wurden. Dennoch läßt sich zusammenfassend sagen, daß sich der nabatäische Baustil seit seinem erstmaligen Auftreten im wesentlichen nicht verändert hat.

Das nabatäische Wohnhaus hatte bis zu drei Stockwerke und konnte eine Höhe von maximal zwölf Metern erreichen. Die Wände waren etwa 80 cm stark und bestanden aus drei unterschiedlichen Schichten: die äußere aus hartem Gestein mit einer geglätteten Oberfläche, die innere aus unbehauenen Steinen, damit der Mörtel besser haften konnte, und der Zwischenraum wurde mit einer Mischung aus kleineren Steinen und Erdmasse gefüllt. Das ergab ein gut isolierendes Mauerwerk, das die Innenräume im Sommer kühl und im Winter warm hielt. Für das untere Geschoß wurde ein besonders harter Stein verwendet, nach oben zu bestanden die Mauern aus wei-

Abb. 26. Versuch einer partiellen isometrischen Rekonstruktion eines Wohnhauses in der Nähe der Südkirche von Shivta (nach A. Segal).

cherem Material. Insbesondere in Shivta, einer Siedlung, die noch einen relativ guten Erhaltungszustand aufweist, lassen sich Gebäude besichtigen, bei denen das zweite Stockwerk noch erhalten ist.

Der Mangel an Holz als Baumaterial ließ eine hohe Technik des Bogenbaus heranreifen. Jeder Raum wurde von mehreren Bögen überwölbt, die eine Abdeckung aus Steinplatten trugen (Abb. 25 und 26). Die Abstände zwischen den einzelnen Bögen waren von der Länge dieser Platten abhängig, die man aus dem in unmittelbarer Nähe vorhandenen Gesteinsmaterial anfertigte. Je härter der verfügbare Stein, desto länger konnten die Platten und desto größer durften die Abstände zwischen den Bögen sein.

Abb. 27. Hauszisterne in Shivta. Durch eine Röhre wurde das Regenwasser vom Dach in die ca. 3 bis 4 m tiefe Zisterne geleitet.

An vielen Türpfosten wurden Verzierungen angebracht. Die Schwelle, über die man beim Betreten eines Hauses schritt, verjüngt sich nach beiden Seiten; auch die Pfosten sind ähnlich geformt und imitieren damit die Konturen des menschlichen Leibes, als dessen Symbol man den Eingang betrachten kann. Der sich vollziehende Schwellenübertritt wurde dadurch ins Bewußtsein gehoben. Von mittelalterlichen Gebäuden kennt man die niedrigen Türen, die darauf hinweisen, daß die meisten Menschen dieser Zeit von kleinerem Wuchs waren als jene des zwanzigsten Jahrhunderts. Auch in Ritterrüstungen dieser Zeit würde heute kaum noch ein erwachsener Mann hineinpassen. Es mag daher überraschen, daß die Eingänge zu den Räumen nabatäischer Häuser eine Höhe von 180 cm und mehr aufweisen. Geht man davon aus, daß dabei nicht allein ästhetische Gründe eine Rolle spielten, so darf vermutet werden, daß die hier lebenden Menschen von stattlichem Wuchs waren.[86]

Manche Häuser hatten Innenhöfe, die von den einzelnen Wohnräumen umgeben waren. Die Fenster waren klein und befanden sich dicht unterhalb

Abb. 28. Bemalte nabatäische Schale mit Palmetten, Feigen und Oliven.

der Decke. Dadurch wurde der Austritt von Rauch ermöglicht und im Sommer direkte Sonneneinstrahlung verhindert. Typisch und einmalig für die nabatäische Architektur sind die Treppentürme, durch die man in die oberen Stockwerke gelangen konnte. Oft findet man heute noch in den Ruinen die Überreste steinerner Wasserleitungen, die im Winter den Regen von den Dächern in die hauseigenen Zisternen leiteten und während des Sommers das Zugießen von Wasser, das mit Kamelen oder Eseln herbeigebracht wurde, ermöglichten (Abb. 27).

Keramik und andere Gebrauchsgegenstände

Zeitgleich zur Entstehung fester Wohnhäuser trifft man im Bereich des Kunsthandwerks auf bemerkenswerte Leistungen beim Herstellen keramischer Erzeugnisse. Was Ausgrabungen davon an den Tag gebracht haben, trägt die unverkennbaren Merkmale nabatäischer Kunst, ist einmalig in seiner Qualität und zeugt von großer handwerklicher Meisterschaft.

A. Negev entdeckte 1959 in Avdat eine Töpferwerkstatt. Damit wurde der Beweis erbracht, daß die früheste Keramik dieser Art aus der zweiten Hälfte des letzten Jahrhunderts v. Chr. stammt und daß die Produktion solcher Tonwaren nur während eines Zeitraums von etwa einhundert Jahren erfolgte. Ältere Theorien, die Funde dieser Art in das dritte vorchristliche

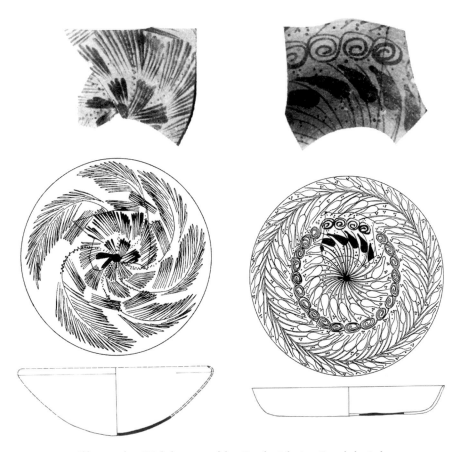

Abb. 29 und 30. Wirbelrosette auf dem Bruchstück einer Tonschale, Avdat.

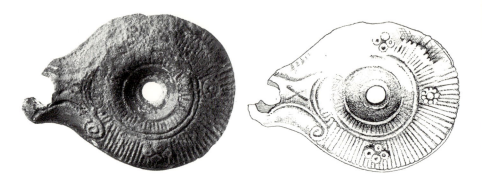

Abb. 31. Typisch nabatäische Öllampe mit strahlenförmiger Verzierung.

Jahrhundert datieren, gelten damit als überholt.[87] Das Bemerkenswerte der nabatäischen Tonwaren ist vor allem die Feinheit der Schalen und Teller. Diese haben oft eine Wandstärke von nur 1 bis 2 mm. Die Produktion von größeren Mengen dieser Eierschalenkeramik bedarf eines sehr hohen technischen Standards. Ob es Nabatäer waren oder fremde Meister, die sich auf diesem Gebiet betätigten, läßt sich heute nicht mehr feststellen. Die stilistischen und handwerklichen Merkmale dieser Produkte, zu denen auch die unverwechselbaren Ornamente gehören (Abb. 28, 29 und 30), bleiben jedoch auf den nabatäischen Raum begrenzt. Nirgendwo im gesamten Nahen Osten und im Mittelmeerraum wurde eine Keramik von vergleichbarer Güte hergestellt.

Betrachtet man die Fundstätten, wo man größere Mengen dieser Tonwaren entdeckte, so fällt auf, daß es sich hierbei überwiegend um Kultstätten handelte – wie die Akropolis von Avdat und die Theater von Petra und Elusa. Die Schalen, die dort gefunden wurden, sind relativ klein, haben einen Durchmesser von etwa 7 cm, eine nahezu halbrunde Form und keinerlei Standfläche. Sie mußten in der Hand gehalten werden und konnten nicht auf Tischen abgestellt werden. Solche Gefäße wurden für kultische Mahlzeiten verwendet und sind von einer besonderen Feinheit. Möglicherweise waren sie für den einmaligen Gebrauch bestimmt.

Auch die Bemalung dieser Tongefäße ist charakteristisch. Die aus feinen Linien bestehenden Ornamente erinnern an pflanzliche Formen und sollen Wachstum und Keimkraft zum Ausdruck bringen (Abb. 28). Menschliche Gestalten oder Tierdarstellungen fehlen vollständig, was wiederum auf die nonfigurative Tendenz in der nabatäischen Kunst verweist. Manche Muster erinnern auch an Kupferchlorid-Kristallisationen, wie sie im Laborversuch die Bildekräfte eines organischen Stoffes zur Darstellung bringen sollen.[88]

In seiner typologischen Untersuchung teilt Karl Schmitt-Korte die Muster in sieben Dekor-Schemata ein und unterscheidet bei den vorherrschenden Grundmotiven fünf Hauptgruppen.[89] An den Kirchen des Negev, die Ende des vierten Jahrhunderts und später entstanden, begegnen uns dieselben Motive in verwandelter Form in der Bauornamentik und Schwellendekoration (siehe Abb. 33 und 34). Auch bei der Herstellung von Öllampen entwickelten die Nabatäer einen eigenen Stil (Abb. 31). Die konzentrischen Linienbündel und strahlenartigen Muster, die sie aufweisen, machen sie zu typischen Repräsentanten der nabatäischen Kultur.

Die christliche Basilika

Als im Negev die ersten Kirchen gebaut wurden, lebten die Nabatäer bereits in festen Siedlungen. Zwar durchzogen noch immer Nomaden mit ihren Herden die Wüste, doch ihre Zahl wurde immer geringer. Im Umkreis der Siedlungen hatten sich bereits Hunderte von Bauern niedergelassen, die ihre Äcker bestellten und den trockenen und durchfurchten Boden der Wüste bearbeiteten. Das ständige Bemühen, Lebendiges aus der kargen Erde hervorzulocken, das harte Dasein der Land- wie auch der Stadtbevölkerung, die ständig um die Erhaltung der notwendigen Lebensgrundlagen besorgt sein mußte, brachte einen besonderen Menschenschlag hervor. Lebensformen und Bedürfnisse, die mit dem Dasein in der Wüste zusammenhängen, fanden auch auf religiösem Gebiet und nicht zuletzt in der Gestaltung des Kultraumes ihren Ausdruck. Die Kirchen des Negev gehören nicht nur zu den ältesten Bauten des Christentums, sie zeigen auch deutliche Merkmale einer eigenständigen Entwicklung.

Avraham Negev, der sich die Erforschung der nabatäischen Kultur zum Lebensinhalt machte, gab in einem persönlichen Gespräch im Jahre 1993 resignierend zu erkennen: »Der Kirchenbau im Negev spricht eine besondere Sprache. Ich verstehe sie nicht.« Was selbst dem besten Kenner auf diesem Gebiet verborgen bleibt, läßt sich allenfalls erahnen. Es ist eine Sprache, deren Sinn dem heutigen Betrachter zwar unverständlich erscheint, deren Wohlklang er aber noch immer deutlich vernimmt.

Wer die Baumeister dieser Kirchen waren, ist unklar. In einem Brief an den Konsul der Provinz Pontus schrieb der römische Kaiser Trajan: »An Architekten kann es Dir nicht fehlen. Es gibt keine Provinz, in der sich nicht tüchtige ›ingeniosos homines‹ fänden.« Gemeint sind damit Baumeister von »Genialität«. Es ist wohl der früheste Gebrauch dieses Begriffes in der Bedeutung von »Ingenieur«.[90] Die Kultgebäude der antiken Welt sind aber nicht nur das Resultat einer hochentwickelten Baukunst und -technik, sie entspringen auch einem Darinnenstehen in der Geistigkeit der betreffenden Kultur.

Im Zusammenhang mit der Tempellegende, die den Bau des ersten salomonischen Tempels in Jerusalem zum Inhalt hat, berührt Rudolf Steiner die Problematik der inneren Haltung der Tempelbaumeister in der antiken Welt. Er führt aus, daß der intuitive Zugang zu den Inhalten des Kultes zu Bauformen geführt habe, die mit der religiösen Praxis in Übereinstimmung standen. Das Freimaurertum kann als eine Fortsetzung dessen gelten, was in den Kreisen der Baumeister in alten Zeiten an spirituellem Wissen lebendig war. Diese waren in der Lage, durch ihr Werk aktiv auf die Seelenverfassung der Kultusgemeinde zu wirken.[91] Eine solche Wirkung eines Kultraumes konnte auch in Shivta erlebt werden, wo die halbrunden Apsiden zweier Kirchen noch in voller Höhe erhalten sind (Abb. 24 und 55). Kaum ein anderes Bauwerk könnte besser illustrieren, was Rudolf Steiner unter einem Heilmittel »gegen die Auszehrung der Sinne« verstand.[92]

Die Ornamentik

Die Architektur in den Städten des Negev zeugte von Beginn an von hoher Meisterschaft. Um so merkwürdiger erscheint der Gegensatz zwischen der prachtvollen Architektur und der relativ sparsamen Dekoration der Gebäude, insbesondere der Kirchen. Viele Bewohner der Städte und Angehörige der Landbevölkerung in deren Umkreis waren nicht schriftkundig.[93] Erschwerend kam hinzu, daß zu dieser Zeit drei verschiedene Sprachen in Gebrauch waren, Nabatäisch, Griechisch und im wachsendem Maße Latein. Die universale Sprache, die das Gemüt der Menschen ansprach, bestand aus Bildern und Symbolen. Bereits über den Eingängen der Kirchen begegneten dem Besucher ganze Bildsequenzen in Form von Reliefs. Auf dem Türsturz von Sakralbauten, aber auch von anderen Gebäuden, finden sich immer wieder mehrere Rosetten unterschiedlicher Art (Abb. 33 und 34). Es kann kein Zweifel bestehen, daß auch mit ihnen eine bestimmte Bedeutung verbunden war. Sie sollten beim Betreten des Kultraums eine Wandlung in der Seele des Betrachters herbeiführen.

Wie das Kirchengebäude selbst entstammen auch seine Ornamente dem vierten Jahrhundert. Zweihundert Jahre waren vergangen, seit die Produk-

Abb. 32. Vogel mit Kelch als Kapitellschmuck, Shivta (verschollen).

tion der klassischen nabatäischen Keramik eingestellt wurde. Ein Grund dafür könnte im Zusammenhang mit der Christianisierung zu sehen sein. Früher wurden keramische Gefäße in erster Linie für kultische Zwecke verwendet. In christlicher Zeit wurden jedoch keine Totenmahle mehr zelebriert. Mit dem Aufleben des frühchristlichen Auferstehungsgedankens änderten sich auch die Bestattungsriten.[94] Heilige Messe und Eucharistie mit der Transsubstantiation von Brot und Wein ersetzten den alten nabatäischen Kult. Keramische Erzeugnisse, wie sie früher in großen Mengen hergestellt wurden, fanden dabei keine Verwendung mehr. Die Motive aber, die sie schmückten, wurden übernommen und begegneten den Menschen nun als Rosetten über den Kirchenportalen.

Zu den rein ornamentalen Motiven gesellen sich nun auch einige figürliche Darstellungen, die ihre Vorbilder in der Tierwelt haben. Meist sind es Vogelgestalten. Die Taube, ein uraltes Sinnbild für die menschliche Seele, wird im Christentum zum Symbol des Heiligen Geistes. Der Pfau, der sein Gefieder ausbreitet, verweist auf die Fähigkeit des Menschen, sein Bewußtsein ins Übersinnliche zu erweitern. Die Dattelpalme, auch »Phönixbaum«

genannt, stellt die Überwindung des Todes und das Prinzip der Fruchtbarkeit auch auf geistigem Gebiete dar. Ein weiteres häufig abgebildetes Motiv ist der Fisch, insbesondere der Delphin. Letzterer lebt als Säugetier im Wasser, kann sich aber für kurze Momente darüber erheben. Dies läßt sich mit der Situation des Menschen vergleichen: Als ursprünglich geistiges Wesen lebt er in der irdischen Welt wie in einem fremden Element; er kann sich aber durch die Kraft des christlichen Glaubens wieder zur göttlichen Welt emporschwingen. In Tannur, östlich des Toten Meeres, wurden Götterdarstellungen gefunden, die von Delphinen umgeben sind.[95]

Aus Shivta stammt ein Kapitell, worauf ein Vogel abgebildet ist, der weder einer Taube noch einem Pfau gleicht (Abb. 32). Er trinkt aus einem Kelch und ist von einem mehrfach geschnürten Kranz sowie von flammenähnlichen Gebilden auf beiden Seiten umgeben. Es ist eine Darstellung des Phönix als Sinnbild für die menschliche Seele. Er erhebt sich innerhalb eines Sonnenkranzes aus der Flamme und verdankt seine Auferstehung dem Sakrament, das im Kelch dargereicht wird.

Neben solchem figürlichen Dekor findet man auch viele pflanzliche Motive auf Kapitellen und anderen Bauelementen wieder. Fruchtbarkeit und Wachstumskräfte in der Natur blieben auch in der christlich-ornamentalen Kunst ein vorherrschendes Thema. Der sparsame Gebrauch, der von dieser Bildsprache gemacht wurde, muß ihre Ausdruckskraft um so stärker zur Wirkung gebracht haben.

Die Sprache der Ornamentalkunst an nabatäischen Kirchen

Um zu einem erweiterten Verständnis nabatäischer Ornamentalkunst zu gelangen, ist ein Exkurs in eine fremde Kultur nötig, von deren befruchtendem Einfluß auf die Nabatäer bereits gesprochen wurde.[96]

Es kann nicht bezweifelt werden, daß die Nabatäer als Karawanenhändler bis nach Indien gelangten.[97] Sie brachten von dort nicht nur Handelsware, sondern auch geistige Güter mit nach Hause. Selbst im Judentum, wo man bemüht war, den Einfluß fremden Gedankenguts auf die eigene Kultur zu begrenzen, war ein Wissen von der Religion und Mystik Indiens vorhanden. Als die Festung Massada am Toten Meer, das letzte Bollwerk der aufständischen Juden gegen die Römer, kurz vor dem Fall stand, sah ihr Anführer, Eleazar Ben-Ja'ir, den einzigen Ausweg im Massensuizid von etwa zwei-

Abb. 33. Balken mit Rosetten, 110 x 30 cm, Shivta.

tausend Menschen, die sich dorthin geflüchtet hatten. Er zog es vor, als freier Mensch im Reich der Toten anstatt als Sklave unter den Römern zu leben. Dabei berief er sich auf das Vorbild der Inder und ihrer religiösen Überzeugung. Josephus Flavius gibt seine Worte wieder:

»Und suchen wir wahre Zeugen unter den Fremden, lasset uns die Wege der Menschen Indiens betrachten, die ihr ganzes Leben der Weisheit widmen. Diese weisen Menschen tragen ihr Leben ohne Lust, da ihr Dasein ihnen wie eine Strafe des Himmels vorkommt, und ihr Begehren ist es, die Seelen aus der Gefangenschaft des Leibes zu befreien.«[98]

Im sechsten Jahrhundert v. Chr., also zur selben Zeit, als die Nabatäer vermutlich den Negev besiedelten, lehrte Buddha in Indien einen neuen Erkenntnisweg, auf dem der Mensch zu einer Schau des Übersinnlichen gelangen sollte. Auf jeder Stufe der Erkenntnis wurde er befähigt, jene Organe, die ihm zur Wahrnehmung des Übersinnlichen verhelfen, von einem Ruhezustand in Bewegung zu versetzen. Dies findet seinen symbolischen Ausdruck im Motiv des Sonnenrades, das um die Zeitenwende auch auf nabatäischer Keramik (siehe Abb. 29 und 30) und im vierten Jahrhundert an den Kirchen im Negev erscheint (siehe Abb. 33 und 34).[99]

Am Gebälk vieler Monumente Petras kann man Metopen erkennen, die damals noch »blind« oder, besser gesagt, »stumm« waren (Abb. 18 und 19). Oberhalb der Eingänge zu den Kirchen kehren sie in abgewandelter Form wieder und beginnen nun zu »sprechen« (Abb. 33 und 34). Es sind jeweils drei oder vier Rosetten darauf zu sehen, die auch als Siegel bezeichnet werden können. Neben Tiergestalten, die zwischen den Siegeln oder auch über und unter ihnen abgebildet sind, finden sich häufig auch Darstellungen der Rebe. Dies ist ein deutliches Merkmal für die radikale Wandlung des nabatäischen Weltbildes. Ihre symbolische Bedeutung für das Christentum bedarf keiner weiteren Erklärung. Galt der Genuß von Wein früher als Delikt, so stand er nun im Zentrum der kultischen Praxis.

Abb. 34. Balken über dem Eingang zur Südkirche von Shivta.
Das Original wurde 1995 durch Vandalismus zerstört.

In den meisten Fällen stellt die erste Rosette von links ein Blattmotiv dar (Abb. 34). Sechs Blätter befinden sich in einem Ruhezustand. Die sechsblättrige Rosette ist eine Variante des Christusmonogramms,[100] sie kann aber auch als Sinnbild jenes Organs betrachtet werden, das in der indischen Tradition als »Lotosblüte« bezeichnet wird und die Wahrnehmung des Übersinnlichen ermöglicht. Als mittleres Emblem erscheint das Kreuz, von einem Sonnenring umgeben, daneben die Buchstaben Alpha und Omega, der Anfang und das Ende. Rechts davon befindet sich eine Wirbelrosette, deren Blätter sich zu drehen scheinen. Alle diese drei Rosetten werden durch ein Lemniskatenband miteinander verbunden.

Eine andere Abfolge solcher Siegel beginnt links mit einer Säule (Abb. 33). Sie symbolisiert den aufrecht stehenden Menschen. Als nächstes folgt eine ruhende Rosette, danach eine zweite, die stärker differenziert ist. Rechts davon befindet sich ein Torbogen mit einem Kreuz darunter, das vermutlich in arabischer Zeit beschädigt wurde. Den Abschluß bildet eine Wirbelrosette.

In ähnlicher Weise wiederholt sich diese Motivfolge auch auf anderen Darstellungen: ein ruhendes Blattmotiv verwandelt sich zur Wirbelrosette. Was könnte diese Bildfolge dem Betrachter sagen?

... du nahst dich dem Altar, dem Sakrament. Was sich dort als Transsubstantiation vollzieht, geschieht auf der Ebene der Lebenskräfte, mit denen wir seit Jahrhunderten verbunden sind, die schon auf den Kultgefäßen unserer Vorfahren abgebildet waren. Es sind die Kräfte in der Natur, die wir beherrschen lernten, die uns das Leben in der Wüste ermöglicht haben. Du nahst dich nun dem Sakrament; noch schaust du nicht hinüber in das Geisterland, wie es unsere Ahnen schauten. Schreite jetzt durch den christlichen Kult! Der Herr wird deinen Sinn für den Geist erwecken, durch den du ihn wahrnehmen wirst.

Vielleicht war es dies, was die Chiffrenschrift über den Eingängen beim Betreten der Kirchen in den Tiefen der Seele wachrief. In dieser Weise stand die Kunst im Dienste der *religio*, des Wiederverbindens des Menschen mit seinem geistigen Ursprung.

5.
VOM NOMADENSTAMM ZUM BAUERNVOLK

Wenn sich ein relativ kleiner Nomadenstamm innerhalb weniger Jahrhunderte in einem lebensfeindlichen Landstrich wie dem Negev zu einem der wohlhabendsten Völker der Antike entwickeln konnte, so erscheint dies nicht weniger rätselhaft als andere Leistungen auf kulturellem Gebiet, an denen die nabatäische Geschichte so reich ist. Einer der wichtigsten Gründe für diesen Wohlstand dürfte in der Entwicklung einer reinen »Friedenswirtschaft« zu sehen sein. Kriegsführung mit all ihren Begleitumständen war den Nabatäern verhaßt. Sie unterhielten zwar eine gut ausgebildete Armee, setzten diese aber nur im Notfall ein und versuchten stets, einer drohenden militärischen Auseinandersetzung aus dem Weg zu gehen.

Die Wüste als Lebensraum

Schon in der frühesten Erwähnung der Nabatäer in der von Diodor überlieferten Beschreibung aus dem Jahre 312 v. Chr. (siehe S. 41) finden sich wertvolle Hinweise, die über die wirtschaftlichen Verhältnisse bei den Nabatäern Auskunft geben:

»Ein Teil der Nabatäer züchtet Kamele, ein anderer Teil züchtet Schafe, die in der Wüste weiden. Unter allen arabischen Hirtenstämmen sind die Nabatäer die wohlhabendsten, wenn auch ihre Zahl nicht mehr als zehntausend beträgt. Viele von ihnen führen teure Gewürze, Myrrhe und Weihrauch aus *Arabia eudaemon* an die Küste des Meeres.«[101]

Nun folgt eine Beschreibung der Technik, wie sie zur Grabung von Zisternen und zur Tarnung derselben angewandt wurde. Strabo erwähnt, daß es im ganzen Land keine Pferde gab. An ihrer Stelle wurden Kamele als Reit-

und Lasttiere eingesetzt.[102] Dies sollte sich später ändern. Weiter heißt es in Diodors Bericht: »Ihre Herden tränken sie jeden dritten Tag, so daß sie in wasserlosen Gegenden und im Falle der Flucht nicht immerzu Wasser nötig haben. Ihre Nahrung besteht aus Milch und Fleisch, und sie ernähren sich auch von Pflanzen, die dort wild wachsen. Es wächst nämlich bei ihnen der Pfeffer und auf Bäumen viel sogenannter Baumhonig, den sie mit Wasser vermischt trinken.«

Die Dinge des täglichen Lebens, Nahrung und das Material zur Herstellung ihrer Kleidung und ihrer Zelte, lieferten die Herden. An den Ufern des Toten Meeres befinden sich mehrere Oasen. Aus den Früchten der dort wild wachsenden Dattelpalme wurde »Baumhonig« gewonnen.

Die gesamte nabatäische Kulturentwicklung stand unter dem Einfluß der Wüste. Bevor diese preisgibt, was der Mensch zum Überleben benötigt, setzt sie strengste Anforderungen in bezug auf die Fähigkeiten und die Willenskraft ihrer Bewohner. Überall, wo man bei anderen alten Kulturen auf einen ausgeprägten materiellen Wohlstand trifft, geht ihm ausnahmslos eine lange Periode der Seßhaftigkeit voran, und stets wird er von einer herangereiften Kultur begleitet. Nicht so bei den Nabatäern: Hier hat ein Stammesverband die Tradition des Nomadentums weitgehend bewahrt und dennoch einen solchen Wohlstand erworben, daß er in der antiken Geschichtsschreibung immer wieder hervorgehoben wird. Ganz im Gegensatz zu anderen Völkern führte Reichtum bei ihnen keineswegs zur geistigen Dekadenz. Getragen von einer florierenden Wirtschaft konnte ihre Kultur erst richtig aufblühen. Das Verwandeln der Wüste in fruchtbares Ackerland war nicht nur eine tragende Säule des materiellen Wohlstands, ohne den eine Hochkultur in dieser Umgebung nicht hätte entstehen können. Es entwickelte sich daraus auch eines ihrer Grundmotive – das Hervorbringen des *Lebendigen* als höchste Form der Kunst.

Weihrauch, Myrrhe, Asphalt – die Quellen des nabatäischen Reichtums

Seinen Schilderungen vom Versuch der Diadochenherrscher, das Land der Nabatäer dem griechischen Imperium einzuverleiben, fügt Diodor eine Beschreibung des Toten Meeres bei.[103] In diesem Zusammenhang wird auch der Asphalt erwähnt, der dort in bestimmten Abständen aus der Tiefe an die Wasseroberfläche emporsteigt. Unter einem großen Aufgebot an Helfern begaben sich die Nabatäer auf Dreimannflößen aufs Wasser, um ihn zu bergen.

»Den Barbaren [so werden hier die Nabatäer genannt] ist das Erdpech einträglich, indem sie es nach Ägypten ausführen, wo man es zum Einbalsamieren der Toten kauft; denn ist dieses nicht den aromatischen Stoffen beigemischt, so ist die Konservierung der Körper nicht dauerhaft.«[104]

Diese wenigen Andeutungen tragen dazu bei, das Bild der frühen nabatäischen Zeit, wie es sich aus den typischen Merkmalen des Nomadendaseins ergibt, um einige charakteristische Besonderheiten zu ergänzen. Drei Substanzen waren es, die zu einem sowohl materiellen als auch geistigen Reichtum führten: der Asphalt, der aus dem Toten Meer gewonnen wurde, daneben Weihrauch und Myrrhe. All dies sind Stoffe, die dort Verwendung fanden, wo sich Leben und Tod an der Schwelle zur geistigen Welt begegneten. So paradox es auch erscheinen mag: gerade das Volk der Nabatäer, das sich durch eine außerordentliche Vitalität auszeichnete, wurde in der gesamten antiken Welt zum Hauptlieferanten für Substanzen, die für religiöse Zwecke im Zusammenhang mit dem Totenkult benötigt wurden. Das Einbalsamieren eines Leichnams in Ägypten konnte nicht ohne den Asphalt des Toten Meeres erfolgen. Weihrauch und Myrrhe waren Opfersubstanzen, die seit Urzeiten auf den Altären alter Kulturen das Aufsteigen der menschlichen Gebete zur Gottheit begleiteten. Erst mit der zunehmenden Dekadenz der römischen Zivilisation dienten sie auch der Befriedigung profaner Bedürfnisse, die nicht selten in Luxus und Ausschweifung mündeten. Mit ihrer Hilfe wurden kosmetische Produkte hergestellt, die in den Badeanstalten Verwendung fanden. Auf ein ähnliches Symptom für den kulturellen Niedergang der römischen Zivilisation wurde bereits im Zusammenhang mit der Verwendung von Triklinien hingewiesen, und auch die römischen Thermenanlagen sind eine Einrichtung, deren Herkunft auf die kultische Taufe zurückgeht.

Weihrauch (Boswellia carteri) und Myrrhe (Commiphora abyssinica) werden aus Pflanzen gewonnen, die in Südarabien heimisch sind. Nach dem Einritzen ihrer Äste tritt daraus ein Pflanzensaft hervor, der sich an der Luft zu Harz verdickt. Das darin enthaltene ätherische Öl entweicht bei Erwärmung und entfaltet dabei seinen typischen Duft. Die tief religiöse Haltung, die schon mit dem Anbau dieser Pflanzen verbunden war, geht aus den Worten von Plinius hervor, mit denen er die Gewinnung dieser Substanzen schildert.[105] Sabas damaliges Hauptanbaugebiet für Weihrauch hieß *Sariba*. Plinius gibt uns Auskunft über die Bedeutung dieses Namens: *hoc significa-*

re *Graeci mysterium dicunt* – »was nach Ansicht der Griechen ›Mysterium‹ bedeutet«.

Nur dreitausend Familien war der Anbau der kostbaren Harze und der Handel mit ihnen gestattet. Dieses Recht wurde stets auf die Nachkommen vererbt. Die Ernte wurde zweimal jährlich eingebracht. Während der Erntezeit war es ihnen nicht erlaubt, sich in Gesellschaft von Frauen zu begeben oder an Bestattungszeremonien teilzunehmen. Für die Sabäer war der Anbau und die Verarbeitung dieser Stoffe von sakraler Bedeutung. Der Weihrauch wurde von den Feldern durch ein bestimmtes Tor in die Hauptstadt Sabota gebracht, wo ein Zehntel der Ware den Priestern übergeben wurde. Vorher durfte sie nicht in den Handel gelangen. Nach einigen zeitgenössischen Berichten war der Weihrauch in den Wäldern Gemeingut, und der Jahresertrag wurde brüderlich unter der Bevölkerung verteilt. Die Wälder blieben stets unbewacht, und kein Dieb hätte es gewagt, sich an den kostbaren Harzen zu bereichern. Völlig andere Verhältnisse herrschten dagegen am anderen Ende der Weihrauchstraße, in Alexandrien. Dort konnte die Wache nicht zahlreich genug sein, um die Lagerstätten zu sichern.

Der Karawanenhandel und seine Organisation

Die Nabatäer werden von Plinius als Händler, die Myrrhe und Weihrauch zu den Häfen des Mittelmeers transportieren, nicht ausdrücklich erwähnt. Seine Berichte beziehen sich ausschließlich auf die Gewinnung der Harze. Und doch findet sich in seiner *Naturgeschichte* eine im Hinblick auf die Nabatäer sehr aufschlußreiche Bemerkung. Der Weg von Thomna im Lande der Gebbaniter am Rande Sabas, wo der eigentliche Karawanenweg begann, war in fünfundsechzig Tagesetappen unterteilt (siehe Karte 6). Eine Karawane legte den Weg von Südarabien zum Mittelmeer in neun bis zehn Wochen zurück. Nach der Erntesaison waren viele dieser Karawanen unterwegs. Im Abstand von je einem Tagesmarsch gab es Stationen, wo Menschen und Tiere sicher übernachten konnten. Plinius nennt die Kosten, die unterwegs für Wasser, Futter und Unterkunft entrichtet werden mußten, und er beziffert auch den Wert der mitgeführten Waren. Der Pfundpreis für Weihrauch muß demnach abhängig von seiner Qualität drei, fünf oder sechs Dinar betragen haben. Myrrhe wurde zwischen 3 und 50 Dinar gehandelt. Ein Kamel mit einem Eigengewicht von 350 bis 600 kg kann eine Last von bis zu 300 kg tragen.[106] Eine Karawane, die 50 Kamele zählte, konnte demnach Ware mit einem Gesamtwert von über einer Million Dinar mit sich führen. Eine Fracht von solch hohem Wert mußte natürlich streng bewacht werden. Dazu wurden nicht nur Karawansereien errichtet, es wurde eigens eine Truppe aufgestellt, die mit dem Schutz der Handelswege beauftragt war.

Das Kamel bewährte sich in der Wüste als ideales Lasttier. Es ist genügsam und benötigt während der Winterzeit kein Wasser, da ihm die Feuchtigkeit ausreicht, die im Gras enthalten ist. Es hält hohen Temperaturen stand, und es kann ohne Schwierigkeiten Wege begehen, die von einem Esel oder Pferd nicht zurückgelegt werden können. Es ist anzunehmen, daß die Karawanenstationen, von denen Plinius spricht und die zum Teil durch archäologische Grabungen bekannt sind, auch der Kamelzucht dienten. Für einen regen Handel mußten ständig genügend Frachttiere zur Verfügung stehen. Die Aufzucht von Kamelen dürfte somit ein weiterer bedeutender Wirtschaftsfaktor im Leben der Nabatäer gewesen sein.

Der Karawanenhandel und die kultische Bedeutung, die der Anbau von Weihrauch und Myrrhe im südlichen Arabien hatte, könnten die Gründe dafür gewesen sein, daß sich immer mehr Auswanderer aus Saba nach und nach entlang der Karawanenroute ansiedelten. Sie könnten die Pioniere der nabatäischen Kultur im Negev gewesen sein. Nach der Zerstörung des Tempels von Jerusalem im Jahre 586 v. Chr. flaute der Bedarf an Myrrhe und Weihrauch vorübergehend ab. Doch mit der Verbreitung des Hellenismus im vierten Jahrhundert v. Chr. öffneten sich die Märkte erneut, und in der gesamten antiken Welt entwickelte sich eine starke Nachfrage nach diesen kostbaren Stoffen.

Abwendung vom Nomadentum und beginnende Seßhaftigkeit

Das Aufrechterhalten der Verbindung zur Heimat ihrer Vorfahren, die wirtschaftliche, aber auch religiös-geistige Aspekte hatte, könnte für die Nabatäer ein entscheidendes Motiv gewesen sein, bis ins erste Jahrhundert v. Chr. am Nomadendasein festzuhalten. Der Prozeß ihrer Ansiedlung begann erst in einer Zeit, als unter der Bevölkerung bereits ein beachtlicher Wohlstand verbreitet war. Die Römer erwarben Weihrauch und Myrrhe nun überwiegend zu profanen Zwecken. Dadurch stieg die Nachfrage, was für die Nabatäer eine enorme Umsatzsteigerung hätte bedeuten können.

Doch die Entwicklung nahm einen anderen Verlauf. Im Jahre 108 n. Chr., unmittelbar nach dem Tod des nabatäischen Herrschers Rabel II., ließ der römische Kaiser Trajan einen neuen Handelsweg anlegen, die *Via Traiana Nova* (siehe Karte 3). Nun führte die wichtigste Handelsroute nicht mehr unmittelbar durch den Negev, sondern nahm den Umweg über das transjordanische Gebirge.

Oft wird darin der eigentliche Grund gesehen, weshalb die Nabatäer den Karawanenhandel aufgaben und sich anderen Tätigkeiten zuwandten. Betrachtet man jedoch die zahlreichen Anomalien der nabatäischen Kultur, erscheint diese Erklärung allzu einfach. Wir wollen daher noch eine andere Möglichkeit in Erwägung ziehen. Durch die Verwendung von Weihrauch und Myrrhe für kosmetische Zwecke mißachteten die Römer die religiösspirituelle Bedeutung, die diesen Substanzen bei den Nabatäern zukam. Für ein Volk, bei dem Myrrhe und Weihrauch vor dem Hintergrund einer uralten Tradition ausschließlich dem Kult vorbehalten waren, mußte der in ihren Augen blasphemische Umgang mit diesen Stoffen als ein unverzeihliches Sakrileg betrachtet werden. Wäre es verwunderlich, wenn sie aus diesem Grund die Lieferung verweigert und sich aus dem Handel zurückgezogen hätten? Geht man von der Möglichkeit eines solchen Boykotts aus, wären die Römer in der Tat gezwungen gewesen, unter Umgehung des nabatäischen Raums einen eigenen Handel aufzubauen, um den immer noch wachsenden Bedarf zu decken.

Die nabatäische Wirtschaft erlebte in dieser Zeit während des ersten Jahrhunderts n. Chr. eine deutliche Talfahrt. Dies läßt sich insbesondere aus dem Silbergehalt ihrer Münzen ablesen. In der zweiten Hälfte des ersten Jahrhunderts sank er auf 20%. Dies ist der niedrigste Edelmetallgehalt einer Münze in der Geschichte der nabatäischen Münzprägung[107] und kann als zuverlässiger Indikator für die bestehende wirtschaftliche Situation betrachtet werden.

Das Christentum und seine Bedeutung für die wirtschaftliche Entwicklung

Je mehr das Christentum um sich griff, je mehr Menschen mit seinen Inhalten in Berührung kamen, desto stärker trat ein neuer Wesenszug der Negevbevölkerung in den Vordergrund. Man könnte ihn als »Erdenreife« bezeichnen. Die Inbesitznahme von Land, die Gründung von festen Siedlun-

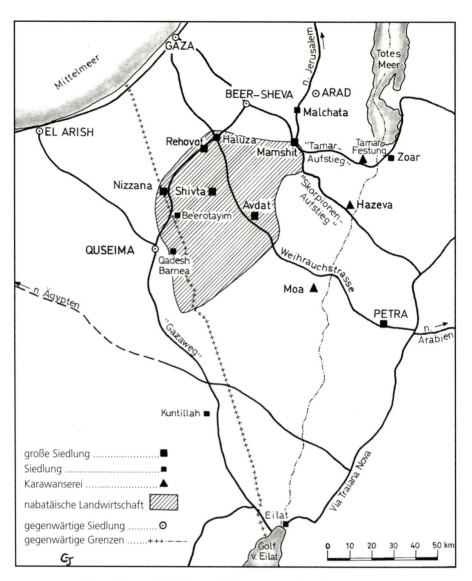

Karte 3. Wege und Siedlungen im Negev in römisch-nabatäischer Zeit.

gen und die damit verbundene Seßhaftigkeit sind die deutlichsten Anzeichen dafür. Dauerhafte Baumaterialien wurden nun verwendet; Wohnhäuser aus Stein wurden gebaut. Auch die Landwirtschaft wurde weiterentwickelt, und man begann mit der Pferdezucht.

Nach Strabos Bericht gab es noch im ersten Jahrhundert v. Chr. im Land der Nabatäer keine Pferde.[108] Nun aber nimmt eine bedeutende Pferdezucht ih-

Abb. 35. Pferdekopf aus Ton, Avdat.

ren Anfang. Die Pferdeställe, wie es sie in allen Städten des Negev gab, sind zum Teil noch heute zu besichtigen (Abb. 36). Auf Luftaufnahmen von Oboda (Avdat) läßt sich im Nordosten der Stadt ein kraterähnliches Gebilde erkennen. A. Negev sieht darin einen Reitplatz, der zur Dressur genutzt wurde. Die arabischen Vollblüter, die bis heute als eine der edelsten Pferderassen geschätzt werden, gehen auf eine nabatäische Züchtung zurück.[109] Die Erdenreife hat in diesem Zusammenhang sowohl eine wörtliche wie auch eine übertragene Bedeutung. Das Pferd wird in den alten Kulturen immer dann zum Gefährten des Menschen, wenn eine Erdenreife auch auf der Bewußtseinsebene stattgefunden hat. Ein deutliches Beispiel dafür sind die Indianer Nordamerikas, die erst von den Europäern die Nutzung des Pferdes, insbesondere seine Verwendung als Reittier, kennenlernten. Bei den Nabatäern wurde die Pferdezucht vom ersten Jahrhundert an zum zentralen Wirtschaftsfaktor und blieb es bis zum Ende des Bestehens ihrer Kultur.

Das Aufkeimen der Landwirtschaft und die Kunst der Bewässerung

Im ersten Jahrhundert der nachchristlichen Zeitrechnung verzichteten die Nabatäer endgültig auf das Nomadendasein und verabschiedeten sich damit von einer jahrhundertealten Tradition. Während das Bauen von Häusern, das Pflanzen von Bäumen oder das Trinken von Wein bisher unter Strafe standen und oft sogar als todeswürdige Verbrechen verfolgt wurden, versuchte man nun alles, um der Wüste das äußerste an Fruchtbarkeit abzuge-

Abb. 36. Pferdestall, Shivta.

winnen. Auch bei diesem Schritt kommt die bereits bekannte nabatäische Anomalie zum Vorschein: Eine neue, unerwartet auftretende Kulturphase brachte scheinbar ohne zwingende Notwendigkeit eine hochentwickelte Landwirtschaft hervor, bei der sich für den heutigen Beobachter wiederum keine primitiven Vorstadien erkennen lassen und die sich scheinbar von Beginn an auf höchstem Niveau entfaltete.

Die Hochebene, die der Negev bildet, nimmt klimatisch eine Sonderstellung gegenüber anderen Wüstengebieten der Erde ein. In den angrenzenden Trockengebieten auf der Sinai-Halbinsel und in der arabischen Wüste kommt es nur unregelmäßig zu Regenfällen. Im Negev hingegen, dessen Erhebungen zum Teil eine Höhe von 900 m über dem Meeresspiegel überschreiten, kann man dagegen mit einer konstanten jährlichen Niederschlagsmenge von durchschnittlich 100 mm im Jahr rechnen[110] – eine der Grundvoraussetzungen für eine landwirtschaftliche Nutzung. Der Regen fällt jedoch ausschließlich in den Wintermonaten, auf die eine lange Trockenperiode folgt. Das Erdreich ist schwer und fruchtbar. Ausgedörrt durch

Abb. 37. Nabatäischer Staudamm, hinter dem sich die fruchtbare Erde sammelt.

die Hitze des Sommers vermag der dichte Lößboden (siehe Abb. 38) aber nur einen sehr geringen Teil der jährlichen Regenmenge aufzunehmen und zu speichern. Diese Bodenbeschaffenheit ist auch der Grund für die in den Wintermonaten auftretenden Überschwemmungen. Wird die Erde nicht vom Menschen bearbeitet, wird ihre Oberfläche nicht ständig aufgelockert, versickert nur ein geringer Teil des Wassers. Der Rest fließt in den Trockenbetten der Wadis, von denen das Gelände durchfurcht ist, rasch ab und wird zum Toten Meer oder ins Mittelmeer abgeleitet (Karte 5). Jedes Jahr wiederholen sich die Berichte von ahnungslosen Touristen, die sich in den Wintermonaten im Negev aufhalten, von der einsetzenden Flut überrascht werden und dabei in lebensgefährliche Situationen geraten.

Neben der Fruchtbarkeit des Bodens und den klimatischen Bedingungen waren vor allem das Wiederaufleben alter sabäischer Traditionen, eine überaus gute Kenntnis der Naturprozesse und menschlicher Fleiß die Voraussetzungen für die erstaunliche Umwälzung, die mit der Entwicklung der Landwirtschaft im ersten Jahrhundert stattfand. Am Anfang stand mit

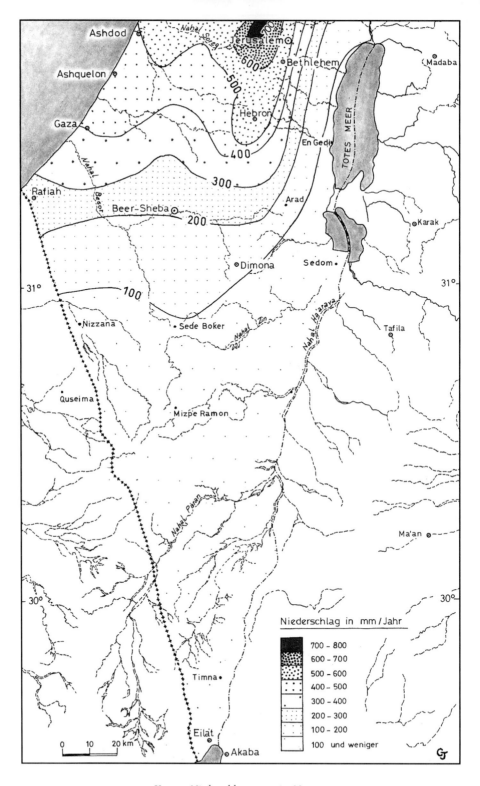

Karte 4. Niederschlagszonen im Negev.

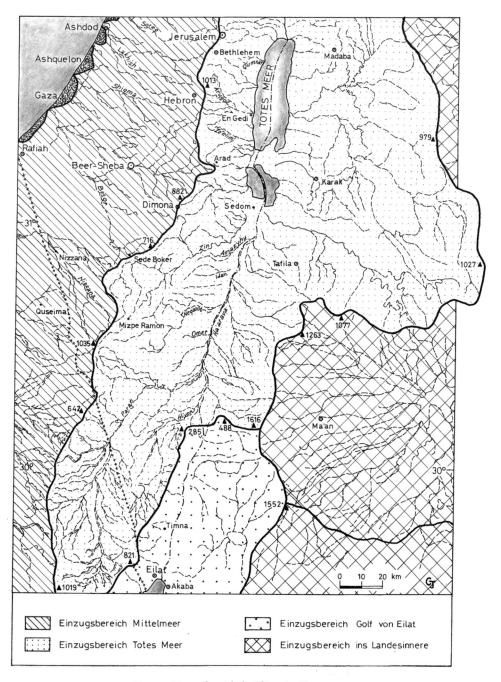

Karte 5. Einzugsbereich der Flüsse im Negev.

Abb. 39. Nabatäische Bewässerungsanlage in der Nähe von Shivta. Sie wurde in den 50er Jahren von M. Evenari instandgesetzt und bepflanzt. Die Bäume tragen noch heute Früchte, obwohl sie ausschließlich durch das nabatäische Kanalsystem bewässert werden.

Abb. 40. Nabatäischer Staudamm bei Mamshit.

◄ Abb. 38. Risse im Lößboden, wie sie im Negev während der Trockenperiode entstehen.

größter Wahrscheinlichkeit der Anbau von Gerste als Futtermittel für die immer bedeutender werdende Pferdezucht. Innerhalb weniger Jahre hatten sich die Agrarflächen auf schätzungsweise 3 500 km² ausgedehnt.[111] Man muß sich dabei vergegenwärtigen, daß ein bis zu dreißigmal so großes Gebiet wie die tatsächliche Anbaufläche mit einem System von Kanälen versehen werden mußte, um das urbar gemachte Ackerland ausreichend zu bewässern. Somit waren über 100 000 km² von Menschenhand bearbeitet worden.

Es gab eine Vielzahl von Methoden, um die großen Wassermengen, die zwar vorhanden waren, aber nur innerhalb weniger Tage im Jahr als reißende Ströme vorüberzogen, aufzufangen und zurückzuhalten. Dämme wurden errichtet (Abb. 40) und Kanäle wurden gegraben, die das Wasser über die Felder leiteten. Die Anbauflächen waren terrassenartig angelegt, so daß das überschüssige Wasser von der einen Terrasse auf die darunterliegende abfließen konnte (Abb. 39). So wurde aus der reißenden Flut ein langsames und konstantes Fließen, das, anstatt die fruchtbare Erde mit sich zu reißen, sie hinter den Dämmen zurückhielt und von Jahr zu Jahr vermehrte (Abb. 37). Viele der damals angewandten Bewässerungsmethoden sind bisher leider nur unzureichend erforscht. Die herkömmliche Archäologie interessiert sich zu wenig für landwirtschaftliche Arbeitsweisen, die Geographen und Botaniker hingegen nehmen nicht genügend Rücksicht auf Datierungsfragen bei der Auswertung archäologischer Funde. Deshalb herrschen über manche Phänomene in der Fachwelt oft sehr unterschiedliche Meinungen.[112]

Landwirtschaftliche Erzeugnisse und Anbaumethoden

Nun stellte sich natürlich auch die Frage, welche Pflanzen unter den gegebenen Bedingungen überhaupt gedeihen konnten. Neben Weideland und Getreidefeldern gab es besonders in der Umgebung der größeren Siedlungen zahlreiche Obst- und Gemüsegärten, die einen Großteil der benötigten Nahrung lieferten. Am Rande der Wadis, die in unmittelbarer Nähe der Siedlungen verlaufen, wurden Obstplantagen angelegt. Vieles deutet jedoch darauf hin, daß der größte Zweig der nabatäischen Landwirtschaft – insbesondere seit dem vierten Jahrhundert – der Weinbau war, der sich offenbar zu einer der bedeutendsten Einkommensquellen der einheimischen Bevölkerung entwickelte. Reben wurden an den flacheren Hängen, die zu den Wadis abfielen, angebaut. An mehreren Stellen wurden die Steine, die den Wüstenboden bedecken, gesammelt und in regelmäßigen Abständen aufgeschichtet. Diese Felder, die sich oft auf einer Fläche von mehreren Hektar ausdehnten, werden von den Beduinen bis heute als »Traubenhügel« bezeichnet (Abb. 41). Die Steinhaufen haben einen Durchmesser von etwa 1,50 m und sind ca. 80 cm hoch. Über ihre genaue Funktion sind sich die Wissenschaftler bis heute nicht einig. Übereinstimmung besteht bisher nur darin, daß es sich mit größter Wahrscheinlichkeit um Anlagen zum Anbau von Reben gehandelt habe. Der einzige Ort, wo man ähnliche Gebilde gefunden hat, liegt im Wadi Hadramaut am Rande des alten Saba.[113] Dies ist ein weiterer Hinweis auf den Ursprung der Landwirtschaft im Negev, die noch einer gründlicheren Erforschung bedarf.

Auch angesichts der hochentwickelten Technik, die eine Landwirtschaft in der Wüste erst ermöglicht hatte, darf nicht übersehen werden, daß nur durch unendlichen Fleiß, durch eine aufwendige Bearbeitung des Bodens von Menschenhand solche Erfolge erzielt werden konnten. Ausgedehnte Flächen wurden als Auffanggebiete für das Regenwasser genutzt. Bei der Herstellung und Ausbesserung von Bewässerungsanlagen war eine strenge Gesellschaftsordnung von großer Bedeutung. Enorme Bodenbewegungen waren notwendig, bis ein funktionierendes Bewässerungssystem vollendet war. Und auch die Wartung der Dämme, Kanäle, Reservoirs und Zisternen konnte nicht alleine in privater Initiative erfolgen. Aus den Papyri von Nessana ist eine Liste von Bewohnern Shivtas bekannt, die turnusgemäß die städtischen Wasserreservoire zu säubern hatten. Die gesamte Einwohnerschaft einer Stadt war gemeinsam für die Erhaltung dieser lebensnotwendigen Einrichtungen verantwortlich.

Der Weinbau als Hauptertragsquelle

Aus historischen Quellen wissen wir, daß die Entwicklung der Landwirtschaft, die nun im Negev heimisch wurde, mit der Ausbreitung des Christentums zusammenfällt. Sie begann kurz nach der Zeitenwende, erreichte im vierten und fünften Jahrhundert ihre Blüte, bevor sie sich wieder zurückentwickelte und im achten Jahrhundert ihr Ende fand. Der Übergang vom Nomadentum und dem Handel mit Weihrauch und Myrrhe zur Seßhaftigkeit und dem Anbau von Wein und anderen landwirtschaftlichen Pro-

Abb. 41. Luftaufnahme der sogenannten Traubenhügel (Tuleilat al-Anab) bei Shivta.

dukten und die Hinwendung zum Christentum sind radikale Einschnitte in der nabatäischen Kulturentwicklung, die sich jedoch in absoluter Harmonie vollziehen konnten. Über einen Zeitraum von tausend Jahren belieferten die Nabatäer und die hinzugekommenen Stämme die westliche Welt mit Produkten, die für den Kult von herausragender Bedeutung waren: Weihrauch, Myrrhe und schließlich Wein, wie er bereits beim Ursakrament in Jerusalem, das von Abraham und Melchisedek zelebriert wurde, eine Rolle spielte (1Mo 14,18).

In Oboda, Elusa und Shivta hat man die Überreste riesiger Weinpressen entdeckt (Abb. 43). Sie müssen von einer großen Zahl von Weinbauern gemeinschaftlich genutzt worden sein. Allein in Shivta gab es drei große Anlagen dieser Art. Der Weinanbau mußte ein Ausmaß angenommen haben, das die Errichtung von Gemeinschaftspressen rechtfertigte. Andere Konstruktionen für landwirtschaftliche Zwecke wie etwa Ölmühlen bleiben in ihrer Größe weit dahinter zurück. Während der sommerlichen Weinlese konnten allein in Shivta Tonnen von Trauben zu Most gestampft werden. Der Wein von Elusa hatte einen ausgezeichneten Ruf und wurde im Schrifttum des byzantinischen Zeitalters immer wieder gerühmt.

Abb. 42. Beduinenfrau vom Stamm der Bedu beim Herstellen von Butter, Petra.

Das Ende der nabatäischen Kultur

Die islamische Invasion im Jahre 638 löste eine Auswanderungswelle aus, die schließlich das Ende der nabatäischen Kultur herbeiführte. Immer mehr Menschen verließen den Negev. Das Christentum wurde nicht mehr geduldet, die Steuern waren so sehr gestiegen, daß es sich nicht mehr lohnte, weiterhin Landwirtschaft zu betreiben. Bereits hundertundfünfzig Jahre später war die Bevölkerungszahl so weit zurückgegangen, daß sich die Wüste gegenüber einer siebenhundert Jahre währenden Zivilisation wieder durchgesetzt hatte. Nur noch steinerne Überreste geben Zeugnis von ihrer einstigen Existenz. Über Jahrhunderte blieben die Ruinen nabatäischer Siedlungen unberührt, wurden weder überbaut noch durch Menschenhand beschädigt und präsentieren sich daher der modernen Forschung heute in einem vergleichsweise guten Erhaltungszustand. Nur wenige Menschen blieben in der Region zurück und führten wieder ein ähnliches Leben als Nomaden wie schon ihre Vorfahren, die vor mehr als tausend Jahren in den Negev einzogen. Niemand kümmerte sich mehr um die vorhandenen Bauwerke und landwirtschaftlichen Anlagen, die nun dem langsamen Verfall

Abb. 43. Teilweise rekonstruierte Weinpresse, Avdat. Ähnliche Einrichtungen finden sich auch in anderen Städten des Negev.

preisgegeben waren. Doch einige der Traditionen aus nabatäischer Zeit haben sich im Brauchtum und in den Lebensgewohnheiten heutiger Beduinen, die noch immer im Negev, auf dem Sinai und in Südjordanien leben, erhalten. Viele Namen aus alter Zeit wurden von ihnen vor dem endgültigen Vergessen bewahrt. Ihre Kenntnis erleichterte das Entschlüsseln so mancher Rätsel, vor denen die Gelehrten standen, als sich die moderne Forschung den einmaligen Erscheinungen der nabatäischen Kultur zuzuwenden begann.

6.
NABATÄER UND JUDÄER – DIE GEGENSÄTZLICHEN NACHBARN

Das hebräisch-judäische und das nabatäische Volk wurden bisher immer nur auf wirtschaftlicher oder machtpolitischer Ebene einander gegenübergestellt. Ohne diese Aspekte zu vernachlässigen, soll hier nun ein Versuch unternommen werden, insbesondere ihre Lebensweise und Volksmentalität zu vergleichen. Nicht nur die räumliche Nachbarschaft beider Völker legt einen solchen Vergleich nahe. Bedeutende Wesenszüge der einen Kultur erscheinen bei der anderen oft in genau entgegengesetzter Weise und geben schon deshalb Anlaß zu einem Vergleich ihrer völlig konträren Wesensmerkmale. Aussagen, die in bezug auf die eine gemacht werden können, treffen für die andere oft in ihrer genauen Umkehrung zu. Vieles, womit sich die einen beschäftigen, versuchen die anderen zu vermeiden; was die einen an fremden Einflüssen aufnehmen, weisen die anderen von sich. Neben der bloßen Betrachtung historischer Fakten soll daher auch versucht werden, Wesenszüge der Nabatäer dadurch zu verdeutlichen, daß ihnen ihr judäisches Gegenbild gegenübergestellt wird.

Schrifttum und Traditionspflege

Wie schon erwähnt, sind uns mit Ausnahme zahlreicher Inschriften kaum schriftliche Dokumente der Nabatäer bekannt. Unter den Forschern besteht immer noch die Hoffnung, daß nabatäische Urkunden an heute noch unbekannten Orten auf ihre Entdeckung warten, ähnlich wie bei den Schriftrollen, die in der Nähe von Qumran am Toten Meer gefunden wurden, oder bei der gnostischen Bibliothek von Nag Hammadi, die in den 40er Jahren ans Tageslicht kam. Ein Gelehrter des sechsten Jahrhunderts, Stephanos von Byzanz, stützt sich in seinem Werk über die Völker, *Ethnika*,[114] auf Schriftstücke, die wertvolle Informationen über die Nabatäer beinhalten könnten, heute aber als verschollen gelten. Oft verführt das Fehlen solcher Dokumente zur Annahme, daß es sie nicht gegeben habe. Doch obwohl es sich bei Stephanos um den einzigen Hinweis auf eine zeitgenössische nabatäische Geschichtsschreibung handelt, gibt er hinreichenden Anlaß zur Vermutung, daß auch unter den Nabatäern das Aufzeichnen historischer Ereignisse zumindest in begrenztem Maß üblich war. Die Nabatäer entwickelten eigene Schriftzeichen, die als Urform der heutigen arabischen Schrift betrachtet werden können, und es ist kaum anzunehmen, daß eine so hoch entwickelte Kultur keine eigene Literatur und Geschichtsschreibung hervorgebracht hat.

Der Gebrauch der Schrift scheint – was in der Antike ungewöhnlich war – unter der Bevölkerung Nabatäas sogar sehr verbreitet gewesen zu sein. Verschiedene Forschungen deuten darauf hin, daß es um die Zeitenwende in Judäa weniger als 10% Schriftkundige gab. Gerade vor diesem Hintergrund fallen die äußerst profanen Inhalte mancher nabatäischer Inschriften und Graffiti auf, die in großer Zahl an den Felswänden im Wadi Haggag auf der Sinai-Halbinsel, aber auch an anderen Orten vorkommen. Oft wurde nur der Name eines Karawanenhändlers oder eines Pilgers in den Stein geritzt.[115] Somit scheinen auch Menschen, die keinem gelehrten oder religiösen Stand angehörten, doch so weit die Schrift beherrscht zu haben, daß sie zumindest ihren eigenen Namen wiedergeben konnten. Um so notwendiger muß die Frage gestellt werden, in wieweit unter den Nabatäern nicht auch eine mündliche Überlieferung von mythischen, religiösen und geschichtlichen Inhalten gepflegt wurde, wie es bis heute bei den Beduinen in der Wüste üblich ist. Es ist bekannt, daß manches mündlich weitergegebene Nationalepos »zufällig«, und zwar meist von einem Außenstehenden, schriftlich festgehalten wurde und so vor dem endgültigen Vergessen bewahrt wurde.[116] Die nabatäische Götterwelt war derart vielgestaltig, daß sie sich gewiß in zahlreichen Erzählungen und Überlieferungen spiegelte. Zudem lebten unter den Nabatäern viele Händler, die über Jahre hinweg ständig unterwegs waren. Solche Menschen waren in allen Kulturen – und sind es noch heute – eine Keimzelle für das Entstehen von mythischem und historischem Erzählgut.

Das judäische Volk besitzt einen immensen Reichtum an Schriften, die insbesondere aus jener Zeit stammen, in der auch die nabatäische Kultur ihren Höhepunkt erreicht hatte. Ursprünglich wurde auch die Mythologie der Juden mündlich überliefert und bildete während der letzten vorchristlichen Jahrhunderte ein umfangreiches Erzählgut. Sie wurde im zweiten sowie im sechsten Jahrhundert niedergeschrieben und blieb in dieser kodifizierten Form bis heute erhalten. Der *Talmud* mit seinen beiden Hauptteilen, der *Mischna* und *Gemara*, beinhaltet eine große Anzahl solcher Texte. Sie vermitteln eine vollständig andere Gottesvorstellung, als man ihr bei den Nabatäern begegnet.[117] Das nabatäische Pantheon wird von einer Vielzahl verschiedenster Götterwesen bewohnt. Die Vorstellungen der Nabatäer in bezug auf ihre Götterwelt waren, wie auch auf anderen Gebieten, äußerst wandlungsfähig. Ihre Beziehung zum Übersinnlichen blieb einer ständigen Umwälzung unterworfen. Ganz anders bei den Judäern: Der eine und alleinige Gott, der Abraham zu seinem Auszug aus Ur in Chaldäa in das verheißene Land aufforderte (ca. 1 800 v. Chr.) und im Bewußtsein seiner Nachkommen weiterlebte, ist bis in die Gegenwart hinein der gleiche geblieben. Das judäische Gottesbild hat sich als unveränderlich erwiesen und dem Wandel der Zeiten getrotzt.

In den Jahren um die Zeitenwende grenzte das judäische Land mit Ausnahme der Küstengebiete am Mittelmeer nach allen Richtungen an das nabatäische Reich. Schon aus den frühesten Erwähnungen der Nabatäer geht hervor, daß es sich bei ihnen um Araber handelte.[118] Für die Zeit zwischen dem vierten vorchristlichen Jahrhundert und dem zweiten Jahrhundert nach der Zeitenwende kann deshalb mit größter Wahrscheinlichkeit angenommen werden, daß alles, was in den jüdischen Quellen als »arabisch« bezeichnet wird, gleichbedeutend mit »nabatäisch« ist. Denn obwohl es auch Araber anderer Herkunft gab, kamen diese mit Judäa kaum in Berührung. Ägypten, das für die Juden eine wichtige Rolle spielte, wurde damals noch nicht zum arabischen Raum gerechnet.[119] Mangels authentischer nabatäischer Quellen verdanken wir einen bedeutenden Teil unseres Wissens über die nabatäische Geschichte jüdischen Urkunden. Dabei ist nicht nur ihr Inhalt von Bedeutung, der die historischen Ereignisse wiedergibt. Die besondere Weise, wie die arabischen Nachbarn von judäischer Seite beschrieben, beurteilt oder auch ignoriert wurden, zeugt von der Gesinnung, mit der man ihnen begegnete. Die ungewöhnliche Menge an überliefertem Schrifttum bildet dabei einen auffälligen Kontrast zum fast vollständigen Fehlen nabatäischer Quellen.

Ein bedeutendes Dokument, in dem das Judentum zur Zeitenwende von einem Angehörigen des jüdischen Volkes aus einer weitgehend objektiven Warte geschildert wird, ist in Josephus Flavius' Schrift *Gegen Apion* zu finden. Josephus stammte aus einer jüdischen Priesterfamilie. Er wurde zum Priester erzogen und verbrachte nach eigener Schilderung einen Teil seiner Jugend bei einem Einsiedler in der Wüste. Später wurde er zum Freiheitskämpfer und leitete als Anführer den Aufstand gegen die Römer in Galiläa. Er war ein Zeitgenosse Jesu. Nach einer schicksalsträchtigen Begegnung mit Aspasian, einem römischen Kriegsherrn, trat er zu den Römern über und wurde zum Geschichtsschreiber einer der interessantesten Epochen in der Geschichte des jüdischen Volkes. Seine nun folgende Schilderung demonstriert einige charakteristische Eigenschaften der Juden, die denen der Nabatäer ihrem Wesen nach diametral entgegengesetzt waren:

»Hier also wir, die Juden: wir bewohnen weder die Küste des Meeres noch ist es der Handel, der unsere Herzen mit Freude erfüllt. Und deshalb verkehren wir nicht unter fremden Völkern, denn unsere Städte sind weit vom Meere entfernt. Unser Land ist gut und fruchtbar, und seinen Boden bewirtschaften wir. Und über allem steht bei uns, daß wir unsere Söhne im Sinne der Thora [der fünf Bücher Mose] und der Gebote erziehen. Der Inhalt unseres Lebens ist es, diese Gesetze und die Thora, die Gottesehrfurcht, die uns darin vermittelt wurde, aufrechtzuerhalten. Daneben ist es unsere besondere Lebensart, die uns vor der Vermischung mit den Griechen unter uns bewahrte …«[120]

Wäre dieser Text von einem Nabatäer verfaßt worden und hätte er ebenfalls das eigene Volk zum Gegenstand, so dürfte er wohl wie folgt lauten:

Hier also wir, die Nabatäer: bis zu der Küste des Meeres reicht unser Reich. Das Handeln ist es, was unsere Herzen erfreut. Wir verkehren ständig unter fremden Völkern. Manche unserer Städte liegen an der Küste des Meeres. Unser Land ist wüst und unfruchtbar, dennoch bewirtschaften wir seinen Boden. Wir haben kein geschriebenes Gesetz, wir verehren viele Götter und sind offen für die Kultur der Griechen, ohne dabei unsere eigene Identität zu verlieren.

Es wurde schon gezeigt, daß es sich bei den Nabatäern um eine erstaunlich vielfältige und wandlungsfähige Kultur handelte, die einerseits ihre typischen Merkmale zu bewahren wußte, andererseits aber ohne ihre Eigenständigkeit zu verlieren gewaltige Metamorphosen durchschritt. Gleich den Judäern entwickelten auch die Nabatäer eine eigene Schrift. Diese ist bis heute in Hunderten von Inschriften auf dauerhaften Materialien wie Stein oder Ton zu erkennen[121] und war bis ins vierte oder fünfte Jahrhundert n. Chr. neben einigen anderen Schriften im nabatäischen Raum verbreitet.[122] Es kann daher auf keinen Fall behauptet werden, daß es sich bei den Nabatäern um ein Volk von Analphabeten gehandelt habe.

Die Judäer wiederum waren in der Antike wegen ihres umfangreichen Schrifttums eine Ausnahmeerscheinung. Sie zeigen damit eine vollkommen entgegengesetzte Haltung gegenüber dem Aufbewahren von Dokumenten und dem Tradieren schriftlich fixierter Inhalte. Es scheint, daß die kulturtragende Schicht bei den Judäern aus einem relativ kleinen Kreis von Schriftkundigen bestand. Diese sogenannten »Schriftgelehrten« waren die geistigen Führer ihres Volkes und sorgten auch für das Bewahren des kulturellen Erbes ihrer Väter.

Bei den Nabatäern dagegen war ein großer Teil der Bevölkerung als Karawanenhändler ein Leben lang auf Reisen. Sie konnten den Kontakt zu ihrer Familie und ihrem häuslichen Besitz nur durch schriftlichen Austausch von Nachrichten aufrechterhalten. Auch für das Pflegen von Handelsbeziehungen zu fremden Völkern war es unerläßlich, daß weite Kreise der Bevölkerung schreiben und lesen konnten. Doch diese Verbreitung von Schriftkenntnissen führte allem Anschein nach zu keiner systematischen Dokumentierung ihrer Geschichte, wie es bei den nördlichen Nachbarn in Judäa der Fall war. Die geistigen Führer der Nabatäer schienen keinen besonderen Wert auf das schriftliche Festhalten ihrer Gesetze und Gebräuche zu legen, obwohl das Leben in der Wüste ohne eine streng geregelte Ordnung kaum möglich gewesen wäre.

Bodenständigkeit und Nomadentum

Um die prinzipielle Gegensätzlichkeit beider Kulturen zu verdeutlichen, wollen wir nun einige weitere Aspekte aus der Vielzahl von Vergleichsmöglichkeiten zwischen den benachbarten Völkern von Judäa und Nabatäa herausgreifen. Beider Reiche können unter geographischen Gesichtspunkten als eine territoriale Einheit gesehen werden. Die einen bildeten aber eine ausgesprochene Wüstenkultur, den anderen war das Leben in der Wüste nur der Mythos einer zwar bedeutenden, aber kurzen und zudem längst vergangenen Epoche: der vierzig Jahre während ihres Auszugs aus Ägypten. Die Judäer waren in erster Linie ein an Grund und Boden gebundenes Gebirgsvolk. Für sie galt die göttliche Verheißung, die sie in ihr Land geführt hatte, als heilig (vgl. 1Mo13,14). Sie betrachteten ihr Land als Schauplatz, wo Gott auf die Erde herabgestiegen war, als einen Ort der Offenbarung. Der Tempel in Jerusalem bildete den Mittelpunkt göttlicher Präsenz auf Erden. Die Nabatäer hingegen waren ein Nomadenvolk, und auch während der späteren Periode ihrer Seßhaftigkeit behielten sie Merkmale ihres einstigen Nomadendaseins bei und waren nie auf eine vergleichbar enge Weise mit der Örtlichkeit verbunden, wo sie lebten. Territoriale Anhänglichkeit war keine Eigenschaft der Nabatäer und wurde nie zu einem Teil ihrer Mentalität. Für sie war auch die Gegenwart Gottes nicht an einen bestimmten Ort gebunden. Sie wurde vielmehr im Seeleninnern erlebt, gleichgültig, wo man sich gerade befand. Die Nabatäer kannten kein »Heiliges Land«.

Von den zwölf Stämmen Israels, den Nachkömmlingen der zwölf Söhne Jakobs, kamen 445 v. Chr. nur zwei aus der babylonischen Gefangenschaft zurück: der Stamm *Levi*, aus dem die Tempeldiener hervorgingen, und der Stamm *Jehuda*, der dem jüdischen Volk und seinem Land den Namen gab. Die zutreffende Bezeichnung für alle zwölf Stämme ist »Hebräer« (Ivri), seiner Bedeutung nach (im Hebräischen sind alle Namen von Bedeutung) heißt dies in etwa »die Vorüberziehenden, die Reisenden«. Darauf macht auch Rudolf Steiner aufmerksam, wenn er es als Teil der Schicksalsaufgabe des althebräischen Volkes betrachtet, als »Reisende« die Welt zu durchziehen: »Denn das Wort ›Hebräer‹ hängt zusammen mit ›reisen‹: wer ein Hebräer ist, ist derjenige, der eine Lebensreise macht, der auf einer Reise erfährt, erlebt. Dieses lebendige Drinnenstehen in der Welt liegt in diesem Wort.«[123]

Obwohl das hebräische Volk kein Nomadenvolk ist, mußte es in seiner langen Geschichte immer wieder von einem Ort zum anderen ziehen. Wie bereits im Zusammenhang mit der nabatäischen Geschichte erwähnt wurde, hat aber auch der Name »Nabatäer« seine charakteristische Bedeutung und hängt mit den Begriffen »sprießen, keimen« zusammen: eine Bezeichnung, die ganz und gar nicht auf ein Nomadenvolk hindeutet, die man viel eher mit einem örtlich gebundenen Dasein in Beziehung setzen würde. Was ist es nun aber, das in den Namen dieser Völker zum Ausdruck kommt?

In beiden Fällen, sowohl bei den Nabatäern als auch bei den Judäern, handelt es sich ursprünglich um Stammesverbände, die sich aus größeren Volkszusammenhängen herausgelöst haben. Beide Völker – und dies haben sie gemeinsam – sind Einwanderer, die von weit her in das Land kamen, wo sie später ihre kulturelle Blüte entwickeln sollten. So entstand die judäische Kultur beim Verlassen des Zweistromlandes, das nördlich des ihnen verheißenen Landes liegt, die nabatäische in einem ebenfalls äußerst fruchtbaren Gebiet südlich ihres späteren Lebensraumes, dem Lande Saba (vgl. S. 34 ff.). Jahwe versprach den Abkömmlingen Jakobs, einem Enkel Abrahams, des gemeinsamen Urvaters beider Völker, ein Land, in dem »Milch und Honig fließt« (2Mo 3,8). Hagar, der Mutter Ismaels, des Stammvaters der Nabatäer, wurde aber vom Engel, der ihr seine Geburt verkündete, eine »wilde« Zukunft (1Mo 16,11-12) vorausgesagt. Beide Prophezeiungen sollten sich im Schicksal der betreffenden Völker bewahrheiten.

Der Monotheismus, der Glaube an einen einzigen Gott, erscheint zum ersten Mal in der Menschheitsgeschichte beim althebräischen Volk im Sinne einer echten Volksreligion. Die Ausschließlichkeit und Unmittelbarkeit, mit der der Schöpfergott dabei im Bewußtsein der Menschen wohnt, der dadurch mögliche direkte Dialog zwischen Gott und Mensch, läßt ein intimeres Verhältnis zwischen dem Schöpfer und seinem Geschöpf entstehen. Von der Erwartung des Messias, der sich physisch offenbaren sollte, ging innerhalb des Hebräertums ein besonderes Bedürfnis nach einer gottgewollten Ordnung der Lebensverhältnisse in dieser Welt aus. Nur in einer Gemeinschaft von Menschen, die sich an gottgegebene Sitten, Regeln und Gesetze hält, sollte es dem Gottgesandten möglich sein, zu erscheinen. Deshalb beachtete man im Umgang mit der von Gott geschaffenen Welt genaue Vorschriften und Anweisungen, um ihre Reinheit zu gewährleisten; sogar der Boden wurde nach göttlichen Richtlinien urbar gemacht. So wurde der Hebräer auf paradoxe Weise ein Mensch, der in Erwartung der göttlichen Offenbarung sein Bewußtsein auf das materielle Dasein richtete.

Der Nabatäer war von einer äußeren Welt umgeben, in der er kaum Spuren des Lebendigen vorfand. Er erlebte die mineralische Welt als lebloses Gebilde, das auf der Suche nach dem Göttlichen seinen fragenden Blick unerwidert ließ und seine Wahrnehmung auf die Existenz des Übersinnlichen hinlenkte. Das Bewußtsein der Nabatäer richtete sich auf eine Sphäre, aus der das Lebendige in Mensch und Natur hervorquillt; eine Daseinsebene, auf der die Lebenskräfte zu finden sind, für deren Wahrnehmung ihr Sinn erwacht war. Das Wissen, wie inmitten der Wüste eine hochentwickelte Zivilisation entstehen kann, wie die sengende Sonne zur lebensspendenden Kraft wird, der Umgang mit dem so spärlich vorhandenen Wasser – all dies deutet darauf hin, daß es bei der Begegnung mit der physischen Welt keine festgeschriebenen Gesetze und Regeln des sittlichen Lebens waren, die hier im Vordergrund standen. In der Antike war ein waches Bewußtsein von der Einbindung des Menschen in die vier Naturelemente, Erde, Wasser, Luft und Feuer, vorhanden. Das Element des Wassers wurde als materieller Ausdruck der Bilde- oder Ätherkräfte verstanden, wie sie in allem Lebendigen wirksam sind. Nicht zu der mineralischen Welt, sondern zu dieser Sphäre des Lebens und den Kräften, die eine lebensfeindliche Wüste in eine fruchtbare Landschaft verwandeln konnten, hatten die Nabatäer eine besonders intime Beziehung, wie sie bereits in ihrem Namen Ausdruck findet: *Nabatäer* bedeutet sinngemäß übersetzt »der mit dem Sprießen, mit dem Keimen umgeht«.

Salomo und die Königin von Saba

Nach allem, was wir über die Herkunft der Nabatäer erfahren haben, dürfen wir sie als Nachfahren sabäischer Stämme betrachten, die ihre südarabische Heimat verließen und in den Negev auswanderten. Die Urbegegnung zwischen Nabatäern und Hebräern erfolgte daher bereits mit dem Besuch der Königin von Saba bei König Salomo, von dem das Alte Testament berichtet (1Kön 10,1-14). Es muß eine geheimnisvolle Begegnung gewesen sein, bei der Salomo mit »Rätselfragen« konfrontiert wurde, die aber auch der Nachwelt noch viele Rätsel aufgibt, die mit der Bedeutung dieses »Gipfeltreffens« zusammenhängen.

Die Schilderung im Buch der Könige ist ausgesprochen kurz gefaßt. Die spirituelle Bedeutung dieses Ereignisses gibt sich nur in wenigen verschlüsselten Formulierungen zu erkennen. Für König Salomo war diese Begegnung eine Art biographischer Wendepunkt. Von nun an berichtet die Bibel nur noch von seiner Dekadenz. Er verfällt seinen weltlichen Interessen, er vergrößert seinen Harem, er betet Götzen an, und er wendet sich von seinem Glauben an Jehova ab. Die späte jüdische Tradition sieht in der Königin von Saba die auslösende Kraft für jenen markanten Wendepunkt im Leben Salomos. Ihr »heidnischer« Einfluß soll so dominierend gewesen sein, daß sich Salomo von seiner ursprünglichen Geistesart abwendete. Daher wurde im Judentum bis in das späte Mittelalter hinein die Königin von Saba als dämonische Gestalt betrachtet und verurteilt. Der babylonische König Nebukadnezar, dessen Heer im sechsten Jahrhundert v. Chr. Jerusalem und den ersten salomonischen Tempel zerstörte, erscheint in der Legende als gemeinsamer Nachkomme der Königin von Saba und Salomo.[124] Hierin finden wir einen der Gründe für das zwiespältige Verhältnis der Judäer den Nabatäern gegenüber, das die gemeinsame Geschichte beider Völker beherrschte. Von Seiten der Juden ist es einerseits von einer Anerkennung der hohen Spiritualität nabatäischer Kultur beeinflußt; die Nabatäer werden als Nachbarn verehrt und respektiert. Andererseits wird versucht, der Verbreitung ihres Gedankenguts entgegenzuwirken. Sie werden daher in den Urkunden meist nur als »Araber« bezeichnet und bleiben möglichst unerwähnt.

Kulthandlung und Opferdienst

Die direkte Entfernung zwischen Petra und Jerusalem beträgt nur etwa 150 km. Sowohl Nabatäer als auch Judäer gründeten ihre Hauptstadt im Gebirge. In beiden Fällen war sie zugleich politisches wie auch religiöses Zentrum. Ebenso waren es Pilgerstätten, wo das Volk zu bestimmten Zeiten seine Opfer darbrachte. Bis zur Zerstörung des zweiten jüdischen Tempels im Jahre 70 n. Chr. wurden sowohl in Jerusalem wie auch in Petra Tiere geopfert. In Jerusalem fand dieser Kult im unmittelbaren Bereich des Tempels statt. Das »Allerheiligste« im Innern des Tempels blieb der Öffentlichkeit verborgen, und auch der Opferdienst selbst fand nur unter Anwesenheit der Priesterschaft statt. Anders bei den Nabatäern: Tieropfer wurden zwar in größerer Entfernung von der Masse des Volkes vollzogen, jedoch nicht in abgeschlossenen Räumen, sondern auf hohen Berggipfeln unter freiem Himmel, so daß das Feuer und der Rauch vom Tal aus gesehen werden konnten. In Petra kann man eine solche Opferstätte noch immer besichtigen (siehe Abb. 8). Sie befindet sich auf einer Anhöhe nicht weit vom Zentrum der Stadt entfernt. Erst kurz vor der Zeitenwende, während des letzten vorchristlichen Jahrhunderts, als das Opfern von Tieren eingestellt wurde, begannen die Nabatäer, Tempel aus Stein zu bauen. Diese hatten ebenfalls mit einem Erleben des Todes zu tun, hier aber nicht mehr mit dem gewaltsam herbeigeführten Sterben eines Tieres, sondern mit dem Verfolgen der menschlichen Seele auf ihrem nachtodlichen Weg in die himmlischen Sphären. Der nabatäische Kult blieb unabhängig von der Örtlichkeit, an der er vollzogen wurde. Bei Petra erfolgte die Wahl des Ortes zur Hauptstadt vor allem wegen ihrer strategisch günstigen Lage. Auch Jerusalem bietet ähnlich ideale Voraussetzungen zur Verteidigung, bei der Stadtgründung stand jedoch die religiöse Bedeutung des Orts im Vordergrund. Während Petra mit seinen überwältigenden Monumenten mit dem Aufkommen des Christentums und dem Verlust der staatlichen Souveränität des nabatäischen Reiches seine Bedeutung als geistiges und politisches Zentrum verlor und für Jahrhunderte in Vergessenheit geriet, behielt Jerusalem dagegen bis heute seine zentrale Bedeutung für drei Weltreligionen, Judentum, Christentum und Islam.

Erinnern und Vergessen

Erinnern und Vergessen sind weitere Gesichtspunkte, unter denen ein Vergleich beider Völker möglich ist. Juden wie auch Nabatäer knüpften auf völlig unterschiedliche Weise an alte Traditionen an. In der jüdische Kultur ist das Bewahren des Vergangenen zu einer heiligen Tugend geworden und entwickelte sich zu einem dominierenden Grundzug des judäischen Volkscharakters, der das politische und religiöse Handeln zu allen Zeiten geprägt hat. Den Judäern galt das göttliche Wort, durch das ihnen ihre Gesetze verkündet wurden, als heilig. Diese Gesetze wurden bewahrt und respektiert – und sie gelten bis zum heutigen Tage.

Die Volkwerdung des althebräischen Volkes ereignete sich während des vierhundert Jahre währenden Sklaventums in Ägypten. »... die Söhne Israels zeugten Kinder und mehrten sich und wurden überaus stark, so daß von ihnen das Land voll ward.« (2Mo 1,7) Hieraus ergibt sich eine Gemeinsamkeit zu den Nabatäern, von denen es nach einer Schilderung Diodors noch im vierten Jahrhundert v. Chr. in der Negevwüste und östlich des Wadi Arava nur etwa zehntausend gab.[125] Beide Völker entstanden fern der späteren Heimat und zeichneten sich durch ein rasantes Wachstum der Bevölkerung aus.

Mit dem Auszug aus Ägypten beginnt die wechselhafte Geschichte des althebräischen Volkes, die von der ständigen Mahnung an seine Vergangenheit und seine Bedeutung als auserwähltes Volk durchzogen wird. Fortwährend mußte es durch die Propheten an die göttliche Verheißung und an die Erwartungen, die ihm die Jahwe-Gottheit in ihrer Offenbarung auf dem Berge Sinai entgegengebracht hat, neu erinnert werden. Das Volk tendierte immer wieder dazu, sich vom Monotheismus abzuwenden. Es schuf sich ein goldenes Kalb, noch während Moses auf dem Berge die göttliche Botschaft empfing, und betete es an (2Mo 32). Die jüdische Geschichte kann als ein ständiges Ringen um das Bewahren des einst vernommenen Gotteswortes begriffen werden. Sie beinhaltet eine Tendenz, die ständig von der Peripherie zum Zentrum zurückführt, um alles, was fremd und anders ist, in seinem Einfluß auf das Judentum zu begrenzen.

Die Nabatäer verstanden unter Traditionspflege etwas vollkommen anderes. Für sie bedeutete es nicht, Jahrhunderte alte Gewohnheiten beizubehalten und unverändert an ihre Nachkommen weiterzugeben. Überliefertes wurde stets als Anknüpfungspunkt für etwas Werdendes betrachtet. Es war eine Kultur der Offenheit und des Wandels. Was von den nabatäischen

Kulturträgern als schützenswert betrachtet wurde, war ein sich ständig erneuerndes Gut.

Isolation und Vermischung

Forscher aus allen Ländern wenden sich bevorzugt jenen Völkern zu, die in einem Zusammenhang mit ihrer eigenen Abstammung und Tradition stehen. In Israel setzt man sich sehr intensiv mit der Vergangenheit des Judentums auseinander, in Europa richtet sich das Interesse bevorzugt auf die Wurzeln des Christentums, wenn man die Geschichte des Heiligen Landes betrachtet. Andere Volksgruppen, von denen es in Palästina noch eine Vielzahl gab, werden dagegen vernachlässigt, angefangen mit den sieben Völkern, die Josua nach dem Auszug aus Ägypten überwinden mußte,[126] bis hin zu den Samaritern und den abgedienten Soldaten des byzantinischen Heeres. So wurden auch die Nabatäer lange Zeit von der Wissenschaft vernachlässigt, vielleicht auch deshalb, weil sie sich einer eindeutigen ethnischen Zuordnung widersetzen und damit vielen Historikern Schwierigkeiten bereiten. Doch gerade dieses Merkmal muß als eine Besonderheit betrachtet werden, die unser Interesse verdient.

Zur Weltenmission des jüdischen Volkes gehörte es, die Voraussetzungen für die physische Leiblichkeit Jesu zu schaffen. Damit die nötige Vererbungsgrundlage für die Christusgeburt gewährleistet werden konnte, durfte nach Rudolf Steiners Ausführungen die bestehende Erbstromlinie nicht unterbrochen werden. So wurde auch der Weg eines Konvertiten, der sich zur jüdischen Religion bekennen wollte, sehr erschwert. Bis zu seinem Lebensende haftete ihm die Bezeichnung »Fremdling« an. Nach mosaischem Gesetz besitzt er zwar gleiche Rechte, doch ist er demjenigen, der seiner Herkunft nach Judäer ist, nicht wirklich gleichgestellt.[127] Andererseits wurde er, was die konsequente Erfüllung seiner religiösen Pflichten anbelangt, mit größerer Nachsicht behandelt. Dieses Bemühen um ethnische Abgrenzung darf keinesfalls mit dem zweifelhaften Streben nach einer Reinerhaltung der eigenen »Rasse« gleichgesetzt werden. Es handelt sich um ein Prinzip, das wiederholt und stets dann durchbrochen wurde, wenn es darum ging, daß ein neuer Geistesimpuls ins Judentum hineintreten sollte. Dann mischte sich »fremdes Blut« ins hebräische hinein. So hatte Moses eine midianitische Frau, und Rut, Davids Urahnin, war Moabiterin (Rut 4,22).

Einen völligen Gegensatz dazu zeigt wiederum das Verhalten der Nabatäer. Sie versuchten, sich weder auf religiöser noch auf ethnischer Ebene zu isolieren und vermehrten sich nicht nur in der Fremde, sondern vermischten sich auch mit der dort lebenden einheimischen Bevölkerung, wie es bei der Besiedlung des Negev geschah. Auch die Massenauswanderung nach der islamischen Invasion läßt vermuten, daß man auf das Bewahren der Volksidentität keinen großen Wert gelegt zu haben schien.

Der sabäisch-nabatäische Zug in den Negev[128] ging vermutlich von einem verhältnismäßig kleinen Stammesverband aus. Auch die Nabatäer waren ursprünglich eine ethnisch homogene Gruppierung, Menschen des gleichen Volkes oder Stammes, und sie waren der gleichen geistigen Strömung verpflichtet. Diodor schätzt ihre Zahl auf zehntausend, sie dürfte sich jedoch im Laufe des folgenden Jahrtausends bedeutend vergrößert haben. Allein im Negev hatte sich bis zur Zeitenwende die Bevölkerung um das Drei- bis Vierfache vermehrt, in den übrigen Provinzen des nabatäischen Reiches lebten mindestens noch einmal so viele Menschen.[129] Diese rapide Zunahme der Population ist ein einmaliges Phänomen in der antiken Welt, doch sicher läßt sich der Bevölkerungszuwachs auch dadurch erklären, daß sich weitere Stämme zu den ursprünglichen Einwanderern hinzugesellt und sich ihrer Lebensweise angepaßt haben. Es konnte sich jeder als Nabatäer bezeichnen, der sich ihnen zugehörig fühlte, gleichgültig, welcher Abstammung er war. Der Wohlstand der Region war mit Sicherheit ein Faktor, der den Zuzug von Fremden förderte, dennoch können die Gründe für ihre Integration und Assimilation nicht allein darin gesehen werden. Gerade der Reichtum und die Scheu, ihn teilen zu müssen, wäre ein Argument gegen die Aufnahme Fremder als gleichberechtigte Bürger gewesen.

Nach dem Ende der nabatäischen Königsherrschaft sind die Spuren der einstigen Einwanderer sowohl auf ethnischem wie auch auf kulturellem Gebiet soweit unkenntlich geworden, daß manche Forscher dazu neigen, nicht mehr von Nabatäern, sondern von »Byzantinern« zu sprechen,[130] wobei sie sich auf archäologische Funde aus dieser Zeit stützen. Andererseits läßt sich feststellen, daß die in Shivta anzutreffenden Stilelemente deutliche Unterschiede zu Funden aufweisen, die im Norden des Landes sowie im gesamten byzantinischen Raum gemacht wurden.[131] Avraham Negev vertritt eine entgegengesetzte Position, indem er die Bewohner des Negev als direkte Nachfahren jener Stämme ansieht, die vermutlich im sechsten Jahrhundert v. Chr. einwanderten,[132] und verweist dabei auf Inschriften mit nabatäischen Namen,[133] die schon in der Anfangszeit der nabatäischen Präsenz im Negev verwendet wurden. Obwohl dies als Merkmal einer gewissen Kontinuität nabatäischer Traditionen und damit auch eines ethnischen Bewußtseins gedeutet werden könnte, fällt daneben aber auch eine Häufung griechischer, römischer, hebräischer und anderer Namen auf. Gerade aber diese Verbindung von Neuem mit Altem, von Fremdem mit Ureigenem, schien diesen Menschen das Recht zu geben, sich als Nabatäer zu bezeichnen. Die Frage nach der Identität dieser »Spätnabatäer« in byzantinischer Zeit kann daher kaum auf ethnischer Grundlage beantwortet werden.

Begrenzung und Öffnung

Das Streben nach Abgeschlossenheit, das den Nabatäern vollständig fremd war, zeigte sich beim jüdischen Volk nicht nur auf ethnischem Gebiet. Judäa war immer von eindeutigen Staatsgrenzen umgeben. Das Mittelmeer bildete die natürliche westliche Grenze. Die gedachte Linie von Gaza bis zum Golf von Eilat grenzte während seiner größten territorialen Ausdehnung zu König Salomos Zeiten (ca. 800 v. Chr.) das Königreich von der Halbinsel Sinai ab. Der Jordan beschrieb die Ostgrenze. Nach der Heimkehr aus dem babylonischen Exil 445 v. Chr. reichte Judäa nur noch bis zum Südzipfel des Toten Meeres und endete an jener natürlichen Grenze, die das Saatland von der Wüstenregion südlich davon trennte. Ähnliches wie für das gesamte Staatsgebiet galt auch für die Städte. Obwohl sie strategisch günstig auf den Erhebungen des Gebirges lagen, waren sie zum größten Teil von starken Mauern umgeben, wie sie kaum eine Siedlung der Nabatäer vorzuweisen hatte.

Die Herrschaft der Nabatäer erstreckte sich auf ein weniger klar umgrenztes Territorium. Eine genaue Grenzbestimmung war nur dort möglich, wo ihr Reich an Judäa stieß. Ein Blick auf die Landkarte läßt die Vermutung aufkommen, in dem weitläufigen und menschenleeren Gebiet, das die Nabatäer bewohnten, wäre eine genaue Grenzziehung ohnehin nur von geringer Bedeutung. Dies stimmt aber nur zum Teil. Im Süden und Osten fanden sich zwar keine natürlichen Grenzen, doch hier verliefen die Handelswege, die sich strahlenförmig in die Nachbarregionen ausbreiteten und bis ins ferne Indien reichten (siehe Karte 6).[134] Sie dienten nicht nur dem Warenverkehr, auf ihnen erfolgte auch ein reger kultureller Austausch zwischen den Völkern. Der nabatäische Machtbereich erstreckte sich somit bis in fernste Regionen. Auf umgekehrte Weise drang aber auch der Einfluß fremder Kulturen bis tief ins nabatäische Kernland hinein.

Krieg und Frieden

Obwohl die Judäer in der antiken Welt wegen ihrer hohen Spiritualität und Gottesnähe bekannt waren, mußten sie ihre geistigen wie auch materiellen Interessen immer mit Einsatz militärischer Gewalt durchsetzen oder verteidigen. Dies hängt nicht zuletzt mit der besonderen geographischen Lage ihres Landes zusammen, das damals wie heute eine wichtige Nahtstelle zwischen Ost und West bildet. Es gehörte zum Los eines jeden Volkes, das sich hier ansiedelte, seine Waffen nicht mehr niederlegen zu dürfen. Ob es sich nun um Kampfeslust oder um eine Notwendigkeit handelte, in beiden Fällen formte die ständige Bereitschaft zum Kampf die Mentalität der Bevölkerung, in der das Schwert von Generation zu Generation weitergereicht wurde, um ihr »heiliges« Land zu verteidigen.

Im nabatäischen Reich herrschten andere Verhältnisse. Auch ihr Land bildete eine Brücke zwischen Ost und West, doch nur die Nabatäer verstanden es, aufgrund ihrer Vertrautheit mit den Verhältnissen in der Wüste, diese Brücke zu begehen. Eine Reise vom Mittelmeer nach Südarabien oder Indien war nur möglich, wenn man sich einer nabatäischen Karawane anschloß. Die Nabatäer bewegten sich in dieser Wüste wie ein Fährmann auf dem Fluß. Dieser selbst verläßt das Wasser nicht, und ohne ihn kann es niemand überqueren. Das nabatäische Land wurde zwar hin und wieder angegriffen, konnte aber niemals wirklich erobert werden. Die Nabatäer waren geschickte Händler und Kaufleute, die es zu Reichtum und Wohlstand gebracht hatten. Sie waren jedoch keine Krieger. Ihr Militär diente allein dem Schutz ihrer Karawanenstationen vor Räubern. Es verteidigte ihre Interessen, nicht ihr Territorium. Die Nabatäer bildeten eine Kultur, die ihre weltgeschichtliche Mission wohl nur ahnend begriff, ihre Ziele aber nicht mittels physischer Gewalt zu erreichen suchte.

Die Geschichte der Nabatäer, insofern sie sich kontinuierlich verfolgen läßt, zeigt, daß militärische Auseinandersetzungen, an denen sie beteiligt waren, entweder defensiver Natur waren oder dazu dienten, den Frieden möglichst schnell wiederherzustellen. Der erstaunlichen Ausbreitung des nabatäischen Hoheitsgebietes lagen keinerlei imperialistische Absichten zugrunde. Diodor berichtet noch von Raubzügen der Nabatäer im vierten Jahrhundert vor Chr.,[135] aber im gleichen Zusammenhang erwähnt er, daß es sich um Menschen von äußerster Freiheitsliebe gehandelt habe. Während jener Entwicklung, in deren Verlauf sich diese Hirten und Nomadenstämme unter hellenistischem Einfluß zu einem Königreich zusammenschlossen, verstärkte sich nicht nur diese Liebe zur Freiheit, es wuchs auch der Wunsch nach Frieden als unerläßliche Grundlage, um ein Leben in Freiheit zu ermöglichen. Doch nicht nur nach außen, auch untereinander wurde der Frieden gewahrt und gepflegt. Es war ein Staat, dessen Bürger den unterschiedlichsten Stämmen angehörten, doch nach Strabos Worten haben alle »in vollkommenem Frieden miteinander gelebt«.[136]

Die Beziehungen zwischen beiden Völkern

Die Geschichte Judäas ist eine Geschichte der Kriege, der Siege und Niederlagen. Das von Gott verheißene Land wurde nach dem Auszug aus Ägypten mit Waffengewalt erobert und mußte immer wieder aufs neue verteidigt werden. Das Alte Testament steckt voller Schilderungen dieser kriegerischen Auseinandersetzungen, die schließlich in einen Bürgerkrieg und der Spaltung des Reiches mündeten.[137] Die Nabatäer dagegen führten ein vergleichsweise friedfertiges Leben. Sie vermieden Waffengewalt und feindliche Auseinandersetzungen und reagierten stets nur auf fremde Gewalt und Bedrohung von außen. Es mußte eine besondere Art von Beziehung zwischen Juden und Nabatäern bestehen, daß unter diesen Umständen ein weitgehend konfliktfreies Nebeneinander unter Respektierung der Eigenheit des jeweils anderen möglich war.

Die frühesten Erwähnungen politischer Beziehungen zwischen diesen so unterschiedlich gesinnten Nachbarn stammen merkwürdigerweise aus der gleichen Zeit, als der Tempel in Jerusalem während des judäischen Hasmonäer-Aufstandes (169 – 162 v. Chr.) gegen die griechische Herrschaft im Jahre 164 v. Chr. neu geweiht wurde. Die Nabatäer liebten ihre Freiheit über alles. Doch ihre Freiheitsliebe hinderte sie nicht daran, hellenistische Herrschaftsformen zu übernehmen. Dem Kampf ihrer Nachbarn gegen hellenistische Einflüsse standen sie jedoch wohlwollend gegenüber und unterstützten die Judäer beim Kampf um ihre Unabhängigkeit gegen die Griechen. War es diplomatische Taktik, oder war es der Respekt vor dem Bedürfnis eines anderen Volkes, über sich selbst zu bestimmen und in Freiheit zu leben?

Weitere Episoden aus der gemeinsamen Geschichte beider Völker dokumentieren ein ähnliches Verhalten. Nach dem erfolgreichen Aufstand gegen die Griechen zog der jüdische Heerführer, Judas Makkabäus, mit seinen Anhängern durchs Land und kämpfte gegen alles, was ihm physisch und geistig im Wege stand. Das von ihm gegründete Hasmonäerreich hatte eindeutig militante Züge. Seine Herrschaftsweise stand zu der Friedensliebe der Nabatäer in absolutem Gegensatz. Und doch bestanden freundschaftliche Verhältnisse zwischen ihm und Aretas I., dem ersten uns bekannten König der Nabatäer. Diese grundsätzliche Haltung tritt aber nicht erst nach dem erfolgreichen Freiheitskampf der Juden gegen die griechische Oberherrschaft hervor. In den apokryphen Schriften der Makkabäer wird von Jason, dem Bruder des Hohenpriesters Onias, berichtet, der sich sein Priesteramt für dreihundert Silberlinge von den griechischen Machthabern erkaufte (2Makk 4,8). Nachdem man ihn als korrupt und abtrünnig entlarvt hatte, mußte er fliehen (2Makk 5,6-10) und suchte Schutz beim nabatäischen König Aretas I. in Petra. Dieser jedoch stellte Jason zunächst unter Arrest und verstieß ihn später, worauf er im Exil starb.

Auch unter den Nachfolgern des Judas Makkabäus sollte kein Friede in Judäa einkehren. Jonatan, sein Bruder, der seine Macht erbte, wurde von den »Söhnen Jambris« ermordet. Diese werden zwar des öftern als Nabatäer bezeichnet,[138] doch handelte es sich bei ihnen vermutlich um einen Stamm, der einer anderen Tradition folgte und erst mit der Ausbreitung des Reiches nach Nordosten unter nabatäische Herrschaft kam. Entsprechend unterscheidet auch das Buch der Makkabäer deutlich zwischen ihnen und den Nabatäern: »Er [Jonatan] schickte seinen Bruder Johanan an der Spitze seiner Truppe zu den *Nabatäern, die ihn liebten,* und ließ sie bitten, ihr zahlreiches Gepäck bei ihnen aufbewahren zu dürfen. Doch die Söhne Jambris aus Medeba zogen aus, ergriffen Johanan mit allem, was er bei sich hatte, und nahmen ihn mit.« (1Makk 9,35-36)

Die Sympathie zum benachbarten Volk der Judäer dürfte bei den Nabatäern nicht zuletzt auf gemeinsamen religiösen Überzeugungen beruht haben. Obwohl ihre Kultur stärker dem Hellenismus verpflichtet war, verzichteten auch sie in Übereinstimmung mit dem jüdischen Bilderverbot auf Gottesdarstellungen in der Kunst. Die Skulpturen an den Monumenten Petras, die kurz vor der Zeitenwende entstanden, wurden soweit unkenntlich gemacht, daß kein menschliches Antlitz mehr zu erkennen war (siehe S. 106f.). Avraham Negev bezeichnete das selektive Zerstören dieser Monumente als »nabatäische Ikonoklastik«.[139]

Judäer und Nabatäer unter dem Einfluß des Hellenismus

In der Geschichte beider Völker zeigen sich Phasen, in denen eine Hinwendung zum Hellenismus überhandnahm. Aretas III. ist aus verschiedenen Inschriften und Münzprägungen sogar unter dem Beinamen *Philhellenos* bekannt – »der das Griechentum liebt«.[140] Doch diese »pro-hellenische« Tendenz äußerte sich bei Judäern und Nabatäern auf völlig unterschiedlicher Ebene. Während erstere in den Eroberungszügen und kriegerischen Handlungen der griechischen Heere ihr Vorbild erkannten, konnten die Nabatäer vom Hellenismus vor allem auf religiöser, spiritueller und künstlerischer Ebene profitieren.

Obwohl man glauben könnte, daß neben den zahlreichen Gegensätzen zwischen Judäern und Nabatäern auch das unterschiedliche Verhältnis zum Hellenismus für mögliche Spannungen zwischen beiden Völkern Anlaß gegeben habe, war – wie die Geschichte beweist – das genaue Gegenteil der Fall. Dies läßt sich nicht nur am Verhalten von Aretas I. und seiner Parteinahme für die Aufständischen in Judäa darstellen. Es zeigt sich auch in umgekehrter Weise, daß sich in Phasen einer gleichzeitigen Hinwendung zum Hellenismus das Verhältnis zwischen beiden benachbarten Völkern eher verdunkeln sollte. In solchen Zeiten standen nicht mehr der kulturelle Austausch und die gegenseitige Befruchtung auf geistigem Gebiet im Vordergrund, sondern persönliche Machtbestrebungen und rein wirtschaftliche Interessen.

Um die Wende vom zweiten zum ersten vorchristlichen Jahrhundert kam in Judäa ein hellenophiler, gewaltsüchtiger Herrscher an die Macht, Alexander Jannaios, der sich selbst zum König ernannte. Dieser entriß den Nabatäern Teile ihrer Ländereien östlich des Jordans und den für ihren Handel so wichtigen Hafen von Gaza, wo ein Großteil der von nabatäischen Karawanen aus dem fernen Osten herbeigeschafften Güter nach Ägypten verschifft wurden. Der zeitweilige Verlust des Hafens trübte vorübergehend die Beziehungen zwischen den beiden Völkern. König Aretas III., der 87 v. Chr. den Thron bestieg, eroberte die Küste zurück, verzichtete aber auf weitere Feldzüge und schloß, nachdem er Alexander Jannaios besiegt hatte, trotz seiner militärischen Überlegenheit Frieden mit ihm und verließ das Land. Mit folgenden Worten schildert uns Josephus Flavius diese Vorgänge:

»Nach diesen Ereignissen brachten die Damaszener aus lauter Haß, den sie gegen Ptolemaeus [den Herrscher Ägyptens] verspürten, Aretas, den Araber, in ihr Land und machten ihn zum König der Heere Syriens. Er griff

Judäa an, schlug Alexander Jannaios im Kriege, doch schloß er mit ihm einen Friedensbund und verließ das Land.«[141]

Diese Worte des Josephus machen deutlich, auf welche Weise Damaskus unter nabatäische Herrschaft geriet. Aretas III. wurde von der Bevölkerung herbeigerufen, um in bedrängter Lage die Herrschaft zu übernehmen. Dies geschah um das Jahr 60 v. Chr. Die nabatäische Machtübernahme war weder das Resultat von Machtgier noch diente sie wirtschaftlichen Interessen. Auch wenn dieser Akt der Hilfeleistung an sich noch nicht bemerkenswert erscheint, so muß der freiwillige Rückzug als ein Ereignis betrachtet werden, wie es sich in der Weltgeschichte nur selten zugetragen hat. Vor diesem historischen Hintergrund gewinnt auch der freiwillige Verzicht auf die staatliche Souveränität im Jahre 106 n. Chr. und die Unterwerfung unter römische Oberherrschaft an Glaubwürdigkeit.

Konflikt oder Konkurrenz?

Strabos Berichten zufolge teilte der nabatäische König seine Ämter mit dem »Epitropos«, einem Kanzler mit weitreichenden Machtbefugnissen: »Die Stadt wird von einem Manne aus dem königlichen Geschlecht beherrscht, und der König hat einen seiner Freunde, der sein ›Bruder‹ heißt, zum Statthalter.«[142] Der König selbst kümmerte sich nur um religiöse, kulturelle und kultische Belange.[143] Als Priesterkönig war er der eigentliche geistige Führer seines Volkes. Eher weltliche Staatsangelegenheiten gehörten in die Zuständigkeit des Epitropos. Das Schicksal einer dieser Epitropoi, *Sylläus*, nimmt einen besonderen Platz in der nabatäischen Geschichte ein. Er regierte an der Seite von Obodas III. (30-9 v. Chr.) und maßte sich eine beherrschende Stellung an. Als Aretas IV. die Nachfolge des verstorbenen Königs antrat, war dieser noch nicht mündig, Sylläus dagegen war intrigant, machtsüchtig und falsch und nutzte die Unerfahrenheit des neuen Königs rücksichtslos für seine eigenen Ziele. Dabei verwickelte er das Reich in manch sinnlose Schlacht. Mehrere Auseinandersetzungen im Grenzgebiet von Nabatäa und dem von Herodes des Großen regierten Judäa fanden während einer kurzen Epoche der Spannungen zwischen beiden Staaten statt, verfolgten doch die Herrscher auf beiden Seiten expansive Absichten. Während seiner letzten Lebensjahre unterstützte Sylläus Terrorakte gegen Judäa im Süden Syriens. Im Jahre 6 v. Chr. wurde er in Rom zum Tode verurteilt und auf Befehl des Kaisers Augustus hingerichtet.[144]

In Judäa verfügte der König grundsätzlich nur über weltliche Machtbefugnisse. Der Tempeldienst, der Opferkult und die religiöse Führung des Volkes lagen in den Händen des Priestergeschlechts. Es gehörte zur Aufgabe des Klerus, dafür zu sorgen, daß die Staatsführung die von Gott gegebenen Gesetze respektierte. Nur in Zeiten des Niedergangs eigneten sich die Herrscher Judäas auch das Amt des Hohenpriesters an.[145]

In jener Epoche, in der es zu bewaffneten Konflikten zwischen Nabatäa und Judäa kam, war der übliche Herrschaftsmodus in seinen unterschiedlichen Formen der Gewaltenteilung auf beiden Seiten gestört. Auf der einen Seite stand Sylläus, der seine Kompetenzen überschritten hatte, seinen eigenen Machthunger stillte und damit den Traditionen seines Volkes entgegenwirkte, auf der anderen Herodes, der ebenso machtgierig den Tempeldienst in Beschlag zu nehmen drohte. Das judäische Land war zum Vasallenstaat des römischen Imperiums geworden. Nur die Anwesenheit des römischen Militärs sicherte Herodes seine Macht. Das früher so hoch entwickelte religiöse Leben mit der ersten monotheistischen Religion in der Menschheitsgeschichte sank nun auf einen nie erreichten Grad der Dekadenz. Herodes war Halbedomiter. Er wurde im hebräischen Volksmund als »edomitischer Sklave« bezeichnet. Seiner Abstammung nach stand er den Nabatäern näher als den Juden. So verwundert es nicht, wenn ein Nicht-Jude, der nur durch römische Gnade herrschte, vom Volk gehaßt wurde und mit grober Hand in die Tempelmysterien und Kulte eingriff, auch eine Verfinsterung der sonst so harmonisch verlaufenden Beziehungen zu den nabatäischen Nachbarn in Kauf nahm.

Verlief der staatliche und vor allem der geistige Austausch zwischen den beiden Völkern ansonsten harmonisch, so wurde in der herodianischen Zeit diese Harmonie empfindlich gestört. Ihre unterschiedlichen Auffassungen und Gewohnheiten, die Gegensätze in ihrer Weltanschauung ermöglichten bisher einen Austausch, der frei war von Konkurrenz. *Konkurrenz* bedeutet wörtlich »miteinander laufen«. In diesem Sinne liefen die beiden Völker tatsächlich nebeneinander und nicht gegeneinander. Nun aber herrschte eine Ausnahmesituation, die eine Übereinstimmung der politischen Absichten beider Staaten mit sich brachte und in der vergleichbare Interessen aufeinanderprallten. Sobald sich die sonst so polaren Tendenzen beider Nachbarn anzugleichen schienen, brachen blutige Auseinandersetzungen aus.

Unterschiedliche Herrschaftsformen

Während der Hellenismus den Gepflogenheiten am nabatäischen Königshof einen deutlichen Stempel aufgedrückt hatte, wurden in Judäa noch immer dieselben traditionellen Herrschaftsformen gepflegt wie schon vor der Zerstörung des ersten Tempels 586 v. Chr.

Das zweite Buch der Könige berichtet von den Ereignissen, die sich nach der Regentschaft Salomos an den Höfen des gespaltenen Reiches abgespielt hatten und an dessen Ende die Zerstörung des ersten Tempels stand. Das religiöse Verhalten der judäischen und israelitischen Könige wäre eine eigene Darstellung wert. Sie schwankten ununterbrochen zwischen dem Glauben an den einzigen Gott, der sich Moses auf dem Berg Sinai offenbarte, und den polytheistischen Kulten der benachbarten Paganen. Die Dauer einer Regentschaft und das Gelingen politischer Absichten wird vom Verfasser des alttestamentlichen Textes in einem unmittelbaren Zusammenhang mit der Glaubenshaltung gesehen. Diente der König Jahwe, war er mit Erfolg und einem langen Leben gesegnet. Verfiel er dagegen dem Götzendienst, sollte ihm nur eine kurze Herrschaft beschieden sein.[146] Merkwürdigerweise hieß einer der letzten Könige des judäischen Reiches, von dessen Totenkulten und Feuerbestattungen die biblische Geschichtsschreibung mit Verachtung berichtet, Jerow'am Ben Nebat. Die Laute N-B-T, aus denen sein Name besteht, sind uns inzwischen vertraut; es sind die gleichen Wurzelkonsonanten, aus denen auch das Wort »Nabatäer« gebildet wird.

Die Zeitspanne der nabatäischen Königsherrschaft war verhältnismäßig kurz. Sie währte vom zweiten vorchristlichen Jahrhundert bis zum Jahre 106 n. Chr. Überschritt der judäische König, wenn er in kultische Angelegenheiten eingriff, eindeutig seine Kompetenzen, so bildeten Priesterdienste die eigentliche Aufgabe der Nabatäerkönige, deren Amtszeit in einigen Fällen mehr als dreißig Jahre betrug. Stets waren sie im kultischen Leben stärker engagiert als in der Verwaltung ihres Reiches.

Auch die Art der Verehrung, die das Volk seinem König entgegenbrachte, war unterschiedlicher Natur. Alle judäischen Herrscher hatten der biblischen Schilderung zufolge allzu menschliche Züge. Keiner von ihnen wurde als unfehlbar betrachtet, keiner wurde, wie man es von den späteren römischen Herrschern kennt, zum Gott erhoben und als solcher angebetet. Bei den Nabatäern mußte sich der König dem Urteil seiner Untertanen stellen. Strabo berichtet: »Oft legt er [der König] dem Volk Rechenschaft ab; bisweilen wird selbst sein Lebenswandel untersucht.«[147]

Vielleicht war es gerade die durch seine Rechenschaftspflicht entstehende Nähe zum Volk, die dem König nicht nur seine Popularität sicherte, sondern auch dafür sorgte, daß Obodas nach römischer Sitte zum Gott erhoben wurde. Noch heute finden sich in der Stadt, die seinen Namen trägt, die Überreste eines ihm geweihten Tempels (Abb. 12).[148]

Christentum und religiöses Bewußtsein

Je näher die Zeitenwende heranrückte, desto stärker wurde in den spirituellen Zentren der antiken Welt das Nahen und die Entfaltung neuer geistig-religiöser Impulse wahrgenommen. Gerade innerhalb des Judentums war dieses Bewußtsein in höchstem Maße entwickelt. Die Schriftrollen, die man am Toten Meer fand, nahe der Grenze zwischen Judäa und Nabatäa, deuten darauf hin, daß die Essener bereits ein halbes Jahrhundert vor der Geburt Jesu eine genaue Vorstellung von einem Ursakrament im Sinne der christlichen Eucharistie hatten. Der Gedanke der Menschwerdung eines göttlichen Wesens beschäftigte die gesamte damalige Welt.[149] Rudolf Steiner spricht davon, daß zu dieser Zeit in den verschiedensten Kulturen eine Ahnung vom Nahen dieses Ereignisses aufkeimte. Mit der Zeitenwende begann nicht nur eine neue Zeitrechnung, sie markiert auch einen kurzen Moment in der Weltgeschichte, wo verschiedene geistige Strömungen zu einem gemeinsamen spirituellen Verständnis und zu einem vergleichbaren geistigen Streben zusammenfanden, die für das nun entstehende Christentum eine Grundlage bildeten, auf der es sich zur Weltreligion entwickeln konnte.

Die Gegensätze zwischen Judäa und Nabatäa lassen sich auch im Hinblick auf ihren unterschiedlichen Beitrag betrachten, mit dem beide Völker auf die Entwicklung des Christentums Einfluß nahmen. Innerhalb des Judentums wurde auf tragische Weise das Verstummen der göttlichen Stimme erlebt. Infolge dessen setzte sich im geistigen und religiösen Leben eine analytische Haltung durch. Einzige Erkenntnisquelle war die Überlieferung, in der das göttliche Wort festgehalten wurde. Um den Willen Gottes zu ergründen, mußte man die religiösen Schriften, aus denen er sprach, studieren und deuten. Dazu war es notwendig, die Überlieferung möglichst rein zu erhalten, von verfälschenden Einflüssen zu schützen und fremdes Gedankengut, das nicht unmittelbar den eigenen Quellen entsprang, fernzuhalten. War die göttliche Offenbarung ursprünglich an das ganze Volk gerichtet, wurde sie nun innerhalb eines kleinen Kreises von Schriftgelehrten gepflegt. Aus der Zeit Christi stammt eine Stelle aus dem Talmud, die diese Einstellung deutlich macht: »Moses empfing die Thora auf dem Sinai und übergab sie Josua; Josua den Ältesten, die Ältesten den Propheten, und die Propheten übergaben sie den Männern der großen Synagoge. Diese sprachen drei Worte: Seid milde im Gericht, nehmt viele Schüler auf, und machet einen Zaun um die Lehre.«[150]

Jener »Zaun« mußte deshalb errichtet werden, weil die göttliche Offenbarung verstummt war und dasjenige, was einst aus dieser Weisheitsquelle geschöpft werden konnte, auch für die kommenden Generationen erhalten werden mußte. Alles, was das Bewahren dieses so kostbaren geistigen Gutes gefährden konnte, sollte außerhalb des Zauns verbleiben.

Für die beiden so grundverschiedenen Nachbarn bedeutete die Zeitenwende und die Entstehung des Christentums auch einen Wendepunkt im Schicksal ihrer Völker. Das Judentum bereitete das Christentum auf einer materiell-genetischen Ebene vor. Jesus wurde innerhalb des jüdischen Volkes geboren, hat fast sein gesamtes Leben in Palästina verbracht und wurde in Jerusalem in unmittelbarer Nähe zum Tempel gekreuzigt. Wenige Jahrzehnte danach, im Jahre 70, wurde der nationale Aufstand der Juden von den Römern blutig niedergeschlagen und ihr Tempel dem Erdboden gleichgemacht. Von nun an war es für Juden verboten, sich in Jerusalem aufzuhalten. Drei Jahre danach war mit dem Massensuizid der Bewohner Massadas am Toten Meer schließlich der letzte jüdische Widerstand gebrochen, und das judäische Reich hörte auf zu existieren.

Wenige Jahrzehnte später sollte auch Nabatäa seinen Status als selbständiges Königreich verlieren und zur römischen Provinz werden, doch nahmen hier die Ereignisse einen völlig anderen Verlauf. 106 n. Chr. verzichteten die Nabatäer aus freien Stücken auf ihre Selbständigkeit und unterwarfen sich der römischen Oberherrschaft. Mit diesem nahtlosen und vollkommen friedlichen Übergang änderte sich kaum etwas im Alltag der Bevölkerung.

Die Nabatäer erlebten das christliche Urgeschehen und die Christianisierung völlig anders als die Judäer. Obwohl sich das Christentum inzwischen im ganzen Mittelmeerraum verbreitet hatte, konnten seine Anhänger zunächst nur im Verborgenen praktizieren. Während der ersten drei Jahrhunderte konnte es sich im konkreten wie auch im übertragenen Sinne nur in den »Katakomben« entfalten. Eine Ausnahme bildete das ehemalige nabatäische Reich. Auch unter römischer Herrschaft reichte der Arm der Zentralgewalt kaum bis in die unzugänglichen Wüstengebiete der nun offiziell als *Palästina salutaris* bezeichneten Provinz. Hier gab es keine Katakomben, in die man sich als Anhänger des neuen Glaubens zurückziehen mußte; Christenverfolgungen in dieser Region sind keine bekannt geworden. Für die nabatäische Geistesart war die christliche Lehre nichts anderes als die natürliche Fortsetzung eigener Traditionen.

Nicht die Judäer, vielmehr die Nabatäer erwiesen sich somit als wahre Nachfolger Christi. Auch bei ihnen lebte die Erwartung des Messias und das Wissen von seinem nahen Kommen. Seine Ankunft erlebten sie jedoch auf einer anderen Ebene als der physisch-genetischen, nämlich im Bereich des Ätherischen, der Lebenskräfte, die ihnen so vertraut waren. Als Folge einer Jahrhunderte währenden Auseinandersetzung mit den Verhältnissen in einer kargen Wüstenregion hatte sich bei ihnen ein Feingefühl und eine besondere Wahrnehmungsfähigkeit für all das entwickelt, was für das Leben und seine Erhaltung notwendig ist.

Die Nabatäer waren das erste Volk in der Menschheitsgeschichte – sofern man bei ihnen überhaupt von einem Volk im ethnischen Sinne sprechen kann –, das sich geschlossen zum Christentum bekannte. Bei ihnen herrschte eine Kultur vor, die aufgrund ihrer synthetischen Tendenzen alles Fremde assimilieren konnte. Trotz des erneuten Aufblühens ihrer Kultur in byzantinischer Zeit nahm ihr Dasein als Volk bereits kurz nach der islamischen Invasion des siebten Jahrhunderts sein Ende. Sie verließen den Negev, und ihr bisheriger Lebensraum verödete aufs neue. Niemand kann bis heute eine klare Antwort darauf geben, was aus ihren Nachkommen geworden ist. Man kann in diesem Verhalten eine ähnliche Geste wie in der Preisgabe der staatlichen Souveränität im Jahre 106 n. Chr. sehen. Beides waren Stufen auf dem Weg zum vollkommenen Verzicht auf eine völkische Identität. Diese hatte mit dem Übergang zum Christentum ihre Bedeutung verloren. Für die Nabatäer öffneten sich mit dem Mysterium von Golgatha die Tore des Himmels aufs neue. Der christliche Kult und seine Mysterien lösten alle noch bestehenden völkischen und ethnischen Bande endgültig auf.

▶ Abb. 44 und 45. Wenige Schritte, bevor man aus dem Siq heraustritt, jener Schlucht, die den einzigen Zugang nach Petra bildet, erblickt man durch den engen Felsspalt bereits die Fassade der Khaznet Fara'un.

7.
PETRA – DIE STADT DER PRIESTER UND KÖNIGE

Die Darstellung der nabatäischen Kultur bliebe ohne eine Betrachtung Petras, der Haupt- und Königsstadt von Nabatäa, unvollständig. Abgesehen von wenigen Inschriften aus den unterschiedlichen Epochen sind keine schriftlichen Dokumente vorhanden, die über die Geheimnisse dieses Ortes Aufschluß geben könnten und uns einer Enthüllung der wirklichen Bedeutung der Monumente Petras näherbringen. Der überwältigende Eindruck, den diese monumentale Stätte bei jedem Besucher hinterläßt, steht noch immer in keinem Verhältnis zum aktuellen Wissensstand. Bis heute hat es niemand vermocht, den Schleier des Geheimnisvollen vollständig zu lüften.

Bisher wurde nur ein sehr geringer Teil des etwa zwölf Quadratkilometer großen Stadtgebietes durch Ausgrabungen erforscht. Die meisten freistehenden Bauwerke sind dem Erdboden gleich, größere Flächen waren überhaupt nicht bebaut. Nur die Felsmonumente, deren Fassaden aus dem Gestein der Gebirgswände herausgehauen wurden, sind zum Teil außergewöhnlich gut erhalten. Wann die letzten Einwohner Petra verlassen haben, ist nicht bekannt; man vermutet, daß es während der beiden folgenden Jahrhunderte nach der islamischen Invasion im Jahre 638 geschah. Danach waren es nur noch Nomaden, die hier zeitweise lebten. Verborgen in einem schwer zugänglichen und felsigen Tal des transjordanischen Gebirges geriet die Lage der Stadt sehr bald in Vergessenheit, und es mußten etwa tausend Jahre vergehen, bevor sie von Johann Ludwig Burckhardt wiederentdeckt und als die ehemalige Königsstadt der Nabatäer identifiziert wurde. Burckhardts Vordringen nach Petra war ein gewagtes Unternehmen. Den einheimischen Beduinen war viel daran gelegen, die Lage der Stadt vor Fremden geheimzuhalten, denn sie vermuteten hier bedeutende Schätze. Den Anfeindungen der Einheimischen konnte Burckhardt nur dadurch entgehen, daß er, als Pilger verkleidet, vorgab, auf dem Aaronsberg opfern zu wollen, um ein Gelübde zu erfüllen. Im Sommer 1812 erreichte er durch das Wadi Musa die Stadt. Gemessen am großartigen Eindruck, den die bis dahin unbekannten Bauwerke auf einen europäischen Besucher ausüben mußten, klingen seine Berichte ausgesprochen nüchtern. Dennoch ist er sich der außerordentlichen Bedeutung seiner Entdeckung bewußt: »Künftige Reisende mögen den Ort unter dem Schutze eines Trupps Bewaffneter besuchen. Die Einwohner selbst werden sich daran gewöhnen, Fremde dort mit Wißbegier forschen zu sehen, und man wird sich dann überzeugen, daß die Altertümer von Wadi Mousa einen Rang neben den interessantesten der alten Kunst behaupten können.«[151]

150 Jahre später beendet P. J. Parr sein Resumée über die ersten vierzig Jahre der archäologischen Erforschung Petras mit den Worten: »Es wäre doch ein großer Fehler, anzunehmen, daß unsere Kenntnisse heute schon sehr detailliert oder tiefgehend seien. Tatsächlich ist sehr wenig über die Nabatäer bekannt und noch weniger über ihre Hauptstadt. Petra bleibt eine beinahe jungfräuliche Stätte. Es wird noch einmal 40 Jahre intensiver archäologischer Anstrengung bedürfen, ehe eine lückenlose Geschichte Petras geschrieben werden kann.«[152]

Seit dieser Aussage sind nun etliche Jahre verflossen, ohne daß diese Erwartung in Erfüllung gegangen wäre. Die Wissenschaft tritt noch immer auf der Stelle. Bis heute konnte kein einheitliches und lückenloses Bild von der Geschichte der Stadtentwicklung und Besiedlung Petras entworfen werden. Anstatt grundlegende Probleme, wie sie etwa den Zweck und die Bedeutung der Felsmonumente betreffen, hinreichend zu lösen, haben sämtliche Forschungen bisher immer nur neue Fragen aufwerfen können und die bestehenden Kontroversen zwischen den Gelehrten zusätzlich verschärft. Angesichts dieses Mangels an greifbaren und wissenschaftlich fundierten Tatsachen soll hier gleich von vornherein vom Versuch abgesehen werden, ein möglichst umfassendes Porträt von Petra wiederzugeben. Wir wissen zu wenig, um das Schicksal dieser Stadt eindeutig rekonstruieren zu können. Petra bleibt nach wie vor ein Rätsel. Es zu lösen muß späteren Forschergenerationen überlassen bleiben. Wir können uns nur dem unvergeßlichen Eindruck hingeben, dem sich kein Besucher dieser Stadt verschließen kann.

▶ Abb. 46. Stadtbezirk von Petra, im Hintergrund die Felswand des el-Khubtha-Massivs mit den sogenannten »Königsgräbern«.

Der Mythos des Ortes

Die frühesten Bewohner der Gegend um Petra, deren Spuren noch immer vorhanden sind, waren die Edomiter. Sie siedelten hier im ersten Jahrtausend v. Chr. Reste einer edomitischen Siedlung befinden sich auf dem *Umm el-Biyara* (Mutter der Quellen) genannten Fels, der sich bis zu einer Höhe von 350 m über dem Talkessel von Petra erhebt. Nach Osten hin hat man von hier aus einen Überblick über die gesamte Stadtanlage; nach Westen reicht der Blick bis zum Wadi Arava. Der Urvater der Edomiter war Esau, der Bruder Jakobs, der mit List um das Recht des Erstgeborenen und den Segen seines Vaters Isaak gebracht wurde (1Mo 27). Im Hebräischen bedeutet das Wort *Edom* »rot« und findet sich auch in den Begriffen *adam* (Mensch), *dam* (Blut) und *adama* (Erde) wieder. Tatsächlich waren die Edomiter ein erdgebundenes Volk, sie lebten als Krieger und Jäger, und das nach ihnen benannte Edomgebirge zeigt einen rötlichen Schimmer. Es erstreckt sich südöstlich des Toten Meeres bis zum Golf von Eilat und erreicht in seinem südlichen Teil eine Höhe von bis zu 1 600 m. Der Name *Petra* bedeutet auf griechisch »Fels« und taucht zum ersten Mal in Dokumenten aus hellenistischer Zeit auf. In seiner Bedeutung als Ortsbezeichnung kommt dieser Begriff in seiner hebräischen Entsprechung als *Sela* schon im Alten Testament vor, beispielsweise bei Jesaja: »Sendet das Schaf des Herrschers des Landes von dem Fels in der Wüste zu dem Berge der Tochter Zion.« (Jes 16,1) Seit seiner Erwähnung in dem von Diodor zitierten Bericht aus dem Jahre 312 v. Chr. wird Petra mit den Nabatäern in Zusammenhang gebracht.[153]

Petra liegt in einem Talkessel inmitten einer zerklüfteten Gebirgswüste, durch den das winterliche Regenwasser auf natürlichem Weg ins Wadi Arava abfließt und der einen Teil des *Wadi Musa* (Tal des Moses) bildet. Die dramatischen Ereignisse, die mit ihm sowohl in der jüdischen als auch in der islamischen Tradition verbunden sind, werden im vierten Buch Mose beschrieben (4Mo 20). Im Dorf, das ebenfalls den Namen Wadi Musa trägt und sich wenige Kilometer östlich von Petra befindet, wurde auf einem größeren Felsblock eine Moschee errichtet. Es soll sich dabei um den gleichen Felsen handeln, auf den Moses mit seinem Stab schlug, als das Volk vor Durst in seinem Glauben zu wanken begann: »Da kam viel Wasser heraus, so daß die Gemeinde trinken konnte und ihr Vieh.« (4Mo 20,11)[154] Dann aber sprach Jahwe zu Moses und seinem Bruder Aaron, dem Begründer des hebräischen Priestertums: »Da Ihr nicht an mich geglaubt habt und mich nicht geheiligt habt vor den Augen der Söhne Israels, darum sollt ihr diese Gemeinde nicht zu dem Lande bringen, das ich ihnen geben werde«.(4Mo 20,12)

Wenige Kilometer westlich von Petra befindet sich der *Dschebel Harun* – zu deutsch »Aaronsberg«. Hier befindet sich nach traditioneller Auffassung die Grabstätte Aarons. Ebenso wie Moses starb auch Aaron, noch bevor er das von Gott verheißene Land erreicht hatte, und konnte das Opfergebot nicht mehr selbst erfüllen.[155] »Und der Priester Aaron bestieg den Berg Hor nach dem Gebot Jahwes und starb dort im vierzigsten Jahre nach dem Auszug der Söhne Israels aus dem Lande Ägypten ...« (4Mo 33,38) Eine Legende berichtet, daß die Seele des verstorbenen Aaron auf der Suche nach ihrem letzten Ruheort über Petra schwebte. Die Berge erbebten und zerbrachen. Nur der Berg Hor zerschellte nicht.

Hier, am Schauplatz dieses mythischen Geschehens, in einer Landschaft ganz aus Fels, liegt Petra. Etwa zwei Kilometer vom Dorf Wadi Musa entfernt verengt sich das Tal nach einer scharfen Kurve zu einem Felsspalt. Hier beginnt der berühmte *Siq*, jene Schlucht, welche von Osten kommend den einzigen Zugang zu Petra bildet. Dort, wo sich der Felsspalt öffnet, hat er noch einen Breite von etwa 4 bis 5 Metern; die Wände erheben sich links und rechts bis in 50 m Höhe. Bereits wenn man sich dem Siq nähert, erblickt man seitlich des Weges würfelähnliche Steinblöcke von 3 bis 4 m Höhe (Abb. 47). Weiter oben an den Felswänden befinden sich bereits die ersten in den Fels gehauenen Monumente mit Zinnen und Obelisken. Einige von ihnen sind bis zu 15 m hoch, andere nur 30 bis 40 cm. Auch in den Felswänden des Siq entdeckt man Nischen mit Gedenksteinen, die auf die Anwesenheit einer Gottheit verweisen. Je weiter man vordringt, desto enger wird die Schlucht, bis schließlich kein direktes Sonnenlicht mehr ihren Grund erreicht. Auch das Gestein nimmt immer mehr einen dunklen rötlichen Farbton an.

Die Wirkung, die der Durchgang durch den Siq auf den heutigen Besucher ausübt, wurde vor zweitausend Jahren gewiß noch weitaus intensiver erlebt. Ein Reisender hatte einen mehrtägigen Ritt oder Fußmarsch durch die Wüste hinter sich, wenn er diesen Felskorridor betrat, der nach Petra hineinführt. Je tiefer er in den Siq vorgedrungen war, desto düsterer wurde es. An einer Stelle wird die Kluft so eng, das sie sich zu schließen scheint. Wenige Schritte darauf zeigt sich durch die Öffnung des Spaltes, wo der Siq in den Talkessel mündet, die 38 m hohe leuchtende Fassade der *Khaznet Fara'un* wie ein Traumgebilde, das einer anderen Welt anzugehören scheint (Abb. 44). Während des Vormittags beleuchtet die Sonne den bunten Sand-

Abb. 47. Blockgräber am Eingang zum Siq, Petra.

stein, der das Sonnenlicht in den verschiedensten rötlichen Schattierungen zurückwirft. Der Gang nach Petra kann noch heute im übertragenen Sinne als eine Einweihung oder Initiation erlebt werden. Die Sinneswelt verdunkelt sich, auf allen Seiten ist man von nacktem, leblosem Fels umgeben, und es entsteht der Eindruck, als würde man dem Tode entgegenschreiten. Doch dann, unerwartet, gleich einer Vision, erhebt sich die Khazneh vor unseren Augen, und wir glauben, in einer anderen Welt zu erwachen.

Die Menschen, die zu Zeiten der Nabatäer nach Petra kamen, waren Wüstenbewohner, die ihre Hauptstadt aus einem religiösen Antrieb heraus besuchten. Manche von ihnen, die als Karawanenführer in ferne Länder gekommen waren, kannten ähnliche Monumente auch aus Indien. Doch der nabatäische Stil, worin ägyptische und griechische Stilelemente mit einheimischen verschmolzen, mußte als etwas absolut Einmaliges erscheinen. Ebenso wie die meisten anderen Felsmonumente, die sich auf dem Gebiet von Petra befinden – es sind mehr als tausend an der Zahl –, ist auch die Khazneh in den Jahren um die Zeitenwende entstanden.

Abb. 48. Prachtstraße mit Propylon und Tempelbezirk, links im Hintergrund der Dusares-Tempel (Qasr el-Bint).

An der Khazneh vorbei wird das Tal zunehmend breiter. Der Weg wird auch hier von zahlreichen Felsmonumenten unterschiedlicher Art flankiert. Eine Säulenstraße nach römischem Vorbild führt zu einem Tempel, der am Ende des Tals im Schatten eines riesigen Felsmassivs steht (Abb. 48). Es ist der Tempel des Dusares, der nabatäischen Hauptgottheit. Von hier aus kann man das Tal nur noch auf steilen Pfaden durch das Gebirge verlassen, die, natürlichen Wasserläufen folgend, zu weiteren Monumenten, Triklinien und Opferstätten hinführen.

Jahrhundertelang hatten Beduinen, die in dieser Gegend lebten, Fremde von der Stadt ferngehalten. Sie vermuteten, es seien hier große Schätze verborgen, die von Eindringlingen entdeckt und geraubt werden könnten. *Khaznet Fara'un* bedeutet »Schatz des Pharaos«. Als die ersten Europäer damit begannen, Petra zu erforschen, wurden alle Erwartungen enttäuscht, einen »Schatz der Nabatäer« zu finden. Doch die Schätze dieses Ortes bestehen nicht aus materiellen Reichtümern – sie sind weitaus wertvoller. Der einstige Wohlstand der Nabatäer schien das Volk nicht zum Luxus verführt und in eine Dekadenz getrieben zu haben, wie dies bei anderen antiken Völkern zu beobachten war. Statt dessen brachte er eine Blüte der sakralen Baukunst zur Entfaltung, die den Wert des materiellen Reichtums bei weitem übertraf.

Niemand kann erklären, warum diese Phase der Baukunst nur etwa siebzig bis neunzig Jahre andauerte und weshalb sie ebenso abrupt endete, wie sie begonnen hatte. Rätselhaft ist auch, daß dieser Stil nur in Petra anzutreffen ist und anderswo kaum Verbreitung fand. Nur der Versuch, sich über die Betrachtung der Geistesart der Nabatäer einer Lösung dieser Problematik zu nähern, könnte einen »Siq« zum Kern des Rätsels eröffnen.

Petra als religiöses Zentrum

In der Nähe Petras wurden viele Bruchstücke edomitischer Keramik vom Ende des zweiten Jahrtausends v. Chr. gefunden. Die Nabatäer hingegen werden erstmals bei Diodor im Zusammenhang mit dem Kriegszug des Antigonos Monophthalmos 312 v. Chr. erwähnt. In derselben Schrift wird auch von einem Zufluchtsort der Nabatäer gesprochen, der als »Fels« bezeichnet wird:

»Es stand nun damals ein großer Markt bevor, wo sich Leute aus der ganzen Umgebung einzufinden pflegen … Sie ließen, wenn sie sich dorthin begaben, ihre Habe sowie die Greise, Kinder und Frauen in Petra [Sela] zurück. Diese Felsenburg ist außerordentlich fest, wenngleich nicht ummauert. Vom besiedelten Land war es zwei Tagesreisen entfernt.«[156]

Der von Diodor erwähnte Ort befand sich möglicherweise auf jenem Berg, der heute als Umm el-Biyara (Mutter der Quellen) bekannt ist und sich im Westen Petras erhebt. Es war ein Ort – dies kann aus Diodors Worten herausgelesen werden –, der abseits vom Gebiet der heute als Petra bekannten Stadt gelegen war.

Petra entwickelte sich allmählich zum religiösen Zentrum des gesamten nabatäischen Raums. Im zweiten Jahrhundert v. Chr. wurde es zum Sitz der Könige. Auf den Bergen, die die Stadt nach allen Seiten umgeben, befanden sich die frühen Opferstätten. Der Kult wanderte im Laufe von etwa hundertundfünfzig Jahren von den Gipfeln hinunter in die Tempel der Stadt, vom Freien in den geschlossenen Kultraum.

Die meisten zum Teil heute noch zu besichtigenden Bauwerke Petras entstanden in den beiden letzten Jahrhunderten vor dem Ende der nabatäischen Königsherrschaft im Jahre 106, noch bevor sich das Christentum verbreiten konnte. Dabei handelte es sich zunächst nur um »Götterwohnungen«. Wohnhäuser, wie sie jüngst bei Ausgrabungen freigelegt wurden, entstanden erst später. Gemessen an der Bedeutung dieser Stadt und ihrer Gesamtfläche erscheint ihre Zahl gering. Petra kann kein Ort gewesen sein, der von vielen Menschen ständig bewohnt wurde.[157]

In ihrer Funktion als Hauptstadt der Nabatäer nahm Petra eine Sonderstellung ein.[158] Hier residierten die Könige, die sich mehr den geistigen Angelegenheiten und der religiösen Praxis als den politischen Tagesgeschäften zuwandten. Es wurde in Petra kein Königspalast gefunden. Der Herrscher war ein wirklicher *primus inter pares*, ein Erster unter Gleichen. Er lebte unter seinem Volk, das sich zu kultischen Mysterienversammlungen in Petra zusammenfand, und gab ihm in seiner nomadischen Lebensweise ein Vorbild. Weder der Wohlstand noch die immense politische Macht konnten die nabatäischen Könige von ihren traditionellen Gepflogenheiten abbringen.

Scheinarchitektur als Ausdruck des Auferstehungsgedankens

Petra wird meist als Nekropole, als Totenstadt bezeichnet. Doch wer jemals Petra besucht hat, wird dies kaum verstehen können, denn es widerspricht den eigenen Empfindungen, die man auch angesichts der vom Verfall gezeichneten Monumente entwickelt. Wie läßt sich das erklären?

Dem Menschen, der fest in den nabatäischen Glaubensvorstellungen verwurzelt war, erschien die physisch-materielle Welt nur als Schein, als ein Korridor oder Vorhof zur Welt, in die die Toten eintreten. Dort erwachen sie zu einem neuen Leben, wie es bildlich im Symbol des Phönix zum Ausdruck kommt. Die materielle Welt glich der Wüste, die durchwandert werden mußte, bevor man Petra erreichte. Hier, am Ende des Pilgerwegs, sollte im Kult mit Hilfe der Verstorbenen die Verbindung zur nachtodlichen Welt aufgenommen werden. Dazu dienten die zahlreichen Felsmonumente. Man kann sie nicht wirklich als »Bauwerke« bezeichnen. Sie wurden aus dem Fels herausmodelliert und sind in ihrer Dreidimensionalität beschränkt. Niemals könnten sie frei in der Landschaft stehen. Sie sind nicht vollständig der materiellen Welt angepaßt. Sie gleichen einem Scheingebilde, das sich den Gesetzen der Materie nicht vollständig unterwirft. Dem entspricht es

auch, daß sie keine Kulträume umschließen, die ihrer äußeren Größe entsprechen. Im Totengedenken trafen sich Könige und Hirten im Dunkel der kleinen Innenräume, um eine Zeremonie zu vollziehen, die alle Standesunterschiede aufhob.

Als die Nabatäer mit dem Christentum bekannt wurden, fand eine Sinneswandlung statt. War es der dreijährige Aufenthalt von Paulus in Petra, der dies bewirkte? Für Paulus war der Auferstehungsgedanke eine spirituelle, keine physisch-materielle Realität. Hier in Petra lebten Menschen, für die die Verbindung mit ihren Toten und die Welt des Jenseits ebenso auf einer Gewißheit beruhte. Der neue Glaube, in dem sich Gott den Menschen nahte, mußte hier auf einen fruchtbaren Boden fallen und als Erfüllung all dessen erscheinen, was bereits in den alten Sonnenmysterien verkündet wurde. Der Auferstehungsgedanke, wie er bereits in den überlieferten Glaubensvorstellungen verwurzelt war, verbreitete eine Adventsstimmung über das ganze Land, die in der Menschwerdung Christi ihre Erfüllung fand. Auf völlig harmonische Weise ging man dazu über, das Kreuz als das Symbol einer neuen Geistigkeit anzuerkennen. In Petra muß dieser Prozeß seinen Anfang genommen haben, der allmählich auf den gesamten nabatäischen Raum übergriff. Vielleicht ist es dieser Auferstehungsgedanke, der schon in vorchristlicher Zeit im nabatäischen Totenkult lebendig war und sich vielleicht auch in unserer Zeit noch dem Besucher beim Anblick der Ruinen Petras vermittelt.

Abb. 49. Sogenanntes »Palastgrab«, Petra.

8.
SHIVTA – DIE STADT DER KIRCHEN UND ZISTERNEN

Shivta – so lautet der heute in Israel geläufige Name jener Ruinenstadt, die in der Vergangenheit auf griechisch *Sobota* oder *Isbeita* hieß und nach ihrem Untergang von den Arabern *Subeita* genannt wurde. Sie ist die am besten erhaltene antike Siedlung des Negev und liegt rund vierzig Kilometer südöstlich von Beer Sheva, in einem Gebiet, das die ihrem Durchschnitt nach niedrigste Luftfeuchtigkeit im ganzen Land aufweist. Die dort herrschende Trockenheit ist einer der Gründe, die zum guten Erhaltungszustand der Ruinen beigetragen haben. Zu den größten Feinden der Archäologie gehört nämlich neben den Ruinenräubern die hohe Luftfeuchtigkeit.

Der Besucher erreicht Shivta auf einer wenig befahrenen Straße, die von Beer Sheva nach Süden führt, durch eine Gegend, in der man auch heutzutage nur ganz vereinzelt auf Siedlungen stößt. Während Beer Sheva noch zur Wüstenrandregion zählt, deren winterliche Niederschlagsmenge gerade noch eine Landwirtschaft ohne künstliche Bewässerung erlaubt, so mißt man in der Gegend von Shivta im Jahresdurchschnitt weniger als 100 mm, ein Wert, der zu den niedrigsten in Israel gehört (siehe Karte 5, S. 133). Um hier noch Ackerbau betreiben zu können, wird Wasser aus entfernten Gebieten in die Region geleitet. Je mehr man sich vom Norden her Shivta nähert, desto deutlicher tritt der Wüstencharakter der Landschaft hervor. Die Hügel werden kahler, die Vegetation ärmer. Nur wenige Arten von Pflanzen überleben den Wassermangel während der langen, dürren Sommermonate. Kaum ein Baum verträgt die dort herrschende Hitze und Trockenheit; nur einige kleinblättrige Büsche und Gräser können hier gedeihen. Wenn man die Region des nördlichen Negev im Hochsommer besucht, kann man aber an den verdorrten Überresten der Vegetation noch erkennen, daß der Frühling die gesamte Landschaft mit einem dünnen Flaum von

Gräsern bedeckt hatte. Doch je weiter man nach Süden vordringt, desto dürftiger wird der Bewuchs. Nur noch in den Bodensenken sammelt sich genügend Feuchtigkeit. In der Nähe von Shivta trifft man nur noch in den Trockenbetten der Wadis auf Spuren von pflanzlichem Leben.

Fünf Kilometer vor Shivta endet die gut befahrbare Straße. Von nun an führt eine schmale Wüstenpiste weiter zum Ziel. Die Stadt liegt in einem Tal von etwa sechs bis sieben Kilometern Breite, dessen westliche Seite von breiten, sandigen Wadis durchfurcht ist, während die östliche Seite einen sanften Anstieg zu den Hügeln am Rande des Tals aufweist. Etwa in der Mitte dieses Tals, am nördlichen Ufer des Wadi *Zeitan*, befindet sich eine leichte Erhebung, auf der sich die Ruinen der einst mit Leben erfüllten Stadt Shivta befinden. Mehr als tausend Jahre sind nun vergangen, seitdem Shivta von seinen Einwohnern verlassen wurde. Weit abgelegen von den wichtigsten Verkehrswegen wurde der Ort während vieler Jahrhunderte kaum frequentiert und blieb von mutwilligen Zerstörungen und späterer Überbauung verschont.

Die Wiederentdeckung Shivtas

Wer sich der Stadt nähert, erblickt schon von weitem ihre Außenmauern und die sich nach Westen hin öffnenden Apsiden der Nordkirche, die in voller Höhe erhalten sind. Shivta erstreckt sich über eine Grundfläche von 81 000 m² und besaß keine eigentliche Stadtmauer. Die Außenmauern der Häuser am Rand der Siedlung bildeten eine geschlossene steinerne Haut, die nur durch die wenigen Zugangswege durchbrochen wird. Wie auf der Rekonstruktionszeichnung deutlich zu erkennen ist (Abb. 51), folgt die Stadtanlage in ihren Umrissen keiner regelmäßigen Form. Die äußere Begrenzung verläuft in einer vielfach gebrochenen Linie. An manchen Stellen sind diese Außenmauern noch bis zu einer Höhe von vier bis fünf Metern erhalten und ermöglichen einen seltenen Einblick in die antike Bauweise. Die verwendeten Steine stammen aus der unmittelbaren Umgebung der Siedlung. Das härtere Gestein wurde für die unteren Mauerpartien verwendet, der weichere Kalkstein, den man an der besser geglätteten Oberfläche leicht erkennen kann, für die oberen Stockwerke. Am höchsten Punkt der Stadt, die nach Süden hin zum Wadi *Zeitan* leicht abfällt, erheben sich die

▶ Abb. 50. Shivta.

Abb. 51. Partielle dreidimensionale Rekonstruktion des Stadtbildes von Shivta (nach A. Segal).

noch immer imposant erscheinenden Überreste der Nordkirche (Abb. 24, S. 108). Im Umkreis der Siedlung befinden sich Ruinen von weiteren größeren Gebäuden, zum Beispiel Weinpressen, die gemeinschaftlich genutzt wurden, sowie umfangreiche Tiergehege.

Obwohl Shivta zu den größten Siedlungen des Negevs gehörte, war bis zur Entdeckung der Papyri von Nessana bei Ausgrabungen in den Jahren 1935 bis 1937 selbst ihr früherer Name ungewiß.[159] In Urkunden, die von militärischen Unternehmungen berichten, wird Shivta überhaupt nicht erwähnt. Die Stadt wurde von keiner der wichtigen Routen durch den Negev berührt (siehe Karte 3, S. 128) und hatte daher offenbar keinerlei militärische Bedeutung. Da sie kaum einer Bedrohung ausgesetzt war und somit auch keine Verteidigungsanlagen besaß, wurde sie wahrscheinlich nicht einmal zu den Städten gerechnet. Ihre Erwähnung in den Papyri, die vom Ende des siebten Jahrhunderts stammen, steht im Zusammenhang mit Spenden an ein Kloster, das dem Heiligen Sergius geweiht war, und mit Beschwerden der Bürger wegen zu hoher Steuern unter dem zu diesem Zeitpunkt bereits islamischen Regime. Während auf dem Gelände anderer ehemaliger Nabatäersiedlungen später Karawansereien errichtet wurden, blieb Shivta fern von den meistfrequentierten Karawanen- und Handelswegen über Jahrhunderte hinweg unbeachtet.

Das wissenschaftliche Interesse für diese Stadt begann im Jahre 1904 mit den archäologischen Untersuchungen von Vincent, Jaussen und Savignac. Sie entdeckten unter anderem eine Inschrift auf einem Stein, der von einem älteren Gebäude stammt und beim Bau einer Kirche wiederverwendet wurde. In nabatäischer Schrift und Sprache wird darin König Aretas IV. erwähnt. Dieser regierte von 9 v. Chr. bis zum Jahre 40. Damit gilt es als sicher, daß die Gründung der Stadt noch in der Zeit des nabatäischen Königreichs erfolgt sein muß. Eine weitere, außerhalb der Stadt gefundene Inschrift, in der die Gottheit Duschara erwähnt wird,[160] verweist ebenso wie die Funde nabatäischer Keramik im Süden der Siedlung in dieselbe Zeit. Es ist anzunehmen, daß schon lange, bevor diese Inschriften in Stein gehauen wurden, der Ort bewohnt war und man mit dem Bau von steinernen Häusern begonnen hatte. Die Anfänge der Besiedlung des Hügels von Shivta liegen vermutlich im ersten Drittel des ersten Jahrhunderts v. Chr. Warum Menschen einen solchen Ort wählten, der abseits aller Handelswege lag und abgesehen von den winterlichen Regenfällen ohne natürliche Wasservorkommen war, bleibt zunächst noch völlig ungeklärt. Eine Ansiedlung unter diesen ungünstigen Bedingungen bedarf nicht nur guter Gründe, sondern auch des Wissens, wie die Wüste bezwungen und der menschlichen Zivilisation erschlossen werden kann.

Profanbauwerke

Im Vergleich zu anderen nabatäischen Siedlungen wurde mit der Bebauung Shivtas relativ spät begonnen, nämlich in den Jahren um die Zeitenwende. In den folgenden Jahrhunderten hat sich die Stadt vom Ufer des Wadi Zeitan nach Norden hin ausgedehnt. Das Stadtbild, wie es sich heute präsentiert, trägt typisch byzantinische Merkmale und stammt aus dem vierten

Abb. 52. Haus an der Südmauer, Shivta.

bis sechsten Jahrhundert. Ältere Schichten mit den Spuren der ursprünglich nabatäischen Bauweise liegen unter den Ruinen später entstandener Gebäude im Süden der Stadt verborgen und wurden bis heute nicht freigelegt.

Vom Wadi aus führt eine etwa zwei Meter breite Straße in diesen südlichen Teil der Stadt. Betritt man Shivta an dieser Stelle, sieht man zur Linken ein Gebäude, dessen Mauern bis zu einer Höhe von etwa fünf Metern erhalten sind (Abb. 52). Es ist ein charakteristisches und in seinem Erhaltungszustand seltenes Beispiel für den lokalen byzantinischen Baustil, der auf älteren nabatäischen Vorbildern beruht.[161] Die eingefallene nördliche Außenmauer ermöglicht es, einen Blick in den Innenraum zu werfen, dessen ursprüngliche auf drei Bögen gestützte Decke noch weitgehend erhalten ist.

Folgt man der Straße weiter nordwärts, so gelangt man nach etwa einhundert Metern zu einem der deutlich erkennbaren Stadtzentren. Es ist ein größerer freier Platz, der jedoch in früheren Zeiten von zwei großen Wasserreservoiren eingenommen wurde (Abb. 53). Eines davon ist nur noch undeutlich zu erkennen. Im Gegensatz zu diesem weist das Mauerwerk des

Abb. 53. Stadtzentrum mit Südkirche und öffentlicher Zisterne.

besser erhaltenen südlichen Reservoirs sogar noch Spuren eines wasserdichten Verputzes auf. Eine Treppe führt ins Becken hinab, und die steinernen Kanäle, durch die das Wasser aus verschiedenen Richtungen hineingelangte, sind ebenfalls noch zu sehen.

Bei der Planung der Stadt nutzte man das natürliche Gefälle, um im Winter das Wasser der wenigen, aber heftigen Regenfälle aufzufangen. Die Straßen wurden so geführt, daß sie das Wasser in steinernen Kanälen direkt

Abb. 54. Südkirche, Shivta.

zu den zentralen Zisternen leiteten. Im Gegensatz zum typischen Stadtbild einer römischen Siedlung, in der die Straßen geradlinig verlaufen, ohne Rücksicht auf die Beschaffenheit des Geländes zu nehmen, erscheint das Stadtbild Shivtas auf den ersten Blick völlig planlos (siehe Abb. 50). Dies täuscht jedoch. Auf jede Krümmung der Oberfläche wurde Rücksicht genommen, um das Wasser zu kanalisieren und zu sammeln.

Die Südkirche

Östlich vom zentralen Wasserreservoir befindet sich der Eingang zum Atrium der Südkirche (Abb. 54). Diese gehört zu den frühesten christlichen Kultgebäuden des Negev und birgt daher viele Besonderheiten, die im späteren Kirchenbau nicht mehr anzutreffen sind. Noch heute kann die Harmonie der Anlage deutlich wahrgenommen werden. Die Kirche spricht auch noch als Ruine eine besonders anmutige Sprache und soll daher ausführlich betrachtet werden.

Drei Stufen führen durch eine von einem plastisch verzierten Rahmen umgebene Tür in einen kleinen Vorraum, dessen hohe Decke einst von drei Querbögen gestützt wurde. Links davon befindet sich ein weiterer schmaler Raum mit einer Zisterne. Bevor das Wasser vom flachen Dach in das Sammelbecken gelangte, floß es durch eine steinerne Siphon-Vorrichtung, worin sich der mitgeführte Sand absetzen konnte. Gemessen am Atrium vergleichbarer Kirchenbauten ist dieser Vorraum außergewöhlich schmal (vgl. Abb. 53). Bei der Planung der Kirche, mit deren Bau um das Jahr 350 begonnen wurde und die somit zu den ältesten Monumenten des Christentums gehört, mußte auf die vorhandene Bebauung Rücksicht genommen werden. Ob auch hier ein früheres nabatäisches Heiligtum oder gar ein Tempel stand, wie man ihn in Elusa vermutet, könnte nur durch weitere Ausgrabungen festgestellt werden. Die Abmessungen des eigentlichen Kultraumes entsprachen einer strengen Ordnung; daher blieb den Erbauern nichts anderes übrig, als den Vorraum zu verkleinern, um die Gesamtanlage in ihrer Ausdehnung dem vorhandenen Areal anzupassen.

Wie alle anderen Kirchen Shivtas ist auch die Südkirche nach Osten ausgerichtet, in Richtung der aufgehenden Sonne. Bis heute ragt der Ostabschluß mit den drei halbrunden Apsiden beinahe unversehrt in die Höhe (Abb. 55). Ursprünglich war nur die Mittelapsis vorhanden. Erst später kamen die beiden Seitenapsiden hinzu. Inschriften, die in der Kirche gefunden wurden, deuten darauf hin, daß der Anbau der Seitenapsiden gegen Ende des fünften Jahrhunderts stattfand. Der Übergang zur Dreiapsidenkirche in der Geschichte des christlichen Kirchenbaus hat also in diesem Kirchenraum stattgefunden.[162] Versuche, eine zutreffende Erklärung für diesen Wandel zu finden, blieben bisher weitgehend erfolglos. Fest steht jedoch, daß die Formsprache eines christlichen Kultraumes, der den Blick des Menschen in einer dreigegliederten, halbrunden Sphäre aufnimmt, mehr als nur eine zweckgebundene Bedeutung hatte. Die Mittelapsis erhebt sich zur beachtlichen Höhe von etwa sieben Metern, die Höhe der Seitenapsiden beträgt ungefähr dreieinhalb Meter. In jeder der beiden Seitenapsiden befindet sich eine halbrunde Nische, die deren Baugestus wiederholt. Die Grundlinie der Apsiden umfaßt etwas mehr als die Hälfte eines Kreisbogens. Dadurch ergibt sich der Eindruck einer größeren Tiefe, wodurch die umhüllende Gebärde dieses Bauelements verstärkt hervortritt. Beim Betrachter entsteht so der Eindruck des Abgeschlossenseins, wie er während des Kultus in der Seele des Gläubigen ein Gefühl der Innerlichkeit hervorrufen sollte. Dieses Gestaltungsprinzip wiederholt sich auch in den anderen

Abb. 55. Ostabschluß der Südkirche von Shivta mit ihren drei in voller Höhe erhaltenen Apsiden.

beiden Kirchen Shivtas und bildet eine Ausnahmeerscheinung im Baustil der frühchristlichen Kirchen des Negev.

Das Mauerwerk der Apsiden besteht, wie auch bei allen anderen Bauwerken Shivtas, aus dem in unmittelbarer Nähe vorgefundenen Gestein und bekam *in situ* seinen letzten Schliff. Im Innern waren die Apsiden ursprünglich farbig bemalt. Noch zu Beginn des zwanzigsten Jahrhunderts waren deutliche Spuren dieser Malereien erkennbar. T. Wiegand, ein deutscher Archäologe, lieferte im Auftrag des türkischen Militärs während des ersten Weltkrieges eine Beschreibung des Negev und seiner Altertümer. In seinem Bericht, der 1920 in Berlin veröffentlicht wurde, schrieb er: »Dargestellt waren drei Gestalten mittels roter, gelber und blauer Farben. Die mittlere war lang und aufrecht, sie trug einen Nimbus. Die Figuren beiderseits möchte man als hinzufliegende Engel oder als Adoranten oder Apostel deuten und das ganze als Verklärung Christi oder Mariae.«[163] Von all dem sind heute leider nur noch spärliche und verblichene rote Farbreste an manchen Stellen zu erkennen.

Der Kirchenraum ist in drei Schiffe unterteilt. Die Seitenschiffe sind vom

Abb. 56. Taufbecken der Südkirche, Shivta.

Mittelschiff durch Säulenreihen getrennt. Jeweils sechs Säulen auf jeder Seite unterteilen den Kirchenraum in sieben Querjoche. Die Gesamtlänge der Kirche beträgt einschließlich der Mittelapsis 20,11 m, ihre Breite 15,75 m. Der Bodenbelag des Mittelschiffs bestand ursprünglich aus Marmorplatten. Auch die Wände trugen Marmorverkleidungen, die zeitgleich mit der Erweiterung der Kirche, bei der auch die Seitenapsiden hinzukamen, angebracht wurden und bis in Mannshöhe reichten.[164] Dieser graue Marmor wurde aus Griechenland importiert und während der letzten Jahrhunderte entwendet; das Mörtelbett ist zum Teil heute noch zu erkennen. Nur einige kleine Marmorreste zeugen noch von der Pracht der Innendekoration dieser und der beiden anderen frühen Kirchen Shivtas.

Die übrigen Wände der Kirche stehen teilweise noch bis zu einer Höhe von mehr als zwei Metern. Etwas von der Geborgenheit und Feierlichkeit, die der Raum einst ausgestrahlt haben muß, kann auch heute noch wahrgenommen werden. Einst trugen diese Mauern einen hölzernen, mit Ziegeln gedeckten Dachstuhl. In dem nicht weit von Shivta entfernten Elusa sind Bruchstücke von Dachziegeln in der Umgebung der Kirche, die von 1979 bis

Abb. 57. Überreste der Kirche von Elusa, der größten frühchristlichen Basilika des Negev, Mitte 4. Jahrhundert. Die Säulenbasen aus Marmor wurden an ihrem ursprünglichen Standort gefunden.

1981 teilweise ausgegraben wurde, noch immer zu finden. Von den Holzbalken blieben jedoch nur einige verkohlte Reste übrig, die man im Verlauf der Ausgrabungen in den 30er Jahren entdeckt hat. Obwohl wesentlich schlechter erhalten als die Kirchen Shivtas, ist der Anblick dieses Kultraumes nicht minder eindrucksvoll. Hier schweift der Blick des Besuchers immer wieder in die Weiten der Wüstenlandschaft, was die Polarität von Innen und Außen um so stärker zum Erlebnis werden läßt (Abb. 57).

All diese Kirchen wurden zu einem Zeitpunkt errichtet, als die Außengestaltung eines christlichen Kultbaus noch nicht jene Rolle einnahm, die sie später erhalten sollte. Es war lediglich sein Inneres, das bis ins Detail durchgestaltet wurde. Für die versammelte Gemeinde, die gekommen war, um am Kult teilzunehmen, wurde ein Raum geschaffen, der die inneren Prozesse, die die menschliche Seele beim Vollzug der Sakramente durchschreitet, sinnbildlich darstellte. Waren die alten vorchristlichen nabatäischen Kulte von solcher Art, daß man sich unter freiem Himmel den Gestirnen und Naturmächten zuwandte, so sollte der neue christliche Kult eine besonders intime, eine innere seelisch-geistige Verbindung von Mensch zu Mensch wie auch zwischen dem Menschen und der göttlichen Welt inaugurieren. Dies fand nun im Innenraum der Kirche statt, deren Apsiden als dreifaches Abbild des Himmelsgewölbes zu betrachten sind. Der Gegensatz von Leben und Tod spiegelte sich in den Kulthandlungen der vorchristlichen Zeit in der Polarität von Himmelsweite und offener Kultbühne und dem Erleben des Erdinneren, symbolisiert durch die Dunkelheit in den Räumen der Grabmonumente Petras. Der christliche Kult bedarf eines Innenraums, der das Verschmelzen dieser beiden Urprinzipien in seiner Gestaltung vollzieht. Nun wird der Kult im christlichen Sakrament zum Ausdruck der sich ihres Eigendaseins bewußten Menschenseele. Die Kirchenfassade wird zu diesem frühen Zeitpunkt noch nicht architektonisch-künstlerisch behandelt. So blieb denn auch die Außenansicht der Kirche unauffällig und ergab sich aus der Form der Innenräume und der benachbarten Gebäude.

Bei der Südkirche Shivtas befindet sich im Norden des Kirchenraumes ein kleinerer, viereckiger Raum, in dessen Wänden Schranknischen zu sehen sind. Diese könnten den Priestern zur Aufbewahrung der Hostie sowie weiterer Kultgegenstände gedient haben. Ob es das Diakonikon war, in dem die Priester sich auf den Gottesdienst vorbereiteten, oder eine Kapelle, läßt sich nicht mehr mit Sicherheit feststellen. Zwei Räume von geringen Abmessungen verlaufen parallel zur südlichen Wand des Kirchenraums. In einem davon befinden sich Bänke, im benachbarten Raum gab es eine Bodenöffnung, durch die man aus einer Zisterne Wasser schöpfen konnte. Dieses Vorhandensein eines Wasserreservoirs für kultische Bedürfnisse gehört ebenfalls zu den Besonderheiten der Südkirche.

Für die Öffentlichkeit erfolgte der Eintritt in die Kirche durch den erwähnten Vorraum an der südöstlichen Ecke des Gebäudes. Das plastische Dekor auf dem Türsturz erzählte dem Eintretenden in symbolischer Sprache von dem Geschehen, an dem er im Verlauf des Gottesdienstes teilhaben sollte.[165] An diesen Raum schloß sich nach Norden hin ein Baptisterium an, das man durch einen südlich gelegenen Vorraum betrat. Sein Ostabschluß besteht aus einer Apsis, in der sich das steinerne Taufbecken befindet (Abb. 56). Dieses ist von kreuzförmiger Gestalt, seine Innenmaße betragen 1,70 x 1,38 m, seine Tiefe 0,82 m. Im westlichen und östlichen Kreuzarm führen Stufen hinab, auf denen der Täufling hineinschritt und darin untertauchte. Das Becken besteht aus einem einzigen Steinblock und mußte vor Ort bearbeitet werden. Ein fertig ausgehöhlter Steinblock dieser Größe war für die Steinmetze des sechsten Jahrhunderts der Brüchigkeit des weichen

Abb. 59. Sogenanntes »Haus des Statthalters«, Shivta.

Kalksteins wegen nicht mehr transportierbar. Früher war das Becken mit Marmorplatten verkleidet. Auch sie wurden geraubt, doch zeugen die Dübellöcher, das Mörtelbett und kleine Marmorbruchstücke von ihrem früheren Vorhandensein. Die Größe des Taufbeckens deutet darauf hin, daß es sich um eine Erwachsenentaufe gehandelt haben muß. Erst später in der Geschichte des Christentums wurden bereits die Neugeborenen mittels Taufe in die Gemeinschaft der Christen aufgenommen. Ein kleineres, rundes Becken, das sich ebenfalls in diesem Raum befindet, könnte darauf hinweisen, daß dieser Übergang bereits in nabatäischer Zeit stattgefunden hat.

Nördlich vom Baptisterium der Südkirche ist ein Raum zu erkennen, der als Moschee diente. Die *Mihrab*, jene typische Gebetsnische, wurde so eingefügt, daß sie auf die Baulichkeit des angrenzenden Baptisteriums Rücksicht nahm. Bedeutete die arabisch-mohammedanische Invasion Mitte des siebten Jahrhunderts für die restliche nabatäisch-byzantinische Kultur das Ende, so scheinen in Shivta beide Kulturen noch eine Zeitlang friedlich nebeneinander bestanden zu haben.

Abb. 58. Treppe, die vom »Haus des Statthalters« zur Südkirche hinabführt, Shivta.

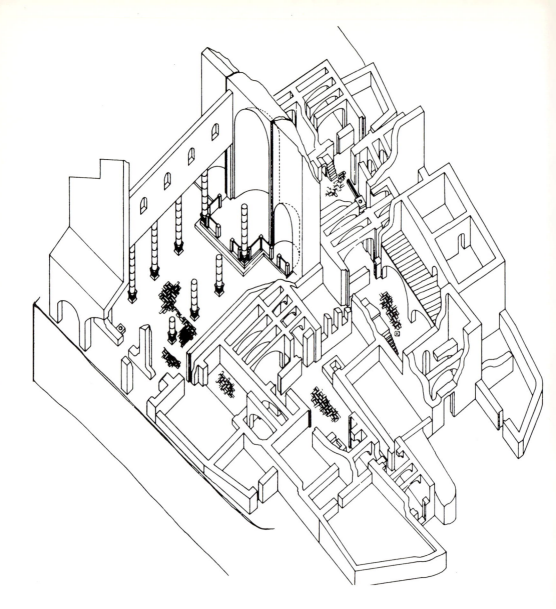

Abb. 60. Versuch einer dreidimensionalen Rekonstruktion der Mittelkirche Shivtas und ihrer benachbarten Gebäude (nach A. Segal).

Das Haus des Statthalters und die benachbarte Mittelkirche

Von der Südkirche aus führt eine mit Stufen versehene Straße nordwärts (Abb. 58). Zu ihrer Seite befinden sich steinerne, zum Teil offene, zum Teil mit Steinplatten bedeckte Kanäle bzw. Röhren, die das gesammelte Wasser zu den Zentralbecken gelangen ließen. Die Wohnhäuser, die nun in Trümmern liegen, waren Wand an Wand gebaut. So konnte die Gesamtoberfläche des Gemäuers reduziert werden, die der Sonne ausgesetzt war, und das Sammeln des Regenwassers, das auf die Dächer niederging, wurde dadurch vereinfacht. Ein Teil des Wassers wurde zur Straße hin abgeleitet und füllte die Gemeinschaftsreservoirs, ein anderer speiste die privaten Hauszisternen, sofern welche vorhanden waren. Es sei hier nochmals daran erinnert, daß nur in den Monaten Oktober bis April mit Regen gerechnet werden konnte und daß die gesamte Niederschlagsmenge eines Jahres weniger als 4% des Jahresdurchschnitts in Mitteleuropa betrug. Obwohl keine weiteren Wasservorräte zur Verfügung standen, war die Stadt dennoch von ausgedehnten landwirtschaftlichen Flächen umgeben.

Die Wohnhäuser besaßen in der Regel weder Höfe noch Gärten. Nur in wenigen vornehmen Häusern gab es ein Patio, das vermutlich überdacht war. Die enge Bebauung des Stadtgebiets wurde durch einige großzügig und durchdacht angelegte Plätze aufgelockert. Wenn man der eben beschriebenen Straße folgt, gelangt man zu einem weiteren solchen Platz. Er wird von der Fassade eines Hauses beherrscht, das während der Expedition unter der Leitung des Amerikaners Colt in den 30er Jahren als »Haus des Statthalters« bezeichnet wurde (Abb. 59). Es gehört zu den wenigen Häusern, bei denen die Überdachung des ersten Stockwerkes durch Steinplatten und die zweite Etage darüber noch in ihrem ursprünglichen Zustand sichtbar sind.

Die kleinste und jüngste der drei Kirchen Shivtas steht etwas weiter nördlich in unmittelbarer Nähe dieses Hauses (Abb. 60). Sie wurde im Verlauf des sechsten Jahrhunderts in einem offensichtlich schon früher besiedelten Stadtteil errichtet und mußte den bestehenden baulichen Gegebenheiten angepaßt werden. Dafür spricht die Nähe zur Straße, das Fehlen des Atriums und der sehr schmale Narthex. Der sich vor dem Eingang befindliche Straßenabschnitt wurde mit einem besonderen Bodenbelag versehen, wie er sonst im Straßenbau nicht verwendet wurde. Sollte es sich bei dem in der Nähe befindlichen Gebäude tatsächlich um das Haus des Stadtverwalters gehandelt haben, könnte man daraus schließen, daß die Kirche den schon früh zum Christentum übergetretenen Mitgliedern der Stadtverwaltung als Kultraum gedient habe. Dies würde auch erklären, weshalb hier im Gegensatz zu den übrigen Kirchen Shivtas kein Baptisterium vorhanden ist.

Die Säulen der Kirche wurden von Bürgern der Stadt zum Andenken an ihre Toten gestiftet. In ihren Namen, wie sie aus den Inschriften hervorgehen, verquicken sich nabatäische und griechische Elemente auf interessante Weise. So zum Beispiel der nabatäische Name *Wail*, der zu *Ouaelos* wurde

Abb. 61. Marktplatz mit Nordkirche, Shivta.

und in griechischer Schrift auf einem Säulenkapitell dieser Kirche zu lesen ist: »Zur Erlösung und Ruhe von Ouaelos, Sohn des Zonainos ...«[166] Das Vorkommen der graecisierten nabatäischen Namen deutet darauf hin, daß nabatäische Traditionen auch ein halbes Jahrtausend, nachdem der Negev zu einem Teil des römischen Imperiums geworden war, noch fortbestanden. Das Auftreten nabatäischer Namen ist ein sicheres Zeichen dafür, daß ein großer Teil der bis in das siebte Jahrhundert hier lebenden Bevölkerung direkter nabatäischer Abstammung war und deutet ebenso wie viele andere Merkmale darauf hin, daß die Auflösung des nabatäischen Königreiches und der Übergang zum Christentum Phasen einer organisch verlaufenden Entwicklung waren und keine scharfen Zäsuren mit sich brachten. Neue Impulse konnten in völliger Übereinstimmung mit bestehenden Traditionen wirksam werden. Die alten nabatäischen Namen waren, obwohl sich die griechische Sprache inzwischen durchgesetzt hatte, immer noch in Gebrauch.

Abb. 62. Atrium und Langhaus der Nordkirche, Shivta.

Die Nordkirche

Über einen gepflasterten Platz gelangt man zu dem dritten größeren Kirchenkomplex Shivtas am Nordrand der Stadt (Abb. 61). Die noch weitgehend erhaltene Außenmauer der Kirche, dem einst größten Bauwerk der Stadt, bildete einen Teil der steinernen Haut, die die ganze Siedlung umgab. Ursprünglich dürfte es sich jedoch um eine Klosterkirche gehandelt haben, die zur gleichen Zeit wie die Südkirche, also Ende des vierten Jahrhunderts, damals noch außerhalb des eigentlichen Stadtgebietes erbaut wurde.

Bevor man in den Kultraum gelangt, betritt man ein weiträumiges Atrium (Abb. 62). Es ist von mehreren kleineren Räumen umgeben, die zum Klosterkomplex gehören. Das Christentum hat sich im Süden des Heiligen Landes weitgehend durch die Anwesenheit von Mönchen und Einsiedlern verbreitet. Ihre landwirtschaftlichen und handwerklichen Aktivitäten, die sie in den Klöstern entfalten konnten, führten dazu, daß sich immer mehr Menschen in der Umgebung ansiedelten. Doch auch das spirituelle Leben, das sich hier entfaltete, förderte den Zustrom der sich in wachsender Zahl

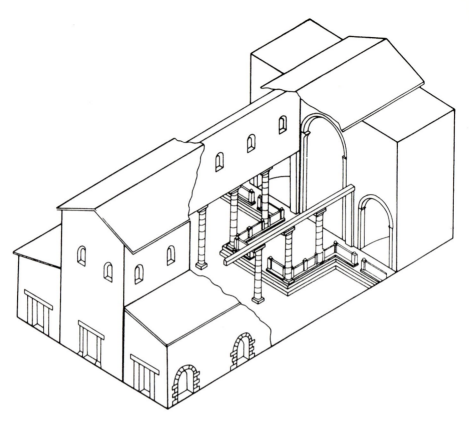

Abb. 63. Versuch einer Rekonstruktion der Nordkirche von Shivta (nach R. Rosenthal-Heginbottom).

zum Christentum bekennenden Bevölkerung. So dürfte sich auch in Shivta die Bebauung der Stadt immer weiter dem Klosterbezirk genähert haben, bis sie ihn schließlich in seine Mauern eingeschlossen hatte.

Zunächst diente die Nordkirche wohl vorwiegend den Klosterbewohnern als Kult- und Meditationsraum. Die Gestaltungsprinzipien des Innenraums entsprechen weitgehend denen der Südkirche. Es handelt sich um eine dreischiffige Basilika mit zwei Reihen von jeweils sechs Säulen, die auch hier den Kultraum in sieben Querjoche unterteilen. Auch die Abmessungen des Raumes stimmen in etwa mit denen der Südkirche überein. Mit etwas mehr als 22 m ist er zwar länger, dafür aber von geringerer Breite. Der Standort des Predigerpults zwischen der dritten und vierten Säule des nördlichen Seitenschiffs ist heute noch deutlich erkennbar. Auch bei der Nordkirche sind die drei Apsiden noch vollständig erhalten. Die Höhe der Mittelapsis beträgt 8,5 m, die Seitenapsiden sind 4,25 m hoch. In den beiden Seitenapsiden befindet sich wiederum jeweils eine halbrunde Nische, wodurch die Formsprache des Ostabschlusses und sein Dreigliederungsprinzip betont wird. Alle drei Kuppelsphären werden durch eine Auskragung der Mauer vom Wandbereich getrennt und dadurch als eigenständiges Bauglied in ihrer Einzelform hervorgehoben.

Bisher hat man als Beginn der ersten Bauphase einen Zeitpunkt gegen Ende des vierten Jahrhunderts vermutet, kurz nachdem mit der Errichtung der Südkirche begonnen wurde. Ausgrabungen aus dem Jahre 1985 deuten jedoch auf zahlreiche Veränderungen der ursprünglichen Innenausstattung hin; so lassen sich beim Bema (hebr. Bühne), der Kultbühne der Kirche, zwei Bauphasen unterscheiden. Bei einem Umbau Ende des fünften Jahrhunderts, der möglicherweise mit der Vergrößerung des Klosters einherging, wurde das Kircheninnere – ebenso wie bei den anderen Kirchen der Stadt – mit griechischem Marmor verkleidet und um die beiden Seitenapsiden erweitert. Ein Raum hinter der Stirnwand des südlichen Seitenschiffs wurde geöffnet, mit einem Gewölbe versehen und so zu einer Seitenapsis umgestaltet. Dies geschah zur selben Zeit, als überall im Negev zahlreiche neue Kirchen errichtet wurden, um den wachsenden christlich-religiösen Bedürfnissen der Bevölkerung entgegenzukommen. Die ursprüngliche und viel bescheidenere Dekoration aus dem vierten Jahrhundert kam erst bei weiteren Ausgrabungen ans Tageslicht. Die Bestandteile der älteren Innenausstattung mit sakraler Bedeutung wurden beim Umbau unter dem vergrößerten Bema begraben, darunter Teile der Chorschranken, die das Bema vom Laienbereich trennten, und auch eine Schrankensäule, die in das vierte Jahrhundert datiert werden kann (Abb. 64). Sie zeigt als Verzierung die noch typisch nabatäische schräg verlaufende Schraffierung. All diese älteren Fundstücke sind aus dem lokalen weichen Kalkstein gearbeitet und blieben nur deshalb so gut erhalten, weil sie über Jahrhunderte in der Erde vergraben waren.

Die früheste christliche Inschrift, die in Shivta gefunden wurde, stammt aus dem Jahre 505. Sie ist heute verschollen, und der genaue Ort, wo sie angebracht war, kann nur vermutet werden. Es liegt jedoch nahe, daß ihre Worte sich auf den Abschluß der Erweiterung und Erneuerung der Kirche beziehen: »Durch Gottes Hilfe wurde dieses Werk vollendet in der Zeit des höchst erleuchteten Priors und in der Zeit des Flavius Johannes, Sohn des Stephan, dem Vikar.«

Eine neue Ära des religiösen Lebens nimmt nun ihren Anfang. Die Intimität der bescheidenen Gotteshäuser wird durch reich dekorierte Kirchen

Abb. 64. Schrankensäule aus dem 4. Jahrhundert, die während der Umgestaltung der Nordkirche im 6. Jahrhundert unter dem Bema vergraben und 1992 vom Verfasser entdeckt wurde.

ersetzt, die nicht nur die Bewohner des Ortes, sondern auch Pilger auf dem Weg nach dem weit entfernten Sinai, zum Mosesberg, aufnahmen. In dieser Zeit, in der sich immer mehr Menschen beim christlichen Gottesdienst zusammenfanden, nahm auch die Reliquienverehrung ihren Anfang. In dieser frühen Form gehört sie zu den Besonderheiten des nabatäischen Christentums und kann als Fortsetzung und Verwandlung der vorchristlichen Totenkulte betrachtet werden.

Zu Beginn des sechsten Jahrhunderts hatte ein Erdbeben die Kirche in Einsturzgefahr gebracht. Man hat daraufhin ihre Außenmauern verstärkt und mit Aufschüttungen versehen, was an den nur teilweise geglätteten Steinen zu erkennen ist. Diese dicke steinerne Kruste ist an ihrer Basis 2 m breit und zum Teil bis zu einer Höhe von 4,5 m erhalten, was dem Bauwerk das Aussehen einer Burg oder Festung verleiht. Ihre Aufgabe, die Kirche vor dem Einsturz zu retten, hat sie bis in die Gegenwart weitgehend erfüllt. Die relativ grobe Bearbeitung der Steine steht in scharfem Gegensatz zu der Sorgfalt, mit der man das dahinter verborgene Mauerwerk behandelt hatte.

Gegen Ende desselben Jahrhunderts begann man damit, Mitglieder der Kultgemeinde innerhalb der Kirche zu bestatten. In der Nordkirche befanden sich achtzehn griechische Grabinschriften aus den Jahren 595 bis 679. Neben einer zusätzlichen Kapelle mit halbrunder Apsis, die sich an die südliche Außenwand der Kirche lehnt, ist auch ein Baptisterium vorhanden, dessen Taufbecken ebenso wie das in der Südkirche von einer Größe ist, die eindeutig auf die Durchführung der Erwachsenentaufe hinweist. Im sechsten Jahrhundert, als eine große Zahl von Menschen den Weg zum Christentum fand, schien ein einziges Baptisterium in Shivta nicht mehr den Bedürfnissen zu genügen.

Stadtbild und Wohnhausarchitektur

Dem Vorplatz der Kirche (Abb. 61), wo früher vielleicht der Markt abgehalten wurde, schließen sich nach Osten hin mehrere Häuser an, die als Werkstätten dienten. So ist dort noch immer ein Ofen zu sehen, der einer Bäckerei oder Töpferwerkstatt angehört haben könnte. Ebenso existieren noch Reste einer Weinpresse. Ihre Tretfläche, auf der mit nackten Füßen das Lesegut gestampft wurde, ist noch vorhanden, ebenso die Kanäle, durch die der Saft in ein tiefergelegenes Becken floß. Dieses zeigt an seinen Wänden die typische Schräg-

Abb. 65. Hauszisterne mit Röhre und Wasserbecken, Shivta. Am Rand der Zisternenöffnung sieht man noch die Spuren, die das auf- und abfahrende Seil hinterlassen hat. Die Innenseite der Röhre, durch die das Wasser in die Zisterne gelangte, zeigt das typisch nabatäische Rillenmuster.

schraffierung nabatäischer Zisternen. Zwei weitere Kelteranlagen befinden sich im Osten und im Westen der Stadt. Nur ein bedeutender Ertrag an Weintrauben kann den Bau dreier solcher Anlagen erklären.

In der Nähe der Nordkirche befinden sich auch die Ruinen größerer Wohnhäuser, die mehrere Räume enthalten. Ihre Fenster sind nur winzig, damit im Sommer keine direkte Sonneneinstrahlung möglich war und im Winter die vorhandene Wärme nicht so schnell entweichen konnte. Alle Gebäude Shivtas sind aus Steinen errichtet, ihre Außenmauern sind verhältnismäßig dick, bestehen meist aus mehreren Schichten und boten dadurch eine gute Isolierung. Viele Häuser verfügten über zwei Stockwerke, und einige hatten sogar eine eigene Zisterne von 4 bis 5 m Tiefe, in die während der kurzen Regenperiode das Wasser durch steinerne Röhren geleitet wurde (Abb. 65). Dekorative Elemente waren nur in geringem Ausmaß vorhanden; in den vornehmeren Häusern trifft man gelegentlich auf Mosaikfußböden.

Das typische Wohnhaus Shivtas besteht aus einem großen Eingangsraum, unter dem sich gewöhnlich die Hauszisterne befindet. In einigen Fällen war dieser Raum auch als offener Innenhof angelegt, von dem aus man die Wohnräume betreten konnte. Türsturz und Schwelle trugen oftmals Verzierungen. Die Dächer der Häuser bestanden aus Steinplatten, die von gemauerten Stützbögen getragen wurden (Abb. 25, S. 109 und 26, S. 110). Holz kam in den Wüstenstädten nur bei öffentlichen Gebäuden als Baumaterial zum Einsatz und mußte von weither antransportiert werden. Es wurde zur Überdachung von Räumen benötigt, deren Grundfläche zu groß war, um sie mit Bögen aus dem relativ weichen Kalkstein zu überbrücken. Durch diese Bauweise ergab sich ein Stadtbild, das einerseits von der geraden Lineatur und Rechtwinkligkeit der Gebäude beherrscht wurde, andererseits aber auch von den halbrunden Formen der Steinbögen, die das typische Bild eines Wohnraums prägten und auch an vielen der Tore und Türen der Stadt sichtbar waren. Über siebenhundert Jahre hinweg war das Leben der Menschen vom Klang der Steinmetzwerkzeuge begleitet. Die Spuren der Zahnmeißel sind auch heute noch sichtbar.

Die Umgebung Shivtas

Begibt man sich auf dem anfangs beschriebenen Weg nach Shivta, so kommt man an einem Gebirgsvorsprung vorbei, der die Taleinfahrt bewacht. Von seiner Höhe aus überschaut man das ganze Tal mit seinen trockenen Wadis und den Ruinen der einst blühenden Stadt. Der Hügel, der Shivta um etwa 80 m überragt, besteht an seinem höchsten Punkt aus einer ebenen, von einer Mauer umgebenen Fläche, die nach Osten zum Tal hin schmäler wird. In ihrer Länge mißt sie etwa 120 m, ihre durchschnittliche Breite liegt bei 30 m. Am Nordhang befinden sich mehrere Zisternen, die die Landbevölkerung der Umgebung mit Wasser versorgten.

Am südöstlichen Rand des Abhangs wurden Reste eines angeblichen Glockenturmes gefunden.[167] Mehrere kleine Räume mit je einer gut erhaltenen steinernen Bank sowie einer in die Steinwand eingehauenen Nische befinden sich im Bereich des Südhangs. Durch die Öffnungen dieser Räume, die von Bögen überspannt werden, blickt man über das breite Tal hinweg bis nach Shivta. Auf dem Plateau befinden sich die Apsis einer Kapelle

(Abb. 66) und die Grundmauern eines größeren Gebäudes mit einem Hauptraum und vier Nebenräumen. An der westlichen, breiteren Seite des Hügels war das Areal von einer Mauer begrenzt, durch die ein Tor den Zutritt ermöglichte.

Eine bogenförmige Öffnung in der Felswand markiert den heute zum Teil verschütteten Eingang zum unterirdischen Bereich dieser Anlage. Nur kriechend gelangt man in die verborgenen Gänge, die teils gemauert, teils in den Fels gehauen sind. An ihren Wänden sind griechische Inschriften und Zeichen eingeritzt. Viele von ihnen sind bis heute noch nicht entziffert, eine jedoch nennt den Namen des Heiligen Georg. Mehrere unter der Erde gelegene Räume sind noch vollständig erhalten. Unter ihnen vermutet man ein weiteres Kellergeschoß, das bisher noch nicht erforscht wurde. Deutliche Zeichen weisen darauf hin, daß Teile des Komplexes nahe am Osthang durch ein Erdbeben zerstört wurden. Einige der beschädigten Bauten hat man später wieder aufgerichtet.

Mashrafe lautet der von den Beduinen überlieferte Name dieser Ruinenstätte. Andere, genauere Hinweise über die Identität dieses Ortes sind nicht vorhanden. Nur gründliche Ausgrabungen könnten zu weiteren Erkenntnissen führen. Zu den merkwürdigsten Entdeckungen gehören drei Kreise aus behauenen Steinen, die auf eine kultische Bedeutung dieses Ortes hinweisen. Sie erwecken den Eindruck, als habe sich hier eine ehemalige nabatäische Sonnenkultstätte zu einem geistigen Zentrum des Christentums entwickelt. Es kann kaum ein Zweifel bestehen, daß es sich hier um eine bedeutende Klosteranlage gehandelt hat. Ein Italiener namens Antoninus aus Piacenza,[168] der um das Jahr 570 den Negev bereiste, berichtet von einem Kloster mit Gästehaus, das zehn Meilen von Elusa entfernt lag, und einer dem Heiligen Georg geweihten Kirche. Die Stadt Shivta selbst wird von ihm jedoch nicht erwähnt. Dennoch erscheint die Vermutung gerechtfertigt, daß er auf diesen Ort Bezug nimmt. Die Erwähnung eines Gästehauses deutet auf bedeutende Pilgerströme hin, die entweder auf der Reise in den Sinai hier Rast suchten oder deren Ziel das Kloster selbst als Ort der Verehrung eines Heiligen war.

Das Klosterleben vereinigte zu dieser Zeit zwei völlig entgegengesetzte Tendenzen des religiösen Verhaltens. Einmal war es die innere Vertiefung, der Rückzug aus der Welt und den endlosen Weiten der Wüste in die Geborgenheit der Klosterzelle, sodann die willentliche Unterwerfung unter das strenge Reglement der Klostergemeinschaft, um den gültigen Vorstellungen von einem gottgefälligen Leben gerecht zu werden. Dennoch konnten

Abb. 66. Apsis einer Kapelle, die vermutlich zu einem Georgsheiligtum gehörte, Mashrafe bei Shivta.

solche mönchischen Gemeinschaften rasch zum religiösen, kulturellen und wirtschaftlichen Zentrum einer ganzen Region werden. Die landwirtschaftlichen Flächen der Stadt Shivta reichten bis zu den Füßen des Hügels. Es darf angenommen werden, daß er eine Art Hochburg des geistigen Lebens für die Stadt bildete. Umgekehrt garantierte diese Nähe zu einer Siedlung den Bewohnern des Klosters die lebensnotwendige Verbindung zur Außenwelt, wobei immer noch der nötige Abstand gegeben war, um ein streng religiöses Leben zu verwirklichen.

Religiöse Bräuche und die Teilnahme am christlichen Sakrament waren für die Bewohner des Negev im byzantinischen Zeitalter von zentraler Bedeutung. Shivta als abgelegener Ort, der vermutlich nur sporadische Kontakte zu anderen Städten unterhielt, scheint in dieser Beziehung eine eigenständige Kultur mit besonderen lokalen Merkmalen wie auch ganz bestimmten religiösen Praktiken entwickelt zu haben. Das gegenseitige Befruchten von Stadt und religiösem Zentrum gehört zu diesen Besonderheiten.

Eine Begegnung mit der Vergangenheit

Eine Beschreibung Shivtas, die etwas vom Zauber dieser Stadt vermitteln möchte, darf nicht abgeschlossen werden, ohne das ganz persönliche Bekenntnis eines Archäologen wiederzugeben, der mehr als jeder andere dazu beigetragen hat, die nabatäische Kultur der Vergessenheit zu entreißen. Avraham Negev beschreibt in seinem Buch *Tempel, Kirchen und Zisternen* folgendes Erlebnis:

»Bei einem meiner ersten Besuche in Sobata im Jahre 1944 näherte ich mich dem gepflasterten Kirchenvorplatz. Es war ein sehr heißer Chamsintag (Chamsin = heißer Wüstenwind), aber jetzt war die erbarmungslose Sonne gerade dabei, zu sinken. Eine leichte Mittelmeerbrise erleichterte das Atmen. Tiefe Stille herrschte, nur das schwache Zirpen der Grillen war hörbar. Im Schatten der hohen Mauer sah ich ein Gekritzel auf den Pflastersteinen, schwache Linien eines Spieles, das Kinder seit urdenklichen Zeiten spielen. Mir war, als hörte ich noch die Spielsteine rollen. Plötzlich vernahm ich ein leises Schlurfen von nackten Füßen auf dem Pflaster und das Klingen von Glöckchen, ein Geruch von Weihrauch stieg mir in die Nase. Es war so wirklich, daß ich nicht wagte, meine Augen zu heben, um die langsame Prozession der weiß gekleideten Priester in die Basilika zu sehen. – Wenn es für einen Archäologen jemals eine Art ›Priesterweihe‹ gäbe, so wäre es für mich dieser Augenblick gewesen.«[169]

9.
DER NEGEV – BESONDERHEITEN EINER WÜSTENLANDSCHAFT

Der Negev bildet die Brücke zwischen zwei Kontinenten: Asien und Afrika. Ein Blick auf die Landkarte zeigt ein in die Länge gezogenes Dreieck zwischen dem 20. und 30. nördlichen Breitengrad, dessen Spitzen jeweils ein anderes Gewässer berühren.

Die nördliche Grenze wird von einer imaginären, etwa 100 km langen Linie gebildet, die das Mittelmeer im Westen über die Stadt Beer Sheva hinweg mit der südlichen Spitze des Toten Meeres verbindet. Die beiden anderen Schenkel des Dreiecks sind identisch mit den heutigen Staatsgrenzen Israels. Die Begrenzung des Negev nach Jordanien hin wird von einem einmaligen geologischen Phänomen gebildet, dem syrisch-afrikanischen Grabenbruch, der ganz Palästina an seinem Ostrand durchschneidet. Im nördlichen Teil Israels fließt der Jordan, dem Verlauf dieser Senke folgend, ins Tote Meer, das mit fast 400 m unter dem Meeresspiegel den tiefsten Punkt der Erde markiert. Die südliche Fortsetzung dieses Grabens wird vom Wadi Arava gebildet, das sich bis zum Golf von Aqaba erstreckt. Die Entfernung von Beer Sheva bis nach Eilat, der israelischen Hafenstadt am Roten Meer, die an der südlichen Spitze des Dreiecks liegt, beträgt etwa 220 km. Nach Südwesten hin gelangt man auf die Sinai-Halbinsel.

Der Name *Negev* ist biblischen Ursprungs. Er bezieht sich auf das Wüstengebiet, daß sich südlich des Saatlandes erstreckt, ohne es genauer zu umgrenzen. Negev bedeutet auf hebräisch »gen Süden«. Interessant ist seine im Alten Testament häufige gemeinsame Erwähnung mit dem Jemen, dem alten Saba. Solche Feinheiten hat Luther in seiner Bibelübersetzung nicht berücksichtigt. In den Anweisungen zum Bau des ersten Tempels heißt im Originaltext wörtlich: »Du sollst die Bretter für die Behausung aus Akazienbäumen machen … zwanzig Bretter sollen an die Seite, die gen

Negev-Jemen weist ...« (2Mo 26,16-18) Erst seit der Gründung Israels erscheint der Negev durch die neu gezogenen Staatsgrenzen als deutlich abgegrenztes Territorium.

Folgt man dem Lauf des Jordans, der am Fuße des Hermongebirges entspringt, bis zum Toten Meer, so läßt sich nach Süden hin an der Bodenbeschaffenheit und der schwindenden Vegetation ein deutlicher Rückgang der Niederschlagsmenge ablesen. Galiläa empfängt genügend Regen, um seine Landschaft in ein üppiges Grün zu kleiden. Im galiläischen Bergland erreicht die Niederschlagsmenge einen Jahresdurchschnitt von bis zu 1200 mm. Der 31. Breitengrad bildet die südliche Grenze jenes Gebietes, wo Landwirtschaft noch weitgehend ohne künstliche Bewässerung möglich ist. In den meisten Fällen beginnt die Wüste dort, wo ein Minimum von 300 mm Niederschlag im Jahr unterschritten wird. Kurz vor seiner Mündung fließt der Jordan bereits durch ein Wüstengebiet. Er stirbt in das Tote Meer hinein. Hier wird nur noch eine jährliche Regenmenge von weniger als 100 mm gemessen (siehe Karte 4, S. 132).

Den nördlichen Rand des Negev erreicht man auf Höhe der Stadt Beer Sheva. Sie liegt an einem Wadi, welches das Wasser vom Hebrongebirge, dem südlichsten Abschnitt des judäischen Berglandes, zum Mittelmeer nach Westen leitet. Entlang dieses Flußtals verlief in der Antike die Grenze zwischen Nabatäa und Judäa; hier befanden sich die Befestigungsanlagen des römischen Limes, die die südöstliche Grenze des Imperiums sicherten. Später, als auch das nabatäische Reich unter römischer Herrschaft stand, war es die Grenze zwischen den Provinzen *Palästina secunda*, dem judäischen Gebiet, und *Palästina salutaris* auf nabatäischer Seite.

Schon im vierten Jahrtausend v. Chr., lange bevor Judäer wie auch Nabatäer hierher kamen, lebten Menschen in dieser Region. Die Besiedlung des Tals von Beer Sheva reicht bis ins Chalkolithikum zurück. Man spricht in der Archäologie von der »Beer Sheva-Kultur«, deren Hinterlassenschaften, unterirdische Behausungen und Gegenstände aus Elfenbein, einen interessanten Einblick in die Frühzeit der Menschheit gewähren.

Die Tatsache, daß dieses Gebiet so früh schon besiedelt war, wirft die Frage auf, ob und wann hier klimatische Veränderungen stattgefunden haben, in deren Folge sich die Grenzen des Saatlandes nordwärts verlagerten. Tatsächlich weisen Forschungen darauf hin, daß eine solche Klimaverschiebung im vierten Jahrtausend v. Chr. stattgefunden haben könnte. Eine solche Veränderung ist in einem Wüstenrandgebiet von entscheidender Bedeutung; sie bestimmt, ob hier Landwirtschaft betrieben werden kann, ohne daß Methoden zur künstlichen Bewässerung angewendet werden müssen, die der Kultur des Chalkolitikum noch nicht zur Verfügung standen. Möglicherweise war dies auch der Grund, weshalb der Negev in der Folgezeit für etwa zweitausend Jahre nicht bewohnt war. Erst nach dem Auszug der Söhne Israels aus Ägypten um das Jahr 1200 v. Chr. bildeten sich hier wieder einzelne Kolonien. Auf den Hauptwegen zwischen Beer Sheva und der Hafenstadt Eilat, damals unter dem Namen Ezion-Gawer bekannt, errichtete man zahlreiche Festungen. Nachdem im Jahre 586 v. Chr. der Tempel in Jerusalem zerstört und das hebräische Volk vertrieben wurde, war diese Region erneut menschenleer.

Südlich der Ebene von Beer Sheva beginnt eine Gebirgszone, die das geographische Zentrum des nabatäischen Lebensraumes bildete. Man begegnet hier geologischen Phänomenen ganz besonderer Art, die einen tiefen Einblick in die Werdeprozesse der Erde ermöglichen. Es handelt sich dabei um drei Krater, die von hohen Gebirgswänden umgeben sind und durch Erdeinbrüche gleichzeitig mit dem syrisch-afrikanischen Grabenbruch entstanden sind. An den Gebirgswänden lassen sich hier unterschiedliche Gesteinsschichten mit einer beeindruckenden Deutlichkeit unterscheiden.

Im Westen befindet sich ein ausgedehntes Dünengebiet. Seine Verwehungen bestehen aus dem Sand der Sahara, der durch Westwinde im Verlauf von Jahrtausenden hierher transportiert wurde und sich am Fuß des Negevgebirges abgelagert hat. Nur die kleinsten Sandpartikel gelangten bis hierher; der Sand ist daher außergewöhnlich feinkörnig. In diesen Sanddünen konnte sich eine nur hier anzutreffende Flora und Fauna entwickeln.

Je weiter man sich nach Süden begibt, desto trockener und felsiger wird die Landschaft. Südlich des Ramon-Kraters beginnt eine Region, die niemals über längere Zeit hinweg besiedelt war. Durch dieses Gebiet verliefen einst die Handelswege der Nabatäer (siehe Karte 3, S. 128). Heute verfügt der Negev über ein gut ausgebautes Straßennetz, auf dem man auch seinen südlichsten Punkt, die heutige Hafen- und Touristenstadt Eilat am Golf von Aqaba, erreicht. Dort befindet sich seit jüngstem auch einer der Grenzübergänge nach Jordanien, über den man nach Petra gelangen kann.

Nicht nur der Mensch muß sich in seiner Lebensweise den klimatischen und topographischen Bedingungen der Wüste anpassen. Auch die Pflanzen- und Tierwelt hat besondere Formen von Leben entwickelt, um hier bestehen zu können. Alles Lebendige muß mit dem ständigen Mangel an Wasser zurechtkommen und wird großer Hitze und erheblichen Temperaturschwankungen ausgesetzt, die den natürlichen Lebensrhythmus beeinträchtigen. Im Winter sinken die nächtlichen Temperaturen im Gebirge oft bis zum Gefrierpunkt. Die sommerlichen Tageshöchsttemperaturen liegen bei 40 Grad im Schatten. Um unter diesen extrem Bedingungen Leben zu ermöglichen, hat sich die Natur als ausgesprochen erfinderisch erwiesen. Manche Pflanzen haben die Fähigkeit, ihre Produktion an Samen entsprechend der gefallenen Regenmenge zu regulieren. Andere bilden eine dicke »Haut«, um die Verdunstung zu verringern.

Die Wüstenflora weist ähnliche Merkmale wie die Vegetation des europäischen Hochgebirges auf. Die Pflanzenarten werden kleiner und intensiver in Duft und Farbe. Der erste Eindrucks, die Wüste sei ohne Leben, trügt! Im Negev leben etwa 50 Säugetierarten, 50 Reptilienarten und 65 Vogelarten. Diese Tiere haben es gelernt, mit wenig Nahrung und Wasser auszukommen. Sie sind weitgehend nachtaktiv. Füchse, Schakale, Wölfe, Hyänen, Leoparden wie auch die verschiedensten Arten von Huftieren sind hier anzutreffen; auch sie sind meist kleiner von Wuchs als ihre Verwandten aus kälteren Regionen. Von diesen unterscheiden sie sich oft auch durch ihre hellere Farbe, mit der sie sich besser der Umgebung anpassen und unempfindlicher gegen die intensive Sonnenstrahlung sind.

10.
PRAKTISCHE HINWEISE FÜR BESUCHER DES NEGEV

Während der Reise von Jerusalem oder Tel Aviv in den Süden ändert sich der Charakter der Landschaft sehr rasch. Auf einer Strecke von 80 km gelangt man von einer mediterranen Landschaft durch alle Übergangsstadien in ein Wüstengebiet.

Wie schon in fernster Vergangenheit sind die Regenzeiten auch in der Gegenwart kaum vorhersehbar. Der Regen fällt oft unerwartet und heftig. Rauschende Wasserfluten füllen dann innerhalb weniger Minuten oder Stunden die sonst trockenen Flußbette der Wadis und reißen alles mit sich, was ihnen im Wege steht (siehe Abb. 67). Neben den örtlichen Niederschlägen müssen sie auch das Wasser aufnehmen, das vom Hebrongebirge nach Süden abfließt. Große Teile dieser Wassermengen wurden früher von den Nabatäern aufgefangen, gespeichert und für den eigenen Trinkwasserbedarf und zur landwirtschaftlichen Bewässerung genutzt. Heutzutage werden sie während der Wintermonate oft zu einer Gefahr für unkundige Touristen.

Die am besten geeignete Jahreszeit, um den Negev zu besuchen, ist das Frühjahr, wenn sich die Vegetation am üppigsten entfaltet und man auf seinem Weg in den Süden in der Ebene von Beer Sheva ganze Felder blühender Anemonen bewundern kann. Während der Sommermonate möchte man es kaum für möglich halten, daß sich bis etwa 15 km südlich von Beer Sheva ein üppiger grüner Pflanzenteppich über die Wüste ausbreitet. Erst weiter Richtung Eilat zeigt die Wüste ein anderes Gesicht. Sie wird gebirgig, steinig, ist von vielen Tälern durchfurcht und erlaubt kaum noch Pflanzenwachstum. Das natürliche Gestein, das hier dem Auge bloßliegt, zeigt im Wechsel der Tageszeiten, abhängig vom Winkel der Sonneneinstrahlung, ein ständig variierendes Spektrum unterschiedlichster Farben. Dieser Eindruck verstärkt sich noch, wenn man sich weiter nach Süden wendet, entweder durch das Wadi Arava oder auf der Straße, die am Ramonkrater vorbeiführt.

Obwohl inzwischen weitgehend erschlossen, bietet die Region des Negev noch immer genügend Möglichkeiten für eine echte Wüstenerfahrung. Jede Reise in die Wüste sollte jedoch gut vorbereitet sein. Eine Hilfe dafür bieten die Niederlassungen des offiziellen Israelischen Touristen-Informationsbüros in jeder Stadt. Große Teile des Negev werden als militärisches Übungsgelände genutzt. Will man sich abseits der offiziellen Routen bewegen, sollte man sich unbedingt vergewissern, welche Gebiete zugänglich sind. Der Naturschutzverein gibt darüber gerne Auskunft.

Ein breites Netz von gut markierten Wanderwegen und ein Angebot an ausführlichen Wanderkarten ermöglichen auch Fußwanderungen unterschiedlicher Länge. Dem unerfahrenen Wanderer fällt es jedoch nicht immer leicht, in der für ihn ungewohnten Wüstenlandschaft die Orientierung zu behalten. Unterwegs findet man meist keine Möglichkeit, sich mit Trinkwasser zu versorgen. Für jede Stunde, die man unterwegs ist, sollte daher mindestens ein Liter Wasser mitgenommen werden. Die niedere Luftfeuchtigkeit verursacht nämlich einen starken Flüssigkeitsverlust des Körpers, dessen man sich nur selten bewußt wird. Während der heißen Sommermonate ist es ratsam, Ausflüge auf die frühen Morgen- und späten Abendstunden zu beschränken.

Der Negev bietet viele Übernachtungsmöglichkeiten, darunter Campingplätze, Jugendherbergen, Hotels, Gästehäuser und die Herbergen der Feldschulen des Naturschutzvereins. Von den sechs großen Städten der Nabatäer sind vier ohne Schwierigkeiten über geteerte Straßen zu erreichen: Mampsis (Mamshit), Oboda (Avdat), Sobota (Shivta) und Nessana (Nitzana). Elusa (Khaluza) liegt zwar auch in der Nähe einer Straße, ist aber für den Tourismus nicht erschlossen und sollte nicht ohne Begleitung eines Ortskundigen besucht werden. Ruheiba (Rechovot) liegt weitab der Durchgangsstraßen inmitten eines militärischen Übungsgeländes und kann nur an Wochenenden mit geländegängigen Fahrzeugen und ortskundiger Führung angesteuert werden. Mehrere Unternehmen bieten reizvolle Touren durch die Wüste an. Man kann zwischen Jeep und Kamel als Transportmittel wählen, auch Fußwanderungen sind im Programm enthalten. Große Teile der einstigen Weihrauchstraße sind begehbar und ermöglichen die Erfahrung einer Reise unter denselben Verhältnissen, wie sie auch in der Antike herrschten.

Abb. 67. Das Wadi Beer Sheva während einer winterlichen Flut im November 1994. Nur wenige Stunden vor dieser Aufnahme konnte man das Flußbett noch trockenen Fußes durchqueren.

Avdat und Mamshit liegen unmittelbar an den wichtigsten Hauptverkehrsstraßen in den Süden. Beide Städte befinden sich innerhalb von Nationalparks, dessen Wege gut ausgeschildert sind. Shivta und Nessana kann man über die Straße erreichen, die von Beer Sheva auf die ägyptische Grenze zuführt. Es ist eine nur wenig befahrene Strecke. Beide Ruinenstädte sind nicht bewacht; es bestehen hier weder touristische Einrichtungen noch eine Trinkwasserzufuhr. Unberührt vom Massentourismus erscheinen gerade diese Orte von besonderem Interesse. Die beste Tageszeit für eine Besichtigung ist frühmorgens oder kurz vor Sonnenuntergang. Dann sind die Schatten am längsten, und die Helligkeit ist nicht so groß, daß sie das Sehen erschwert. Am Abend wird das Sonnenlicht von den Apsiden der Kirchen Shivtas aufgefangen, und es entsteht eine besonders stimmungsvolle Atmosphäre. In der vollkommenen Stille des Ortes kann man sich eine Vorstellung von dem Leben in einer Wüstenstadt bilden, in der das Dasein während Hunderten von Jahren vom sanften Tropfen von Wasser, dem Klappern von Pferdehufen, dem Reiben der Mühlsteine und dem metallischen Klang der Steinmetzwerkzeuge begleitet war.

Namen der nabatäischen Siedlungen im Negev

Hebräisch	Arabisch	Griechisch
Avdat	'Abdeh	Oboda, Eboda
Khaluza	Khalassah	Elousa, Elusa
Mamshit	Kurnub	Mampsis
Nitzana	'Ujah el-Khafir	Nessana
Rechovot	Ruheiba	unbekannt
Shivta	Isbeita	Sobota, Subeita

Zeittafel

Allgemeine Daten zur Geschichte des nordarabisch–judäischen Raumes:

25 000 – 4 000 v. Chr.	Steinzeit
4 000 – 3 100	Chalkolithikum
3 100 – 1 200	Bronzezeit
1 200 – 1 000	Eisenzeit
1 000 – 900	Königreich Israel
900 – 586	Die Königreiche Israel und Judäa
586	Untergang des israelisch–judäischen Reiches
586 – 332	Persische Periode
332 – 152	Hellenistische Periode.
152 – 37	Makkabäische Herrschaft in Judäa
37 v. Chr. – 4 n.Chr.	Herodes der Große
70	Zerstörung des zweiten Tempels von Jerusalem
70 – 324	Römische Periode
324 – 638	Byzantinische Periode
638 – 1099	Arabisch–islamische Periode
1099 – 1291	Zeit der Kreuzzüge

ANMERKUNGEN

1. A. Musil, *Arabia Petraea*, Bd. II: Edom, Wien 1887/1908
2. A. Negev, *The Land of the Negev*, Bd. I, Tel Aviv 1979, S. 227ff.
3. Siehe A. Negev, *Masters of the Desert*(hebr.), Jerusalem 1983, S. 34
4. Siehe Josephus Flavius, *Jüdische Altertümer (Antiquitates Judaicae)*, XIV
5. Von den vielen vorhandenen Quellen soll nur eine erwähnt werden: G. Mandel, *Il regno di Saba, ultimo paradiso archeologico*, Mailand 1976
6. Siehe E. Yassif, *The Tales of Ben Sira in the Middle Ages*, Jerusalem 1984
7. Diodor, *Historische Bibliothek in 15 Bänden*, II, 48
8. Diodor II, 48
9. Diodor XIX, 97
10. Diodor XIX, 94
11. Siehe A. Negev, *Masters of the Desert*((hebr.), Jerusalem 1983
12. Siehe H.K. Beebe, *The Dromedary Revolution*, Claremont 1990, S. 8ff.
13. Strabo, *Geographica*, XVI 4,26
14. A. Jaussen, R. Savignac und H. Vincent, *Abdeh*, Revue Biblique 13, 1904/1905
15. Siehe A. Negev, *Personal Names in the Nabatean Realm*, Quedem 32, Jerusalem 1991
16. Ausführlicheres dazu siehe: R. Wenning, »Eine neuerstellte Liste der nabatäischen Dynastie«, in *Boreas*, Münstersche Beiträge zur Archäologie, Band 16, Münster 1993
17. Strabo, *Geographica*, XVI, 4,21
18. Mehr zu diesem Prozeß des Übergangs siehe S. 93ff., 100f. und 127ff.
19. Siehe P. Figueras, »The Christian History of the Negev and Northern Sinai, Tantur Papers on Christianity in the Holy Land«, in D. Jaeger (Hrsg.), *Christianity in the Holy Land*, Jerusalem 1981
20. Siehe R. Rubin, *The Negev as a Settled Land* (hebr.), Jerusalem 1990, S. 61f.
21. Über die Zusammensetzung der nabatäischen Bevölkerung und deren nicht-ethnische Tendenz siehe S. 151ff.
22. Nach den Ausführungen von R. Steiner beginnt dieser Prozeß innerhalb des althebräischen Volkes mit Abraham, entfaltet sich allmählich bis hin zum Mysterium von Golgatha und danach auch innerhalb anders konstituierter Volksgruppierungen; siehe dazu *Die tieferen Geheimnisse des Menschheitswerdens im Lichte der Evangelien*, insbesondere den Vortrag »Die Mission des althebräischen Volkes« vom 9. November 1909; GA 117, Dornach 1966

23 Zur Bewußtseinsentwicklung des Menschen siehe R. Steiners diesbezügliche Ausführungen in *Aus der Akasha-Chronik*, GA 11, *Die Geheimwissenschaft im Umriß*, GA 13, sowie *Die Weltgeschichte in anthroposophischer Beleuchtung*, GA 233

24 R. Steiner, *Mysteriengestaltungen*, Vortrag vom 22. Dezember 1923, GA 232, Dornach 1987, S. 190

25 A. Cruden, *A Complete Concordance to the Holy Scriptures*, New York und Edinburgh 1919, S. 325

26 Über die Bedeutung des paulinischen Christentums für die Nabatäer siehe auch S. 90ff.

27 Siehe D. Flusser, *Jewish Sources in Early Christianity* (hebr.), Jerusalem 1979; insbesondere der darin enthaltene Aufsatz »Der Ursprung des Christentums im Judentum« enthält mehrere Hinweise in bezug auf diese Nahtstelle.

28 H. Jonas, *The Gnostic Religion*, Boston 1963, S. 34

29 Siehe dazu J. Ryckmans, *L'institution monarchique en Arabie meridionale*, Louvain 1951. Zum Ursprung der nabatäischen Kultur im südarabischen Raum siehe auch: R. Kutzli, *Die Bogumilen*, Stuttgart 1977, S. 108, sowie G. Mandel, *Il regno di Saba, ultimo paradiso archeologico*, Mailand 1976

30 Siehe dazu P. Rost, *Die Keilschrifttexte Tiglat–Pilesers*, Bd. III, Leipzig 1893

31 Siehe Erläuterungen zum Stichwort »Saba«, in *Biblisches Lexikon* (hebr.), Tel Aviv 1965

32 Siehe Erläuterungen zum Stichwort »Arabien«, in *Biblische Enzyklopädie* (hebr.), Jerusalem 1971, S. 352

33 Stephanos von Byzanz, *Ethnika*, Graz 1958

34 Strabo, *Geographica*, XVI, 4,26

35 Siehe F. Zayadine, »Die Götter der Nabatäer«, in M. Lindner (Hrsg.), *Petra und das Königreich der Nabatäer*, München ⁵1970, S. 115

36 Maximus von Tyros, *Philosophoumena*, Leipzig 1910

37 Suidas, *Lexicon*, Leipzig 1931

38 Eine ausführliche Darstellung dieser Idole in J. Patrich, »Prohibition of a Graven-Image among the Nabateans« (hebr.), in *Cathedra* 26, Jerusalem 1983

39 Joseph Patrich lieferte die ausführlichste Darstellung der sogenannten nonfigurativen Tendenz in der nabatäischen Kunst, die natürlich ausschließlich einer sakralen Funktion untergeordnet war; siehe Anm. 38

40 N. Glueck, *Deities and Dolphins*, New York 1965

41 Siehe z.B. N. Glueck, *Deities and Dolphins*, New York 1965

42 A. Negev, *Masters of the Desert*, S. 232. Mehr über die »sekundären« nabatäischen Gottheiten siehe auch F. Zayadine, »Die Götter der Nabatäer«, in M. Lindner (Hrsg.), *Petra und das Königreich der Nabatäer*, S. 113ff.

43 Siehe dazu: A. Negev, *The Greek Inscriptions from the Negev*, Jerusalem 1981

44 Stephanos von Byzanz, *Ethnika*, Graz 1958

45 Epiphanios, *Panarion (Adversus Haereisis)*, XXII, 9–12
46 A. Negev, *Masters of the Desert*, Jerusalem 1983, S. 231
47 Siehe A. Negev, *Masters of the Desert*, S. 232. Dieser Auffassung schließt sich auch der Autor an.
48 Siehe F. Zayadine, »Die Götter der Nabatäer«, in M. Lindner (Hrsg.), *Petra und das Königreich der Nabatäer*, S. 116
49 Die Inschrift wird auf das Jahr 9 n. Chr. datiert und ist veröffentlicht in F. Rosenthal, *Die aramäistische Forschung seit Th. Nöldeke's Veröffentlichungen*, Leiden 1939
50 A. Negev, *Masters of the Desert*, S. 231
51 Siehe dazu R. Steiner, *Theosophie*, GA 9, Dornach ^{31}1987
52 Siehe Anm. 37
53 Eine ausführliche Darstellung der Ost–West Problematik im Zusammenhang mit der Entstehung der Gnosis in H. M. Gwatkin, *Early Church History*, Bd. II, London 1909, S. 19ff.
54 Der Verfasser ist der Überzeugung, daß anthropologische Untersuchungen von Gebeinen von nabatäischen Friedhöfen auf diesem Gebiet zu erstaunlichen Ergebnissen führen könnten und diese Annahme erhärten würden.
55 Insbesondere in A. Negev, »Petra«, in *The New Encyclopedia of Archaeological Excavations in the Holy Land* (hebr.), Jerusalem 1992
56 A. Negev, *Masters of the Desert*, S. 88
57 Siehe O. Murray (Hrsg.), *Sympotika*, Oxford 1994
58 Strabo, *Geographica*, XVI, 4,26.
59 R. Brünnow und A. v. Domaszewski, *Die Provincia Arabia Petraea*, Bd. I, Straßburg 1904
60 F. Zayadine, »Die Felsarchitektur Petras«, in M. Lindner (Hrsg.), *Petra und das Königreich der Nabatäer*, S. 124ff.
61 Ebenda, S. 133
62 Siehe u.a. H. Leicht, *Kunstgeschichte der Welt*, Zürich 1945
63 Zu den Felsheiligtümern in Indien siehe H. Rau, *Stilgeschichte der indischen Kunst*, Graz 1986
64 A. Negev, »Excavations at Elusa« (hebr.), in *Qadmoniot*, No. 3-4, Jerusalem 1981
65 J. Licht, *The Rule Scroll*, Jerusalem 1965 (Übersetzung aus dem Hebräischen durch den Verfasser)
66 Strabo, *Geographica*, XVI, 4,26
67 1. Kapitel, Rolle XIV
68 Siehe A. Smallwood, »Hohepriester und Politik im römischen Land Israel« (hebr.), in A. Kasher (Hrsg.), *The Great Jewish Revolt*, Jerusalem 1983; sowie Josephus Flavius, *Jüdische Altertümer (Antiquitates Judaicae)*, XVIII, 2,2
69 Siehe S.63

70 Siehe R. Steiner, *Bausteine zu einer Erkenntnis des Mysteriums von Golgatha*, Vortrag vom 27. März 1917, GA 175, Dornach 1982

71 Siehe P.M. Allen, *A Christian Rosenkreutz Anthology*, New York 1974, S. 676

72 S. von Gleich, *Marksteine der Kulturgeschichte*, Teil II: Die Menschwerdung des Weltenwortes. Syrien, Saba und Phönizien, Stuttgart 1963, S. 144ff.

73 Ebenda, S. 150ff. Zu den vorchristlichen Phönix-Traditionen siehe auch R. van den Broek, *The Myth of Phoenix according to Classical and Early Christian Traditions*, Leiden 1972, S. 307 und 394ff.

74 Siehe Ph. Schaff und H. Wace, *Nicene and Post-Nicene Fathers of Christian Church*, Michigan 1954

75 Zur genaueren Beschreibung der Kirchen Shivtas siehe S. 186ff.

76 R. Steiner, *Esoterische Betrachtungen karmischer Zusammenhänge*, Bd. II, Vortrag vom 27. April 1924, GA 236, Dornach 1973, S. 93

77 Siehe auch S. 187 und Anm. 162

78 Siehe K. Heussi, *Der Ursprung des Mönchtums*, Tübingen 1936

79 Die Frage nach der historischen Nachweisbarkeit hat die Forscher immer wieder beschäftigt; siehe dazu z.B. M. Schwarz, *Der Heilige Georg – Miles Christi und Drachentöter*, Diss., Köln 1972, und die darin enthaltenen bibliographischen Angaben.

80 Siehe L. Casson und E.L. Hettich, *Excavations at Nessana*, Vol. II, Princeton 1950

81 R. Steiner, *Die Tempellegende und die Goldene Legende als symbolischer Ausdruck vergangener und künftiger Entwicklungsgeheimnisse des Menschen*, Vortrag vom 11. November 1904, GA 93, Dornach 1982, S. 73

82 Siehe die Beschreibung auf S. 203ff.

83 M. Avi-Yonah und Y. Yadin (Hrsg.), *6000 Years of Art in The Holy Land* (hebr.), Jerusalem 1990, S. 216–221

84 In einem noch unpublizierten Aufsatz mit dem Titel *Iconoclastic Nabatean Style*.

85 Siehe A. Negev, *Masters of the Desert*, S. 175ff.

86 Siehe J. Shereshevski, *Byzantine Urban Settlements in the Negev Desert*, Beer Sheva 1991, S. 149ff.

87 Siehe A. Negev, »Die Töpferwerkstatt in Oboda (Avdat)«, in H.J. Kellner, *Die Nabatäer, ein vergessenes Volk am Toten Meer*, München 1970

88 Siehe dazu: G. Schmidt, »Zur Problematik der menschlichen Ernährung«, in *Anthroposophie und Medizin*, Dornach 1963

89 K. Schmitt-Korte, »Die bemalte nabatäische Keramik: Verbreitung, Typologie und Chronologie«, in M. Lindner (Hrsg.), *Petra und das Königreich der Nabatäer*, S. 205ff.

90 Gaius Plinius Caecilius Secundus, *Epistularum Libri Decem*, X, 40

91 R. Steiner, »Wesen und Aufgabe der Freimaurerei vom Gesichtspunkt der Gei-

steswissenschaft«, in *Die Tempellegende und die Goldene Legende als symbolischer Ausdruck vergangener und zukünftiger Entwicklungsgeheimnisse des Menschen*, GA 93, Vortrag vom 2. Dezember 1904, Dornach 1982

92 siehe S. 96ff. und Anmerkung 76

93 Der genaue Prozentsatz der schriftkundigen Bevölkerung ist nicht bekannt. Schätzungen sprechen von 4 bis 10% in Judäa um die Zeitenwende. Wie auch auf S. 142 dargelegt wurde, könnte er bei den Nabatäern zwar höher gewesen sein, nach heutigen Maßstäben aber immer noch sehr gering.

94 In vorchristlicher Zeit praktizierte man eine Art »Luftbestattung«, wie sie noch heute bei den indischen Parsen üblich ist. Der Leichnam wurde in der Wüste aufgebahrt, wo er rasch verweste oder von Greifvögeln und Raubtieren beseitigt wurde. Der Prozeß der Urbanisierung ließ eine solche Bestattungspraxis nicht mehr zu.

95 Diese haben N. Glueck zu seinem Buchtitel »Götter und Delphine« angeregt (N. Glueck, *Deities and Dolphins*, New York 1965). Mehr über die Bedeutung der urchristlichen Symbolsprache siehe E. Ringel, *Das Urchristentum – Und wir? Die Katakombenmalerei und der Mysteriencharakter des Christentums*, Dornach 1994

96 Siehe S. 61 und 83

97 Siehe A. Kasher, *Edom, Arabia and Israel* (hebr.), Jerusalem 1988, S. 21 sowie die dort angegebene Literatur.

98 Josephus Flavius, *Der Jüdische Krieg (De bello Judaico)*, VII, 8,7

99 Siehe z.B. H. Rau, *Stilgeschichte der indischen Kunst*, Graz 1986, S. 25 u. 45

100 Siehe V. Tzaferis, *Christian Symbols of the 4th Century and the Church Fathers*, Diss., Jerusalem 1971

101 Diodor XIX, 94

102 Strabo, *Geographica*, XVI, 4,26

103 Siehe S. 41 und 44

104 Diodor XIX, 99

105 C. Plinius Secundus d.Ä., *Naturalis historiae (Naturkunde)*, XII, 30ff.

106 Siehe H.K. Beebe, *The Dromedar Revolution*, Claremont 1990

107 Siehe Y. Meshorer, *Nabatean Coins*, Jerusalem 1975, S. 67

108 Strabo, *Geographica* XVI, 4,26

109 A. Negev, *Die Nabatäerstädte im Negev* (hebr.), Jerusalem 1988, S. 16

110 Zum Vergleich: auf der Alpen-Nordseite und in Süddeutschland beträgt die Niederschlagsmenge über 2 000 mm jährlich.

111 Die Schätzungen über das Ausmaß dieser Fläche variieren sehr. Diese Angabe ist nicht die höchste, sie stammt aus A. Negev, *Masters of the Desert* (hebr.), Jerusalem 1983, S. 205. Eine weitere sehr aufschlußreiche Studie findet sich in Y. Kedar, *The Ancient Agriculture in the Negev Mountains* (hebr.), Jerusalem 1967. Dort ist allerdings von 4 000 km^2 die Rede.

112 Die Forschungen, die sich mit der antiken Landwirtschaft im Negev beschäftigen, sind zum größten Teil von israelischen Gelehrten unternommen worden. Es sei hier nur eine Quelle erwähnt, in der neben einer ausführlichen Darstellung auch weiterführende Literaturhinweise enthalten sind: M. Evenari, L. Shanan u. N. Tadmor, *The Negev – The Challenge of a Desert*, Harvard 1982

113 Siehe Y. Kedar, *The ancient Agriculture in the Negev Mountains* (hebr.), Jerusalem 1967, S. 47

114 Stephanos von Byzanz, *Ethnika*, Wien 1958

115 Zahlreiche Beispiele dazu in A. Negev, *The Inscriptions of Wadi Haggag, Sinai*, Quedem 6, Jerusalem 1977

116 So z.B. das finnische Epos »Kalevala«, das Mitte des 19. Jahrhunderts von E. Lönnrot erstmals schriftlich festgehalten wurde.

117 Genaueres zu dieser Götterwelt siehe S. 71ff.

118 Siehe Diodors Schilderung auf S. 41

119 Erst mit der Verbreitung des Islam wurde Ägypten als ein Teil der arabischen Welt betrachtet.

120 Josephus Flavius, *Contra Apion*, I, 12

121 Die nabatäische Schrift tauchte in den frühesten archaischen Formen im 2. Jahrhundert v. Chr. auf; siehe dazu S. 47 und 49

122 Siehe A. Negev, *The Inscriptions of Wadi Haggag, Sinai*, Jerusalem 1977

123 R. Steiner, *Zeitgeschichtliche Betrachtungen*, GA 174, Vortrag vom 30. Januar 1917, Dornach 1966, S. 275

124 Hinsichtlich der Dämonisierung der Königin von Saba siehe E. Yassif, *The Tales of Ben Sira in the Middle Ages* (hebr.), Jerusalem 1984

125 Diodor XIX, 94

126 Siehe Josua 3,10: »Daran sollt ihr merken, daß ein lebendiger Gott unter euch ist und daß er vor euch vertreiben wird die Kanaaniter, Hetiter, Heviter, Peresiter, Girgasiter, Amoriter und Jebusiter.«

127 Siehe z.B. 3Mo 19,33; 5Mo 16,14; Jer 14,8

128 Diesen Begriff gebraucht bereits R. Kutzli in *Die Bogumilen*, Stuttgart 1977.

129 Siehe J. Shereshevski, *Byzantine Urban Settlements in the Negev Desert*, Beer Sheva 1991

130 Siehe A. Segal, *Architectural Decoration in Byzantine Shivta, Negev Desert, Israel*, Oxford 1988

131 Ebenda, S. 156

132 A. Negev, »Die Nabatäer im Negev«, in *The Land of the Negev* (hebr.), Tel Aviv 1979

133 A. Negev, *Personal Names in the Nabatean Realm*, Jerusalem 1991

134 Auf diese Beziehungen, die bis nach Indien reichten, verweist auch A. Kasher in *Edom, Arabia and Israel* (hebr.), Jerusalem 1988

135 Diodor II, 48

136 Strabo, *Geographica*, XVI, 4,21
137 Diese Ereignisse werden im alttestamentlichen *Buch der Könige* geschildert.
138 Ch. Clermont-Ganneau, *Recueil d'archeologie Orientale*, Paris 1888–1924
139 In einem noch unveröffentlichten Aufsatz.
140 Siehe Y. Meshorer, *Nabatean Coins*, Jerusalem 1975, S. 86
141 Josephus Flavius, *Der Jüdische Krieg (De bello Judaico)*, I, 7,8
142 Strabo, *Geographica*, XVI, 4,21
143 Siehe dazu S. 52f.
144 Weitere Einzelheiten über Leben und Wirken des Sylläus in M. Lindner (Hrsg.), *Petra und das Königreich der Nabatäer*, S. 65ff.
145 Siehe S. 160
146 z.B. Schallum, der Sohn des Jabesch, der nur einen Monat in Samarien regierte (2Kön 15,13).
147 Strabo, *Geographica*, XVI, 4,26
148 Siehe Stephanos von Byzanz, *Ethnika*, Graz 1958
149 Siehe R. Steiner, *Ägyptische Mythen und Mysterien*, GA 106, Dornach ⁵1992, und *Aus der Akasha-Forschung. Das Fünfte Evangelium*, GA 148, Dornach ⁵1992
150 *Talmud*, Massechet Avot (Kapitel der Väter), 1. Der Text wurde um das Jahr 200 n. Chr. kodifiziert und blieb seitdem, wie der gesamte Talmud, unverändert. Mit dem Begriff »Thora« sind die zehn Gebote gemeint, im übertragenen Sinne aber auch das von Gott gesprochene Wort als solches.
151 J.L. Burckhardt, *Reisen in Syrien, Palästina und der Gegend des Berges Sinai*, Weimar 1823–24
152 P.J. Parr, »Vierzig Jahre Ausgrabungen in Petra (1929 bis 1969)«, in M. Lindner (Hrsg.), *Petra und das Königreich der Nabatäer*, S. 195ff.
153 Diodor schildert, daß Petra (Sela) der Zufluchtsort der nomadisierenden Nabatäer gewesen sei (XIX, 95).
154 Es soll hier nicht behauptet werden, daß es sich tatsächlich um den historischen Ort dieses Ereignisses handelt. In unserem Zusammenhang soll aber auf die Traditionen und religiösen Inhalte verwiesen werden, die mit diesem Ort seit Jahrtausenden verbunden sind.
155 Dies hat sich erst mit Salomo und dem Tempelbau zu Jerusalem erfüllt.
156 Diodor XIX, 95
157 Siehe R.A. Stucky, »Das nabatäische Wohnhaus und das urbanistische System der Wohnquartiere in Petra«, in *Antike Kunst*, 35, 1992
158 Siehe dazu A. Negev, *Nabatean Archeology Today*, New York/London 1986
159 Zum Inhalt der Papyri von Nessana siehe A. Negev, *Tempel, Kirchen und Zisternen*, S. 215ff.
160 J. Shereshevski, *Byzantine Urban Settlements in the Negev Desert*, Beer Sheva 1991, S. 62

161 Die gleiche Bauart aus dem späten 1. Jahrhundert v. Chr. kann in den Ausgrabungen auf dem Hügel mit dem Namen *ez-Zantur* in Petra wiedergefunden werden; siehe Shereshevski, *Byzantine Urban Settlements in the Negev Desert*, Beer Sheva 1991, S. 79

162 Siehe R. Rosenthal–Heginbottom, *Die Kirchen von Sobota und die Dreiapsidenkirchen des Nahen Ostens*, Wiesbaden 1982, S. 203ff.

163 T. Wiegand, *Sinai*, Berlin und Leipzig 1920

164 Inschriften zufolge erfolgte diese Umgestaltung Ende des 7. Jahrhunderts; siehe dazu A. Negev, *The Greek Inscriptions from the Negev*, Jerusalem 1981, S. 61

165 Zur Bedeutung dieser ornamentalen Bildersprache siehe S. 118ff.

166 Zur Phänomenologie der nabatäischen Namen siehe A. Negev, *Personal Names in the Nabatean Realm*, Jerusalem 1991

167 Y. Baumgartner, »Mitzpeh Shivta (Mashrafe)« in A. Segal, *Shivta, Portrait of a Byzantine City in the Negev Desert* (Anhang B), Haifa 1986

168 Antonius von Placentia; siehe P. Mayerson, *The Desert of Southern Palestine according to Byzantine Sources*, Proleedings of the American Philosophical Society, 107 (1963), S. 160, 170 sowie Anm. 1

169 A. Negev, *Tempel, Kirchen und Zisternen*, Stuttgart 1983, S. 204

Zitate aus dem Alten Testament wurden vom Autor in möglichst enger Anlehnung an den Wortlaut der Lutherbibel aus dem Hebräischen übersetzt; Zitate aus dem Neuen Testament folgen in den meisten Fällen der Übersetzung von Emil Bock (Das Neue Testament, Stuttgart ⁴1985).

LITERATURVERZEICHNIS

Veröffentlichungen, die auf Hebräisch erschienen sind, wurden bei dieser Auswahl nicht berücksichtigt.

Brünnow, R.E. und A. von Domaszewski, *Die Provincia Arabia*, Bd. I, Straßburg 1904

Dalman, G., *Petra und seine Felsheiligtümer*, Leipzig 1908

Glueck, N., *Rivers in the Desert. A History of the Negev*, New York ²1968

Glueck, N., *Deities and Dolphins*, New York 1965

Hammond, P.C., *The Nabateans – Their History, Culture and Archaeology*, Gothenburg 1973

Hellenkemper Slies, G., *Die Nabatäer. Erträge einer Ausstellung im Rheinischen Landesmuseum Bonn, 24. Mai – 9. Juli 1978*, Köln/Bonn 1981

Kellner, H.J. (Hrsg.), *Die Nabatäer. Ein vergessenes Volk am Toten Meer*, Katalog zur Ausstellung der Prähistorischen Staatssammlung im Münchener Stadtmuseum, München 1970

Lindner, M., *Die Könige von Petra. Aufstieg und Niedergang der Nabatäer im biblischen Edom*, Ludwigsburg 1968

Lindner, M. (Hrsg.), *Petra. Neue Ausgrabungen und Entdeckungen*, München/Bad Windsheim 1986

Lindner, M. (Hrsg.), *Petra und das Königreich der Nabatäer*, München ⁵1970

Musil A., *Arabia Petraea*, Bd. II: Edom, Wien 1908

Meshorer, Y., *Nabatean Coins*, Jerusalem 1975

Negev, A., *Nabatean Archäology Today*, New York 1986

Negev, A., *The Nabatean Potter's Workshop of Oboda*, Acta Rei Cretariae Romanae Fautorum, Supplementa, Bd. I, Bonn 1974

Negev, A., *Greek Inscriptions from the Negev*, Studium Biblicum Franciscanum, Collectio minor, N. 25, Jerusalem 1981

Negev, A., *Tempel, Kirchen und Zisternen. Ausgrabungen in der Wüste Negev. Die Kultur der Nabatäer*, Stuttgart 1983

Rosenthal–Heginbottom, R., *Die Kirchen von Sobota und die Dreiapsidenkirchen des Nahen Ostens*, Göttinger Orientforschungen, II. Reihe: Studien zur spätantiken und frühchristlichen Kunst, Bd. 7, Wiesbaden 1982

Schmitt–Korte, K., *Die Nabatäer. Ein vergessenes Volk am Toten Meer*, Hannover/Frankfurt 1986

Shereshevski, J., *Byzantine Urban Settlements in the Negev Desert*, Beer Sheva 1991

Segal, A., *Architectural Decoration in Byzantine Shivta, Negev Desert, Israel*, Oxford 1988

Wenning, R., *Die Nabatäer – Denkmäler und Geschichte. Eine Bestandsaufnahme des archäologischen Befundes*, Göttingen 1987

REGISTER

Aara 65, 78, 91
Aaron 170f.
Aaronsberg 167, 171
Abraham 11, 32f., 37, 138, 143, 146
Ägypten 32f., 34, 40f., 47, 143, 155, 167, 171
Ägypter 57, 83
al-Kutba 73
al-Uzza 74
Alexander der Große 40f., 52
Alexander Jannaios 157f.
Alexandrien 125
Allat 73ff.
Altes Testament, alttestamentlich 26, 32ff., 37, 45, 61, 73, 148, 155, 160, 170, 207
Anomalie, nabatäische 28, 127, 130
Antigonos Monophthalamos 41f., 47, 174
Aphrodite *siehe* Venus
Apsis 96, 187ff., 191, 198ff., 201, 203, 205
Aqaba 16, 26, 207, 209
Araber, arabisch 25f., 32ff., 39, 41, 45, 54f., 61, 63, 65, 73, 86f., 92, 94, 100, 105, 120, 122, 129, 130, 142f., 148f., 157, 178, 193
Arabia felix *siehe* Saba
Arava, Wadi 11, 31, 46, 51, 73, 86, 152, 171, 172, 209
Aretas I. 48f., 50f., 156f.
Aretas III. 50, 157f.
Aretas IV. 51, 63, 87, 93, 105, 158, 183

Asphalt 41, 44, 123f.
Assurbanipal 31
Assyrer 31
Athenaios 42
Ätherkräfte *siehe* Lebenskräfte
Atrium 85, 90, 186f., 195, 197
Attar 93
Auferstehung 30, 36, 53f., 60, 83, 93, 100, 117f., 175, 177
Avdat (Oboda) 9, 25, 27, 50, 70, 72, 76, 94, 96, 108, 113f., 129, 138, 140, 161, 212f.

Babylonier 39
Bacchus *siehe* Dionysos
Baptisterium 191, 193, 195, 201
Beduinen 24f., 56, 76, 105, 137, 139f., 142, 166, 173, 204
Beer Sheva 9, 16, 21, 25, 178, 207ff., 211, 213
Bema 114, 199
Bethlehem 53, 92, 94
Betyl 67f., 70, 73, 74
Blockgräber 172
Bosra 73, 99
Bostra *siehe* Bosra
Brünnow, R.E. 81
Buddha, Buddhismus 61, 83, 119
Burckhardt, J.L. 25, 166
byzantinisch 22, 26, 72, 99, 109, 138, 151f., 153, 163, 183f., 193, 205

Chalkolithikum 208f.
Christentum 5f., 16, 22, 30, 37, 54ff., 69, 72, 85, 90ff., 98ff., 115, 117, 119, 127, 137ff., 149, 151, 161ff., 175, 177, 187, 193, 195ff., 201, 204
Christus 29, 38, 60, 85, 87, 90ff., 95, 120, 151, 162
Christusmonogramm 120
Colt-Expedition 97, 195
Cruden, A. 60

Damaskus 36, 60, 90f., 93, 158
Dattelpalme 93, 95, 117, 123
Delphin 118
Demetrios 42, 44
Diodor 34, 41f., 44ff., 103, 122f., 150, 152, 154, 170, 174
Dionysos 72
Domaszewski, A. von 81
Dreiapsidenkirche 98, 187
Dschebel esh-Sharat 65
Dschebel Harun *siehe* Aaronsberg
Dusares 65, 69ff., 76f., 83, 93, 173, 183
Duschara *siehe* Dusares

Ed-Deir 85ff.
Edomgebirge 11, 65, 170
Edomiter, edomitisch 57, 73, 159, 170, 174
Eila *siehe* Eilat
Eilat 16, 39, 100, 153, 170, 207, 209, 211
Ein Bokek 46
Ein esh-Shellaleh 73, 75
Eleazar Ben Ja'ir 118
Elusa (Khaluza) 9, 27, 47, 49, 51, 74, 76, 83, 85, 94f., 100, 114, 138, 187, 189f., 204, 212
Epitropos 50, 52, 158

Esau 170
Essäer *siehe* Essener
Essener 85ff., 161
Eucharistie 117, 161
Ezion 39, 209

Fisch 118
Freimaurertum 116

Galiläa 11, 33, 55, 144, 208
Gaza 153, 157
Georgsheiligtum 204, 205
Glueck, N. 70, 73
Gnosis, gnostisch 59f., 78, 98, 100, 141
Golgatha 59, 76f., 87, 163
Grabenbruch, syrisch-afrikanischer 207, 209
Grabmonument 53, 79, 80, 82, 191
Graffiti 142
Griechen, griechisch 20, 28, 37, 40ff., 44, 47, 48, 50f., 57, 61, 63, 65, 67, 70, 72ff., 78f., 83, 102f., 106, 116, 123, 125, 144, 153, 155ff., 170, 172, 178, 189, 195f., 199, 201, 204

Hadramaut, Wadi 137
Hagar 32, 33, 147
Haggag, Wadi 142
Häresie 99
Hebräer, hebräisch 29, 33, 37, 63, 65, 82, 141, 146ff., 150ff., 170, 207, 209
Hebrongebirge 208, 211
Heidentum 58, 100
Heilige Drei Könige 54, 92
Heilige Messe 117
Heiliger Georg 99f., 204
Heiliger Hieronymus 74, 94f.
Heiliger Hilarion 94f.

Hellenismus, hellenistisch 50, 52, 63ff., 69, 78, 106, 126, 154ff., 157, 160, 170
Hermongebirge 208
Herodes der Große 158
Herodot 73
Hesychios 72
Hieronymus von Cardia 41, 44, 46
Hiob 61
Hohepriester 40, 86, 87, 91, 156, 159
Hor, Berg 38, 66, 98, 171

Indien, indisch 61, 77f., 83, 118ff., 153f., 172
Isbeita *siehe* Shivta
Islam, islamisch 10, 16, 25, 28, 54f., 74, 92, 101, 139, 149, 152, 163, 166, 170, 183
Ismael 32ff., 147
Israel 10, 11, 16, 26f., 33, 86, 146, 150f., 171, 178, 207ff., 212

Jahwe 20, 22, 32, 36f., 45, 65, 146, 148, 150, 160, 170f.
Jaussen, A. 48, 183
Jehova *siehe* Jahwe
Jemen 25, 34, 77, 207f.
Jeremia 34, 45
Jerusalem 11, 16, 24, 37f., 39f., 86f., 91, 93, 116, 126, 138, 145, 148f., 155, 162, 209, 211
Jesaja 36f., 170
Jesus *siehe* Christus
Johanan 156
Jonatan 156
Jom Kippur 86f.
Jonas, H. 60
Jordan 10, 11, 25, 27, 153, 157, 207f.
Jordanien 10, 25, 27, 207, 209

Josephus Flavius 33, 50, 119, 143, 157f.
Josua 151, 162
Judäa, Judäer 20, 22, 28, 33, 38, 40, 48ff., 54f., 57, 86f., 141ff., 208
Judas Makkabäus 155f.
Judentum 16, 38, 58, 67, 85f., 118, 143, 148ff., 161f.

Kamel 21, 25, 37, 45, 47, 63, 87, 103, 108, 112, 122, 125f., 212
Kana'an 32
Karawanserei 126, 183
Katakomben 162f.
Kedem 33
Khaluza *siehe* Elusa
Khaznet Fara'un 82, 104ff., 163, 171, 173
Khirbet et-Tannur 69f.
Kimchit 86f.
Königin von Saba 37f., 148
Konstantin 25, 54, 95
Konzil von Ephesus 100
Konzil von Nicaea 100
Koran 38
Kos 74
Kreuz 24, 31, 53, 93, 120, 177, 191
Kreuzzüge 24
Kurnub *siehe* Mampsis

Latein 116
Lauwa 63
Lawrence, T.E. 26
Lebenskräfte 29, 64, 71, 74, 82, 100, 121, 147, 163
Levi, Levit 63, 146
Lod 99
Lößboden 131, 134
Lotosblüte 120

Lukasevangelium 38
Luther 33, 207
Luzifer 94f.

Makkabäer 51, 156
Mampsis 9, 25ff., 95f., 108, 135, 212f.
Mamshit *siehe* Mampsis
Manat 73
Mani, Manichäismus 62, 98ff.
Mashrafe 204ff.
Massada 118, 162
Matthäusevangelium 93
Maximus von Tyrus 65
Mekka 25, 74
Melchisedek 11, 138
Mesopotamien 32, 34, 47, 98, 146
Messias 36f., 65, 74, 78, 85f., 90, 147, 163
Metopen 105, 119
Mihrab 193
Mittelmeer 11, 21, 35f., 40, 47, 77f., 92, 98f., 114, 125, 131, 143, 153f., 162, 206, 207f.
Mohammed 74, 92
Mönchtum 61, 98f.
Mond 35, 40, 61ff., 73, 94
Monotheismus 147, 150
Moschee 54, 101, 170, 193
Moses 144, 150f., 160, 162, 170f., 201
Moslem 55, 101
Mukharib 35, 61
Musa, Wadi 167, 170f.
Musil, A. 25
Myrrhe 21, 35f., 38, 45, 93, 122ff., 137f.
Mysterien 35, 40, 59, 60ff., 72, 83, 91ff., 96, 106, 159, 163, 175, 177
Mysterion *siehe* Saba

Nabatäa 22, 28, 42, 48, 54, 63, 70, 86, 107, 145, 158f., 161f., 166, 208
Nag Hammadi 141
Narthex 195
Nebajot 33, 36f.
Nebukadnezar 148
nefesh 82
Negev, A. 10, 27f., 46, 70, 73f., 79, 106f., 113, 129, 152, 156, 206
Nessana 26, 28, 76, 99, 100, 137, 182, 212f.
nonfigurativ 20, 69, 103, 114

Obelisk 82, 83, 171
Oboda *siehe* Avdat
Obodas III. 50, 52, 70, 72, 158, 161
Olymp 74
Onias, Hohepriester 156
Orient 25f., 37, 41, 52, 60, 93, 212
Ornament, Ornamentik 93, 105, 114, 116, 118

Paganen 160
Palästina 22, 24ff., 39, 151, 162, 207
Palästina salutaris 22, 99, 163, 208
Palmyra 73
Parr, P.J. 167
Paulus 36, 60, 90ff., 177
persisch 20, 31, 52
Petra 10, 25, 27f., 39, 46, 48f., 65f., 68, 71, 73, 76f., 79ff., 85, 87, 98, 100, 105, 107f., 114, 119, 139, 149, 156, 166ff., 191, 209
Pfau 93, 117f.
Pferd 53, 122, 126, 128ff., 136, 149, 213
Philister 34, 36
Phönix 36, 93, 117f., 175
Platon 79
Plinius der Ältere 124ff.

Qasr el-Bint Fara'un 76f., 105, 173
Qaus 73
Qumran 85, 141

Rabel II. 51, 54, 70, 107f., 127
Rebstock 71
Rechab 34, 45
Rechabiter 45
Reliquien 98, 201
Römer, römisch 22, 24, 33, 51f., 54f., 57, 63, 70, 72f., 79, 83, 98f., 107, 115, 118f., 124, 126f., 144, 153, 158ff., 173, 186, 196, 208
Römisches Reich 96, 99
Rosetten 116f., 119f.
Rotes Meer 11, 16, 39, 207
Ruheiba 76, 95, 98, 212
Rut 151

Saba 33ff., 45, 53, 61, 63f., 74, 92f., 108, 124ff., 137, 146, 148, 207
Sabota 125
Sakramente 59, 96, 98, 190
Salomo 37ff., 92, 148, 153, 160
Samariter 39, 151
Sara 32f.
Sarazenen 94f.
Sariba 124
Savignac, R. 48, 183
Scharay 65
Schmitt-Korte, K. 115
Seetzen, U.L. 25
Sela 17f., 42, 46, 170, 174
Shaj el-Qaum 73
Shivta (Isbeita, Sobata, Sobota) 10, 26, 54, 95ff., 100f., 108ff., 116, 118ff., 137f., 152, 178ff., 212f.
Silk, D. 11
Simon, Hohepriester 86f.

Sinai 25, 33, 50, 65, 130, 140, 142, 150, 153, 160, 162, 201, 204, 207
Siq 39, 171, 174
Sobata *siehe* Shivta
Sobota *siehe* Shivta
Sonne 10, 17, 20, 34f., 38, 40, 46, 61ff., 72ff., 83, 85, 93f., 112, 118ff., 147, 171f., 177, 187, 195, 202, 204, 206, 210f., 213
Sonnenmysterien 35, 40, 63, 72, 177
stambha 83
Steiner, R. 10, 26, 29, 59, 74, 91, 96, 99, 116, 146, 151, 161
Stelenmonument 82
Stephanos von Byzanz 63, 65, 70, 87, 141f.
Sterne 46, 62, 64, 66, 73f., 95
Stier 62, 64
Strabo 52, 64, 80ff., 86, 122, 128, 155, 158, 160
Subeita *siehe* Shivta
Suidas-Lexikon 65, 76
Sylläus 50, 52, 158, 159
Symposion 79
Synkretismus 28, 73, 77ff., 83, 100
Synode von Sardica 100
Synode von Seleucia 100
Syrien 25, 41f., 157f.

Talmud 86, 143, 162
Taube 117f.
Taufbecken 96, 189, 191, 193, 201
Taufe 61, 96, 124, 193
Tawilan 39
Tel Aviv 99, 211
Tempel, salomonischer 39, 116, 148
Tempellegende 116
Theater 27, 79, 83, 85, 114
Theus Ares 65, 76
Thomna 125

Thora 85, 144, 162
Tiglat Pileser 61
Titus von Bostra 99
Totes Meer 11, 16, 41, 44, 46, 54, 85, 118, 123f., 131, 141, 153, 161f., 170, 207f.
Trajan 54, 98, 115, 127
Traubenhügel 137f.
Triklinium 79ff., 82, 124, 173
Türken, türkisch 24ff., 188
Tyche 73

Umm el-Biyara 76, 170, 174
Usia, König 36

Venus 62, 73f., 94f.
Via Traiana Nova 54, 127
Vincent, H. 48, 183
Vogel 36, 93, 95, 117f., 210

Weihrauch 21, 35ff., 45, 79, 93f., 122ff., 137f., 206, 212
Wein 11, 20, 22, 34, 36, 44ff., 55, 70, 72f., 86, 95, 98, 117, 119, 129, 136ff., 182, 201, 202
Weinpresse 22, 138, 182, 201
Wiedehopf 38
Wiegand, T. 188
Wohnhaus 53, 79, 90, 108f., 113, 128, 175, 194, 195, 201ff.

Zayadine, F. 82
Zeitan, Wadi 179, 183
Zeus 72
Zeus Obodas 70
Zisterne 20, 42, 45, 72, 111f., 137, 178, 186, 195, 202f., 206
Zweistromland *siehe* Mesopotamien

Bildnachweis

Werner Braun, Jerusalem   Abb. 5
Manfred Christ, Stuttgart   Abb. 1, 2
Dr. Richard Cleave, Rohr-Productions Ltd., Nikosia   Abb. 3, 28, 37, 38, 39, 40, 41, 50, 53
Erich Lessing, Wien   Abb. 4
Rolf Pawlowsky, Neustadt/W.   Abb. 15, 17, 44, 45, 46, 47, 48, 49
Jane Taylor, Amman   Schutzumschlag, Abb. 18, 19, 42

Alle übrigen Aufnahmen stammen vom Autor.

Die Zeichnungen Abb. 9, 11, 13, 20, 21, 33, 34   sowie sämtliche Karten fertigte Christine Talker–Jordanis an.

Quellennachweis

der Reproduktionen aus früheren Veröffentlichungen

Adolf Grohmann, »Arabien«. In *Kulturgeschichte des alten Orients*, München 1963; Abb. 7
Avraham Negev, *The late Hellenistic and early Roman Pottery of Nabatean Oboda*, Quedem 22, Jerusalem 1986; Abb. 29, 30, 31, 35
Avraham Negev, *Tempel, Kirchen und Zisternen. Ausgrabungen in der Wüste Negev. Die Kultur der Nabatäer*, Stuttgart 1983; Abb. 6
Renate Rosenthal–Heginbottom, *Die Kirchen von Sobota und die Dreiapsiden kirchen des Nahen Ostens*, Göttinger Orientforschungen, II, Wiesbaden 1982; Abb. 22, 32, 63
Arthur Segal, *Shivta. Portrait of a Byzantine City in the Negev Desert*, Haifa 1986; Abb. 26, 51, 60

Allen, die uneigennützig ihr Bildmaterial zur Verfügung gestellt oder bei seiner Beschaffung behilflich waren, sei an dieser Stelle sehr herzlich gedankt.

Lynda Harris

Hieronymus Bosch
und die geheime Bildwelt der Katharer

Aus dem Englischen von Sylvia Sokolowski
312 Seiten mit 73 farbigen und zahlreichen s/w Abbildungen,
Leinen mit Schutzumschlag

Bosch gilt als Meister der Höllendarstellungen, als Erfinder bizarrer Marterszenen, dämonisch und burlesk zugleich, für die man in der Kunst seiner Zeit vergebens nach einem Vorbild sucht. Sind es Ausgeburten einer übersteigerten Phantasie, die ihn zum Vorläufer des Surrealismus machen, oder handelt es sich bei seinem Werk trotz aller fremdartigen und exzentrischen Merkmale um ein Zeugnis spätmittelalterlicher Frömmigkeit?

Viele Interpreten haben bereits auf häretische und alchimistische Einflüsse hingewiesen, doch allzuviele Fragen blieben dabei offen. Auch Lynda Harris betrachtet Boschs Werk als Ausdruck einer Spiritualität, die im Widerspruch zu dem von der etablierten Kirche vertretenen Weltbild steht. In ihrer Betrachtung jedoch fügen sich sämtliche Indizien zu einem Gesamtbild, das nur einen einzigen Schluß zuläßt: Bosch war ein später Katharer. Ein Verständnis seiner Kunst ist nur möglich, wenn man in ihm einen aus dem Verborgenen wirkenden Anhänger jener häretischen Glaubensrichtung sieht, die das Erbe gnostischen und manichäischen Gedankenguts pflegte und zu Zeiten Boschs in fast ganz Europa von der Inquisition bereits ausgerottet schien.

Zum Beleg zieht Lynda Harris nicht nur gnostische und apokryphe Quellen heran, um eine Übereinstimmung mit Boschs Symbolsprache zu dokumentieren und ihre verschlüsselte Botschaft zu entziffern. Sie beruft sich ebenso auf die Aufzeichnungen der Inquisitoren und verweist insbesondere auch auf eine Verbindung zur Kunst der Bogumilen, die frei von kirchlicher Verfolgung bis ins 15. Jahrhundert ungestört ihrem »ketzerischen« Glauben nachgehen konnten.

In dieser Betrachtung verwandelt sich Bosch vom Exzentriker zum Mystiker. Seine visionären Bilder zeigen das Schicksal der Seele, ihre Gefangenschaft in der Welt, dem Reich Satans, und ihre Reise durch das Jenseits mit all seinen Stationen, bis hin zur Erlösung oder aber zu ihrer Wiedergeburt auf der Erde.

VERLAG URACHHAUS

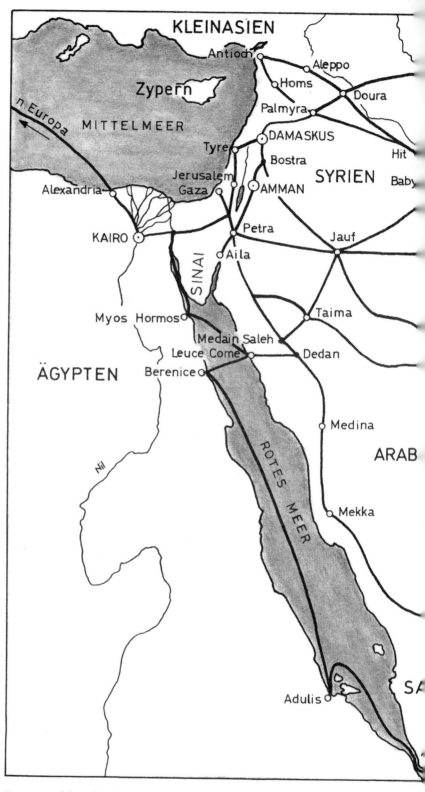

Karte 6: Handelsstraßen der antiken Welt